• 本书是江苏省社科规划项目"争吵的政治：古希腊政治辩论研究"（14HQ008）的终端成果。

争吵的政治

Agon Politics: a Study of Political Debates in Ancient Greece

古希腊政治辩论研究

胡传胜 著

上海三联书店

目　录

序　言

　　争吵是政治生活的永恒特征,也可以说是人类生活的永恒特征。自从人类生活在一起,即在"类生活"上起源时起,自从公共生活产生时起,争吵就深刻地扎根于人类的生活之中。不管是在大的,所谓原则的问题上,还是在具体的,关于眼前利益调整的问题上,公共生活,不过就是争吵及其协调机制而已。但是,只有在古代希腊,政治生活中的这种争吵的特征,才受到如此的重视与强调;而在别的文化,诸如中国文化中,我们发现,政治生活的这种争吵,被严厉地控制在极少数对共同体的集体行动有决定权的人中间,而显示给一般大众的,却只是共识、一致同意。因此,我们说,在后一种文化中,争吵是被有意地压制着的,争吵是极少数有决定权的人物之间的暗地里的讨价还价。相反,在希腊文化中,争吵变成了政治生活的最显性的特征。希腊人不仅在日常生活中陷入争吵、争论、辩论之中,而且,把这种争吵字面意义上地"戏剧化",即除了在日常生活中实现着争吵以外,还将争吵剧场化、仪式化,即使之处于"被观看",即理论化的状态,还将争吵真正发展成为一门只有希腊才有的,也是与民主的政治分不开的技艺——演说术(修辞术)。对于古典时代的希腊人而言,除了说话的,即争吵的,即说服的技艺外,不可能设想政治生活中还有什么别的技艺。

　　按照亚里士多德的分类,作为公民-城邦-宪法三位一体的政治研究,包括三个方面,一个是结构或材料方面,研究公民的构成以及维系公民之间关系的法律，以及公民教育，这是他在《政治学》中讨论的内容，第二是伦理学，公民在日常生活与传统的延续中积累起来的习俗，第三是言辞。本书讨论亚里士多德意义上的作为城邦-政治生活构成的第三方面：言辞。

在希腊的，也是以希腊为源头的近代西方政治生活中，言辞就是辩论。本书试图在综合、借鉴当代西方古典修辞术、希腊史和政治思想史等领域大量资料的基础上，选择公元前 7 世纪到公元前 5 世纪的史诗、戏剧和历史文本中的政治辩论内容，进行细致的分析，展示古代西方政治生活的基本特征，扩展政治思想史的研究视野。被分析的文本是《伊利亚特》《普罗米修斯》《奥瑞斯提亚》《埃阿斯》《安提戈涅》《骑士》《云》《历史》和《伯罗奔尼撒战争史》。

除了后两部作品外，其余七部作品似乎只是文学作品，对它们的研究何以是对政治辩论的研究呢？这涉及希腊人对政治或城邦事务的理解。在古希腊，史诗和戏剧并不是现代意义上的文学文本，而是发生在公共领域、具有公共设施、围绕公共话题的公共事件，是典型的"属于城邦的事务"，即现代意义上的"政治事件"；历史著述虽然发生在私人空间（在私人聚会中诵读），但它们体现着历史家对重大的公共事件的看法，显示作者就这些问题与流行意见的辩论，因此它们也是公共性的。研究古希腊的政治辩论，除了研究实际的政治史（如梭伦改革到伯里克利改革雅典的政治斗争）以外，研究这些现代人称作文学作品的东西，也是一个重要的维度。从某种意义上，现实的政治辩论不仅作为内容反映在这些作品中，也在这些作品中被典型化或理想化了。

《伊利亚特》由三条相互关联的线索构成。第一个是阿伽门农与阿基琉斯的争吵或不如说阿基琉斯对"万民之王"阿伽门农权威的持续的挑战。这个线索，似乎是阿伽门农因为自己的回收礼物行为而不停地受到挑战甚至羞辱的过程。第二是宙斯与众神的争吵。第三是阿基琉斯和赫克托尔或希腊联军与特洛亚联盟的力量

对决。第一个争吵是基本的。在阿基琉斯眼中,阿伽门农是个自
私的、专横的、胆怯的人;也就是说,因为有利害冲突,因为受到了
损害,所以,在阿基琉斯的眼里,阿伽门农就是不公正的。但在涅
斯托尔和奥德修斯等人看来,阿伽门农还是公正的、有权威的,也
是可以听得进意见的,不失贤明之王的特征。史诗正是在这一点
上成为希腊文化的母体:不存在完全客观的道德判断,一个人,一
种行为,总是可以从两个或多个方面进行评论从而进行辩护的。
在政治或公共生活中,没有圣人,只有相互冲突的,被一些人诋毁、
反对又被另一些人支持、称赞的人物。所谓"贤人",并不是道德圣
人,而只是能够妥善地调解利害冲突的人而已。权威并不总是公
正的,甚至于可以说,权威往往并不是公正的。这就需要一种公开
的机制对它进行质疑,即在公共的场合(各种集会)对权威进行公
开挑战。这种质疑或挑战既不是私下的抱怨,也不是哲学的深思,
而始终是在正式的场合公开地进行。只有质疑或反对,才能显示
集体行动的合理性。这种在公开场合对政治人物、权威甚至公正
性本身的质疑,构成了希腊政治的特征,也是希腊文化的基因。希
腊人的"会议"就是质疑与争吵,公开性、地点与质疑被一起呈现出
来。《伊利亚特》构成整个希腊辩论的政治生活的基因,而希腊的
政治辩论,又构成整个近现代西方辩论化的政治生活的基因。争
吵(agon)或政治辩论是希腊政治生活的根本性的构成因素,也是
近现代西方政治生活的构成因素——从表象上看,它构成这种政
治生活本身或可以直接感知的方面,因为除了围绕着公共事务的
争吵与票决外,不再有政治。

　　戏剧是完全由语言或对白构成的,剧场是最强意义的政治场
所之一,"看戏"是政治的、全体公民必须参与、发生在城邦内的除
了投票、辩论而外的公共事件;因此,戏剧和史诗的吟咏、公民大会
和法庭的辩论一样,具有重要的政治含义。按照希腊人的看法,不
管是悲剧还是喜剧,都是"政治性的"。戏剧向民主的城邦重述过

去的神话，它们提供一种公共记忆，使现在融入过去，因此定义也再生着共同体。《奥瑞斯提亚》讲述着法的起源和对暴力的控制。奥瑞斯特斯的审判与结局意味着在政治舞台上演出了一场名符其实的辩论，而辩论的内容涉及体制的核心价值。悲剧通过神话人物的争吵，把城邦、它的价值、它的政治选择都搬上了舞台。悲剧对个人与集体之间冲突的探索，对宗教义务和政治权术的探索，对表达、盲信和交流问题的探索，都是荷马的延伸。喜剧题材则大多取自当代，几乎总是在批评、讽刺、质疑时事；所有伟大的、崇高的东西都可能被质疑和嘲讽；那里没有伟大人物也没有权威，生活和人物一样平庸。苏格拉底、伯里克利、克里翁、欧里庇德斯，这些被后世极度理想化的人物，都受到尖刻的讽刺。喜剧定义着一种大众社会，一种世俗化的社会；喜剧诗人既夸张地再现希腊政治中争吵，也通过对公共政策的批评与公众人物的丑化加入这种争吵。

古希腊的两部伟大的历史著作记录着两次伟大的战争。战争显然属于争吵，是最严重的争吵状态。当然，将战争视为争吵，在用语上，犯了一种将更确切的现象描述成更模糊的现象的错误。但这样把握仍然有助于说明问题。在希腊历史学家看来，战争不过是一种激烈的争吵而已。除了现代人强调的利益之争外，嫉妒、猜忌、愤怒、报复，这些个人间争吵的词语，也被用于分析城邦间的关系（这同样表明，政治，不管是国内的还是国家间的，只是日常生活的组成部分）。两部历史著作的主题并不是立国、制度变迁与走向强大，而是城邦间的争吵、战争与结盟。除了这些现象外，几乎不再有统一的希腊史——本来便没有。只有在短暂的时间里，这些城邦才偶然地团结起来，而共同而且强大的敌人一旦不存在，他们便回复到争吵与混战状态。希罗多德平等再现波斯或东方诸国与希腊诸邦的政治生活。希腊由小规模的、自治的、政治上平等的城邦组成，公民服从法律，通过辩论确定政策；波斯则是帝国，幅员广阔，由个人实行专制统治（despotet）。并没有高居于两种习俗

（政治生活或公共生活的组织方式只是这种习俗之一）之上的最好的习俗。希罗多德争吵的历史观与荷马一脉相承。修昔底德的著作六分之一是演说词，历史事件不过是行动与言辞的交替；言辞既交待了行动的根据与合理性，又掩盖了行动的真实动机。于是修昔底德将历史叙述引向结构分析：表面的说辞，即争吵，乃是利益与恐惧的表达。受到斯巴达及其盟邦控制的城邦欲加入雅典同盟求得安全，受到雅典控制的城邦欲加入斯巴达同盟寻求安全。于是，打败克谢尔克谢斯的希腊各邦很快形成两个轴心或同盟。雅典和斯巴达都根据历史和条约证明自己惩罚叛乱各邦的正义性。在所有结盟、背叛、攻城与屠杀的行动之前，都有大量的关于正义的说辞。根据密提林、普拉提亚的正义观，他们不应该受到屠城的待遇；而根据雅典或斯巴达的正义观，这两个城邦受此惩罚乃罪有应得。不同地位的行动者总是援引不同的正义原则，关于正义的华丽言辞之下的，是赤裸裸的力量较量。修昔底德笔下的演说或争吵几乎总是围绕着正义与利益的，而这种争吵，总是表现为强者的暴虐和弱者的呻吟。这是索福克勒斯在神话中探讨的悲剧观念在真实的历史场域中的再现与深化：争吵因为双方各执一词而走向僵局，进而走向毁灭，前者是神话中底比斯城的毁灭，后者是现实中整个希腊城邦的相互毁灭。

　　本项研究的核心判断是：辩论是希腊政治生活的最显性的特征；因为争吵的双方总是强调自己的行动理由而否认或无视对方的行动理由，所以辩论成为争吵，成为自己行动的合理性的无惧的展示；文本的特性与政治生活的特性具有高度的一致性，因此分析这些文本是理解希腊的也是西方的政治的一个重要维度。这种辩论或争吵的特性，从历史上看，并不是民主政治的反映，而是民主政治的心理—文化氛围，对于民主政治是一种"先行给予"。另一方面，对争吵的分析，也显示出这种政治生活的弱点：争吵既使政治经验与行动选择呈现开放的特性，也把 stasis（党争或派别倾轧）

的牢牢地内化于这种政治生活之中，并使得这种政治严重缺少内聚力。在这种争吵的政治或在这种由"话语形成的国度"中，煽动家极端容易操纵民意，使得这种生活辩论有余但慎思不足，例如雅典的西西里远征就是争吵过度但惧思与节制不足导向灾难的典型例证。

争吵是政治生活的本性；利益的冲突无法消弭，而只能调和。这就涉及到希腊人对政治家的理解。这种理解在柏拉图的《理想国》(这本被译为《理想国》或《共和国》的作品，名称与后来亚里士多德的作品一样，起的是希腊人挂在口边也无时无刻不生活于其中的词，politeia，城邦)中得到集中体现。城邦是由各种具有不同美德(arete)的人组成的，卫士的美德是勇敢，一般人的美德是节制，而唯有政治家，即王者，其美德是智慧，也因为其爱智慧且体现智慧，故称哲学王。政治家必须拥有智慧，或者说，只有拥有智慧的、被称为贤者的人(sophia，sophist，phila-sophia)，才能成为统治者。调节利益冲突，弥合社会的裂痕，实现和解，承认某种现状并在保证平稳的状态下予以改善，便是政治智慧的集中表现。那些大刀阔斧进行社会重组，用某种激进的理想邀兑社会，对长期积累下来的病症下猛药的人，柏拉图通过他的导师苏格拉底发出"不要翻船!"的警告。在希腊，梭伦作为传说中的"七贤"之一，便是具有智慧的政治家，而智慧，便是政治家的最主要美德。从某种意义上，我们讨论的所有作品，特别是索福克勒斯和修昔底德的作品，都隐约地表达着对这样一种政治智慧或政治家的需求。

本书是江苏省社科规划项目"争吵的政治：古希腊政治辩论研究"(14HQ008)的终端成果。

第一章　伊利亚特

《伊利亚特》有三类争吵。第一类是阿开奥斯人之间的争吵，以阿伽门农和阿基琉斯的争吵为主轴；第二类是特洛亚人之间的平和得多的、类似于协商的争吵，主要有赫克托尔和帕里斯之间的争吵（主要是赫克托尔对帕里斯的训斥）、赫克托尔与另一位猛将在阿基琉斯参战时是战还是和的争论；第三是便是诸神之间的勾心斗角，是宙斯对诸神的威胁与控制，以及他们对宙斯的暗中的不服从。

阿开奥斯人之间的争吵

《伊利亚特》一开始就是争吵，整个故事都与这种争吵有关。①

---

① 争吵或不和也受到赫西俄德的注意："大地上不是只有一种不和之神，而是有两种。一种不和，只要人理解她，就会对她大唱赞辞。而另一种不和则应受到谴责。这是因为它们的性格大相径庭。一种天性残忍，挑起罪恶的战争和争斗；只是因为永生天神的意愿，人类不得已而崇拜这种粗厉的不和女神，实际上没有人真的喜欢她。另一种不和之神是夜神的长女，居住天庭高高在上的克诺斯之子把她安置于大地之根，她对人类要好得多。她刺激怠惰者劳作，因为一个人看到别人因勤劳而致富，因勤于耕耘、栽种而把家事安排得顺顺当当时，他会因羡慕而变得热爱工作。邻居间相互攀比，争先富裕。这种不和女神有益于人类。陶工与陶工竞争，工匠与工匠竞争；乞丐忌妒乞丐；歌手忌妒歌手。"（《工作与时日》，11－26，张竹明、蒋平译，商务印书馆，1－2页。）赫西俄德希望人们不要让乐于伤害的不和女神支配自己，使得自己注意和倾听法庭上的争讼。（27－28）可见，争讼主要与"乐于伤害的不和女神"相关。

这就是阿伽门农和阿基琉斯的争吵。争吵围绕着一个特殊的战利品，即一个女人进行。这似乎是可耻或丢脸的事情。阿伽门农俘获了阿波罗神庙老祭司克律塞斯的女儿作为自己的战利品，老祭司带上足够的赎礼亲往希腊联军请求放人（他甚至说宙斯将为此准许希腊联军攻下特洛亚城）而遭拒绝，他转而向阿波罗申诉，引起阿波罗对阿伽门农的愤怒。阿伽门农答应放人，但以收回已经分配给阿基琉斯的女人作为补偿；这引起阿基琉斯的暴怒(orge)。阿基琉斯愤而退出战斗，于是希腊联军继续惨遭失败（直至阿伽门农和阿基琉斯和好，特别是阿基琉斯兄弟遭赫克托尔击杀，阿基琉斯参加战斗，联军才获得胜利）。①

　　希腊联军围攻特洛亚九年而不下，其间可能不知发生了多少事情，荷马都略去不讲，而从第十年开始讲起，亦即从愤怒与争吵开始讲起。当我们考虑到史诗成为希腊文化的母题，它在整个古典时代不停地作为公共竞赛的一部分被背诵，它的故事，不管是神的还是英雄的，都被古典时代的悲剧作家不停地演绎时，我们就会理解到，这种文本与文化的高度一致性。也就是说，史诗中体现出来的对作为日常生活之一部分的公共生活的呈现与理解，它所透露出来的对权威的大胆的、公然的蔑视，它所体现出来的对各种主张的公开的陈述与论证，一定是作为这种文化的最核心的部分，被一再地强化着或受到一再的确证。荷马也许生活于公元前 8 世纪，但是史诗的影响在希腊的古典时代表现得更加充分，成为公共生活与精神生活的最核心的构成部分。当然，荷马没有发明神话，

---

① 中译本《伊利亚特》有两个版本：罗念生和王奂生译本（人民文学出版社 1994、2008）和陈中梅译本（译林出版社，2000 年）。下文主要引自罗王译本，同时参考陈译本。译名依罗王译本。

他是在已有的神话中创作,重述人尽皆知的故事。①

史诗从什么地方开始呢? 诗人说:

> 女神啊,请歌唱佩琉斯之子阿基琉斯的致命的忿怒
> (orge),那一怒给阿开奥斯人带来无数的苦难,把战士的许多
> 健壮英魂送往冥府,使他们的尸体成为野狗和各种飞禽的肉
> 食,从阿特柔斯之子、人民的国王同神样的阿基琉斯最初在争
> 吵中分离时开始吧,就这样实现了宙斯的愿望。(罗王译本,
> 1.1-7)

第一场争吵构成第一卷的主要内容(1.55-305)。② 希腊联军
为了海伦进攻特洛亚,久攻不下。此时阿波罗又一连九天把他的
箭射向希腊军队。在这种情况下,阿基琉斯(值得注意的是,是阿
基琉斯而不是阿伽门农)召集各路王者(巴赛勒斯)开会,讨论特洛
亚为什么久攻不下,是否希腊人招致了某位神的愤怒。著名的占
鸟师卡尔卡斯道出原委:阿伽门农拒不退还阿波罗神庙祭司(他
已带上足够的赎礼)的女儿,祭司转而向阿波罗求救,引起阿波罗
的愤怒。解决的办法自然是阿伽门农退还克律塞伊斯。阿伽门农

---

① L. Edmunds, "Myth in Homer," in I. Morris and B. Powell, eds., *A New Companion to Homer*, Leidon-Brill: Brill Academic Publishers, 1997, pp. 415 - 441; Ruth Scodel, *Listening to Homer*, *Tradition*, *Narrative*, *and Audience*, Ann-Aber: University of Michigan Press, 2002.

② 对《伊利亚特》中争吵的分析: R. Padel, *Whom Gods Destroyed*: *Elements of Greek and Tragic Madness*, Princeton: Princeton University Press, 1995; Michael Clark, "between Lions and Man: Imagines of Hero in the Iliad," *Greek*, *Roman and Byzantine Studies*, 136 (1995): 137 - 159, Leonard Muellner, *The Anger of Achilles*: *Menis in Greek Epic*, Ithaca: Cornell University Press, 1996; Donna F. Wilson, *Ransom*, *Revenge*, *and Heroic Identity in the Iliad*, Cambridge: Cambridge University Press, 2002。

答应退还，但是他要让阿基琉斯交回自己的女俘作为补偿。争吵由此开始。这首先是个荣誉（time）之争。按希腊人理解，战利品是一个人在战场上表现杰出（勇气）而获得的奖励，勇敢、荣誉和奖赏（geras）是联系在一起的。奖品是对一个人成就的承认，是一个人荣誉的标志。将奖品从某人手中拿走，无论出于什么理由，都是耻辱。阿伽门农并没有把自己放在高于这些人的"发奖者"的地位，而是放在与阿基琉斯等人一样的平等的地位。他自己和他的那些统帅一样并不承认他居于发奖者的高位，也不认为奖品代表高等级的人对低等级的人的奖励。对于阿伽门农来说，和阿基琉斯一样，奖励只与他的勇敢或表现相关。因此，纵然是被阿波罗没收，阿伽门农也觉得受到了羞辱。他只好寻求补偿。[①]

这段长长的情节由三个人的讲话构成。值得注意的，不仅是争吵的内容，还有争吵双方表现出来的语气，他们拒绝和解的姿态。卡尔卡斯虽然是联军中类似于中文的军师的角色（在此之前，他凭借鸟占把希腊联军带到特洛亚城下），但却是地位相对说来卑微的人，因此，他向会议的召集者阿基琉斯提出保护自己的要求，只有阿基琉斯答应保护，他才说出真相；而这种真相涉及对联军统帅阿伽门农的某种冒犯。他的语气自然是婉转的。

当然，真正冒犯阿伽门农的，与其说是他必须交出女奴的事实，不如说是阿基琉斯一开始就表现出来的对他的公然的蔑视与

---

① Barry B. Powell, *Homer*, Oxford: Oxford University Press, 2004, p. 68. "当事情变得糟糕时，阿开奥斯和特洛亚的将士们不停地训斥和反驳自己的上司、下属和部队。"（ibid., 23）关于史诗中英雄的关系，以及战争、荣誉与勇敢的关系：H. Van Wees, *Statues Warriors: War, Violence, and Society in Homer and History*, Amsterdam: J. C. Geben, 1992, H. Van Wees, "The Homeric Way of War: The Iliad and the Hoplite Phalanx," *Greece and Rome*, 41（1997）: 1-18; H. Van Wees, "Homeric Warfare," in I. Morris and B. Powell eds., *A New Companion to Homer*, Leidon, Brill, 1997.

敌意。① 卡尔卡斯答应，但要求阿基琉斯保护他，因为他说出真相会得罪阿伽门农。当他说出真相后，阿伽门农果然大发雷霆：

> 你这个报凶事的预言人从来没有对我/报过好事，你心里喜欢预言坏事，/好话你没有讲过，没有使它实现。/现在你在达那奥斯人中间预言，/说什么远射的天神给我们制造苦难，/全是因为我们不愿接受他的祭司/克律塞斯为赎取女儿而赠送的好礼物；/是我很想把她留在自己家里。/因为我喜爱她胜于我的合法的妻子/②克吕泰墨斯特拉，就体型、身材、智慧、手工而论，她并不比她差到哪里。/我还是愿意把她交出去，那样好得多。/但愿将士安全，胜于遭受毁灭。/你们要立刻为我准备一份礼物，/免得我缺少这种荣誉，那就很不妥，/

---

① 社会与政治结构方面的因素诗人自然没有向我们直言。希腊联军是由若干个城邦的国王所率领的军队组成的。阿伽门农兄弟虽然是联军统帅（奥德修斯特别是涅斯托尔显然承认他具有更高的权威），但阿伽门农只是斯巴达的王；他和其他的"王者"（涅斯托尔、奥德修斯、阿基琉斯、埃阿斯等），是平等的，他们都不是他的"属下"。此外，这些王者（巴赛勒斯）也并不是一般意义上的国王，仅仅是"统帅"，因为奥德修斯的父亲还在家，而阿基琉斯此时仍然不过是青年，因此，他们都无法从君主制的角度说是国王。联盟乃是协议的产物。也就是说，每个人都可以决定是参加还是退出战斗。关于荷史诗的政治分析，Moses I. Finley, *The World of Odysseus*, New York Review Books, 1954, 1979; Moses I. Finley, *Politics in the Ancient World*, Cambridge: Cambridge University Press, 1983; Dean Hammer, *Iliad as Politics: The Performance of Political Thought*, Norman: University of Oklahoma Press, 2002; Dean Hommer, "Homer and Political Thought," in *The Cambridge Companion to Ancient Political Thought*, ed., Stephen Salkever, Cambridge: Cambridge University Press, 2009; J. Haubold, *Homer's People: Epic Poetry and Social Formation*, Cambridge: Cambridge University Press, 2000; Janathan Gottschell, *The Rape of Troy — Evolution, Violence and the World of Homer*, Cambridge: Cambridge University Press, 2008.
② 在埃斯库罗斯的《阿伽门农》中，阿伽门农还是带回了特洛亚的女俘卡珊德拉，并成为克吕泰墨斯特拉谋杀他的重要因素之一。就那场戏中克吕泰墨斯特拉的醋意而言，埃斯库罗斯可能是受到了这个场景的影响。

因为你们都看见我的礼物就要失去。（1. 105 - 120）

纵然如此，阿伽门农仍然同意放人，但条件是必然得到补偿。阿基琉斯反击说，现在已经没有可以分配的"公共财产"，但是攻下特洛亚以后，可以考虑再三倍四倍地补偿。他称阿伽门农为"最贪婪的人"。阿伽门农说：

神样的阿基琉斯，尽管你勇敢，/你可不能这样施展心机骗我，你是想保持礼物，劝我归还女子，/使我默默失去空等待？心高志大的/阿开奥斯人若是把一份合我的心意、/价值相等的荣誉礼物给我作补偿——/他们若是不给，我就要亲自去/夺取你的或埃阿斯的或奥德修斯的/荣誉礼物，去到谁那里谁都会生气。（1. 130 - 139）

不过阿伽门农最终也答应献祭、放人，但是需要把已经分给阿基琉斯的战利品收归自己。这就是荷马笔下的王者形象。他几乎可以算是个无赖，丝毫没有中国人所说的礼让之心，更没有表现出任何使人"心悦诚服"的道德。他的那份既然即将失去，在没有存货可供再分配的情况下，他就只好夺人所爱——而这一次，他自然要夺希腊联军最著名的几位之一（阿基琉斯、奥德修斯、埃阿斯）所爱，因为只有分配给他们的战利品，才可能与他失去的战利品等值，配得上他的荣誉。他的要求自然受到阿基琉斯的抗拒。在对阿伽门农一阵痛骂后，阿基琉斯决定退出战斗：

捷足的阿基琉斯怒目而视，回答说：/你这个无耻的人，你这个狡诈之徒，/阿开奥斯人中今后还有谁会热心地/听你的命令去出行或是同敌人作战？/你这个无耻的人啊，我们跟你前来，/讨你喜欢，是为墨涅拉俄斯和你，/无耻的人，向特洛亚人索陪你却不关心。你竟然威胁我，要抢走我的荣誉礼物，/那是我辛苦夺获，阿奥斯人敬献。/每当阿开奥斯人掠夺特洛亚人城市，/我得到的荣誉礼物和你的就不相等；是我这双手承担大部分激烈战斗，/分配战利品时你得到的却要多得多。/我打得那样筋疲力尽，却只带着/一点小东西回到船上，然而属于我。/我现在要回到弗提亚，带着我的弯船，/那样要好得多，我可不想在这里，/忍受侮辱，为你挣得财产和金钱。(1.154 - 171)

阿伽门农说如果想逃跑你就逃跑，还有别的人会留下来。他除进行还击外，还扬言将亲自到阿基琉斯的帐营中，把分配给他的最美好的战利品布里塞伊斯带走；

你是宙斯养育的国王中我最恨的人，/你总是好吵架战争和格斗。/你很有勇气/这是一位神赠予你。你带着你的船只/和你的伴侣回家去统治米尔弥冬人吧。/我可不在意，也不理睬你的怒气。/这是我对你的威胁：既然福波斯阿波罗/从我这里夺去克律塞斯的女儿，/我会用船只让伴侣送她回去，但是我却要亲自去到你的帐营里，/把你的礼物、美颊的布里塞伊斯带走，/好让你知道，我比你强大，别人也不敢/自称与我匹敌，宣称和我相近似。(1.176 - 187)

阿基琉斯感到奇耻大辱。在他正想杀死阿伽门农时，雅典娜现身阻止。虽经雅典娜劝告，阿基琉斯只是不再立即杀阿伽门农而已，但是心中怒气一点没有消除。他又用凶恶的言语对阿伽门农说：

你喝醉了，头上生狗眼，身上长鹿心，/从不敢武装起来同将士并肩战斗，/从不敢同阿开奥斯人的将领一起打埋伏。/

那对你说来等于送死。在阿开奥斯人的/广阔营地上抢走一个说起话来/和你相反的人礼物，这样干最合适。/你是个吃人的国王，统治着无用的人民。(1.225-230)

这时候，史诗中最知名的演说家涅斯托尔出来调解。他看到联军中"议事与战斗的主要人物争吵"(1.258)感到痛心，而他从年龄上乃是他们的前一代人，且与远比这两位都杰出的人物有交往(他们都听从他的劝说)，因此希望他们听从他的建议。荷马称涅斯托尔"他的舌头上吐出的语音比蜜更甜"(1.249)。涅斯托尔建议阿伽门农不要取回阿基琉斯的战利品，而阿基琉斯也不再挑战阿伽门农的权威。这位立场持中的老人，就像人们在面临其他人争吵时常常表现得那样，显然希望大家各自退一步，寻求妥协。

你，阿伽门农，尽管了不起，也不应试图带走那位姑娘，/而应让她呆在那里；阿开奥斯人的儿子们早已把她分给他人，/作为战礼。至于你，佩琉斯之子，也不应企望和一位国王/分庭抗礼；在荣誉的占有上，别人得不到他的份子，/一位手握权杖的王者，宙斯使他获得尊荣。/尽管你比他强健，而生你的母亲又是一位女神，/但你的对手统治着更多的民众，权势更猛。/阿特柔斯之子，平息你的愤怒；瞧，连我都在求你/罢息对阿基琉斯的暴怒——在可怕的战争中，/此人是一座堡垒，挡护着阿开亚全军。"(1.275-284。陈译本)

阿伽门农说阿基琉斯不仅不服从自己，且想"高居于众人之上"，"统治全军"，何况，他虽然为最勇敢的战士，但也不能"痛骂我们"(1.288,291)。而阿基琉斯则回应说，他正是要挑战阿伽门农的权威：

如果不管你说什么，我在每一个行动上/都听命于你，我

就是懦夫和无用的人。/你且把这些命令发给其他人,/不要对我发号施令,我不会服从你。(1.293-296)

　　两个人斗完了口角,就解散了在船边的集会——将领的这次集会不过就是争吵。显然,涅斯托尔的劝说并没有奏效,因为阿伽门农还是派人前往阿基琉斯的帐营带走布里塞伊斯。"要是他不肯交出,我就亲自带着/更多的士兵去捉拿,那样就对他更不利。"(1.324-325)

　　这便是史诗第一卷的内容。作为这种文化的双重外围旁观者,我们也许会合理推测,既然阿伽门农不收任何赎礼地放回祭司之女,派军中最知名的人物将她送回,并且向阿波罗神庙举行隆重的祭祀典礼,那么,阿波罗就会转而站在希腊一边,希腊联军似乎便会获胜。但是史诗告诉我们,阿波罗几乎自始至终站在特洛亚一边(他直到最后才抛弃赫克托尔(第22卷),致使赫克托尔被杀,特洛亚惨遭失败)。我们也许会合理推测,既然阿基琉斯愤而退战,他便不再过问战事。但是事实与我们想象的完全相反。阿基琉斯转而向其母哭诉,忒提斯遂向宙斯哭诉,请求宙斯惩罚希腊联军,让其遭到一连串的失败。阿基琉斯的作为似乎是在情理之外的,因为他将对阿伽门农的仇恨,发泄到希腊联军身上了,而在联军中,只有阿伽门农严重地冒犯了他。①

　　分析阿伽门农和阿基琉斯的争吵,我们似乎发现,双方只是站在自己的立场,对对方进行诋毁而已。当然,阿伽门农本身就很暴躁,而且权力在握,说话未免粗暴,有居高临下之势;更重要的是,

---

① 莫里斯和鲍威尔用耻感文化与罪感文化的区别来分析阿伽门农特别是阿基琉斯的困境。被剥夺战利品,不管是被谁剥夺(纵然是阿波罗),自然会产生耻辱与愤怒;但侵犯了阿基琉斯,阿伽门农觉得愧疚,尤其当阿基琉斯退出战斗希腊联军遭遇失败时;退出战斗致使联军失败,阿基琉斯也觉得愧疚,陷入孤独感。当然,耻感与罪感都是人的情感,阿波罗便没有这种情绪。莫里斯、鲍威尔:《希腊人:历史、文化和社会》,陈恒等译,世纪出版股份有限公司,2014年,第127-133页。

他不仅因为希腊联军的失败心中不悦，更因为卡斯卡斯的预言感
到愤怒，为自己开罪阿波罗神、为了免于灾难不得不还回战利品而
感到懊恼，而且他的确受到了阿基琉斯的冒犯。这是两个强者间
的相互蔑视。但是，也许正如涅斯托尔所言，阿伽门农仍然是人民
之王，他拥有别人没有的权力，虽然在阿基琉斯的眼中，他几乎是
一个无耻、自私而又暴力的人。而阿基琉斯对阿伽门农的蔑视，一
方面，无疑在于，他本身觉得自己远比阿伽门农勇敢，似乎理应得
到更多的奖励但实际上并没有；另一方面，这位有神助力量、自恃
极高的人，根本就不会把任何一个凡人放在眼里。因此，和阿伽门
农一样，阿基琉斯本人就是一个傲慢之人。他公然用一种挑衅的
语气，而不是商议或请求的口气，表示要保护说出神谕的人，这本
身便大大激怒了阿伽门农。因此，和阿伽门农一样，阿基琉斯令人
恼怒的地方，并不在于他说明的道理或陈述的事实，而在于表现出
来的语气。也许，如果他并没有用这种语气说话，如果他没有公然
表现出敌意，阿伽门农也许便不会用收回他的战利品的方式来表
示愤怒与回击，而会比如说，用收回埃阿斯或奥德修斯战利品的方
式来这补偿自己的损失。（我们难以想象，如果阿伽门农收回奥德
修斯，这位军中老狐狸的奖品，情况会是如何。）因此，阿伽门农收
回阿基琉斯奖品的决定，既是用敌意对抗敌意，也是对自己权威的
公然的宣示或执行——如果这种宣示不带有明显的惩罚成分，不
用在整个联军的最强者身上，它就没有得到有效的宣示。阿伽门
农与阿基琉斯的争吵，乃是希腊军中两个最强者的对决。辩论
（eris）由愤怒 egeirei［strife］发展而来。①

① J. D. P. Graham, *An Introduction to Human Pharmacology*, Oxford: Oxford
University Press, 1979, pp. 15 - 16; Vernant, *Myth and Thought Among the
Greeks*, London: Routledge, 1983, p. 20; Debra Hawhee, *Bodily Arts: Rhetoric
and Athletics in Ancient Greece*, Austin: University of Texas Press, 2006.

当然,阿伽门农,作为民众之王,没有表现出、甚至丝毫没有表现出谦让、礼让、礼贤下仕的特征。也就是说,中国语境中的,或者被基督教洗礼过的道德观念,在他身上没有任何踪迹。在现代人眼里,他似乎是个暴虐之王,也是个小气之王;在自己的战利品即将失去的时候,他立即想到要用别人的来补偿。[①] 在中国人眼里,这种做法似乎与商纣无异。这体现荷马的世界与我们相比,对王者有着根本不同的理解。他凭借力量或者财富,凭借着强制力量而成王。这乃是王的根本的规定性。对王者或权威的辱骂或公然的挑衅,于是成为古希腊政治文化的一个核心因素。王者不是让人爱,而是让人惧。[②] 我们看到,这种观念在索福克勒斯的《埃阿斯》中得到进一步的呈现。中国传统的道德感召力,仁心使人臣服的观念,与希腊人的观念是有天壤之别的。此外,作为现代人,我们虽然对王者的仁慈有某种合理的期待,但是,说到底,他认为自己地位最高,因此应该拥有最好的战利品,应该用最好的战利品来补偿,这并没有说不通的地方——虽然如果他表现得更慷慨一些会更符合我们的心意。但这就是阿伽门农,这也就是他们的贵族道德。另一方面,如果我们设想阿基琉斯能更服从一些,或者仅仅是表现得更温和一些,事情就至少不会如此糟糕。但是如果是这样,他就不是阿基琉斯了。[③]

[①] 关于荣誉与战利品问题的现代解释。学者们认为,阿伽门农剥夺阿基斯的战利品,有自己的道理,也有希腊文化那个时代特有的道理。

[②] 中国人的"仁慈—爱戴"关系,体现着下级、晚辈对上级、长辈的尊敬与服从,也要求下辈对长辈的仁慈与关怀有某种回报,与基督教的仁爱(Agape,兼有父爱与圣爱之意)观念有某种相通的地方,但这是希腊人是不具有的。或者,在希腊人或现代民主的国度里,这样一种"仁慈—爱戴"关系根本不可能体现在公共领域,更不可能用于分析公共领域。在这里,对权威的挑战是主导性的。

[③] H. D. F. 基托:《希腊人》,徐卫翔、黄韬译,世纪出版集团　上海人民出版社 2006 年(原书 1950),第 45-46 页:争吵正如生活中一样,任何一方都可以说出道(转下页)

两个最强者的争吵，表现出：在仇人的眼中，对方一无是处，他的所有的理由都要受到无视与反驳。这才是争吵。或者说，也只是在仇人的眼中，对方才是一无是处的。在别人眼中，阿伽门农仍然不失为贤明之王。他虽然心存不满，但并没有（或没有胆量）违反神意；他毕竟为了希腊联军的利益，答应放回祭司女儿①，并迅速到阿波罗神庙敬献。他只有在遇到公然反抗或蔑视自己权威的人的时候才显得暴虐，而在一般情况下，他还是乐于听从像涅斯托尔和奥德修斯这些人的建议的。而且，实际上，他还是逐步让步了。这种妥协与退让，还是有一定的文化史意义的。这种退让，就如索福克勒斯《安提戈涅》中的克列翁一样，是有意义的。此外，阿伽门农和所有希腊英雄一样，仍然是一个勇谋都有的人。在第四卷中，荷马称：

> 你不会看见神样的阿伽门农睡觉，/或是畏缩后退，不想同敌人作战，/他一心热衷于那使人获得荣誉的战争。（4.223－225）

这与阿基琉斯对他的叙述是不同的。整个第十一卷，应该视为阿伽门农勇敢与智慧的集中体现。（特别是11.232－280）在没

（接上页）理，只是这两个人都走得太远了；争吵看起来是偶然的，但却给希腊人带来巨大的灾难，以至成为宙斯计划的一部分。也见裘利亚西萨、马塞尔·德蒂安：《古希腊众神的生活》，郑元华译，世纪出版集团　上海人民出版社，2008 年（原书1989），第16－17 页。

① 在《阿伽门农》中，埃斯库罗斯深化了这样一个情节：为了让希腊联军顺利上路，阿伽门农不得不用自己的女儿来献祭。令人惊奇的是，埃斯库罗斯并没有突出阿伽门农以大我牺牲小我的精神（这在希腊人中是很稀缺的），而是突出他的这种行为引起另外的、使其毙命的争吵。站在克吕泰墨斯特拉的角度，光是杀死女儿这件事情，便足以让阿伽门农付出生命代价。这是另外两个理由的剧烈碰撞。

有敌意的情况下,阿伽门农会显得很坦荡。① 在第四卷,当他巡视队列,发现奥德修斯的军队在后面,而责备他们退缩时,我们既可以看到两位王者的坦荡,也可以看到礼貌与婉转,看到等级制度下的特有的言行举止。这种情况在荷马笔下的英雄中似乎是罕见的:

> 特奥斯的儿子、宙斯养育的国王,/还有你,最善于出恶劣诡计的、狡猾的人,/你们为什么退缩,站在远处等别人? /你们应该站在作战阵线的最前列,/不惧地上前迎接战斗。/在阿开奥斯人为长老备办宴会的时候,/你们是首先听见我邀请赴会的人,/那时候你们喜欢吃烤肉、喝蜜蜂那样甜的/一杯杯的酒,想喝多久就喝多久。/现在你们却乐意看见阿开奥斯人/哪怕有十支队伍在前头作战。(4.337-347)

> 足智多谋的奥德修斯斜着眼睛对他说:/"阿特柔斯之子,从你的齿篱里溜出了什么话? /你怎么能说,在阿开奥斯人对驯马的特洛亚人/发动激烈的战斗时我们不起劲作战? /……/你的话是空空洞洞的风。"(4.349-355)

---

① 我们看不出在与阿基琉斯对决时,阿伽门农的协商态度与智慧,而在别的地方,我们仍然可以看到赫西俄德对巴赛勒斯的看法。"伟大宙斯的女儿们尊重宙斯抚育下成长的任何一位巴赛勒斯,看着他们出生,让他们吮吸甘露,赐予他们优美的言词。当他们公正地审判事端时,所有的人民都注视着他们,即使事情很大,他们也能用恰当的话语迅速做出机智的判决。因此,巴赛勒斯们是智慧的。当人们在群众大会上受到错误引导时,他和和气气地劝说,能轻易地拨正讨论问题的方向。当他们走过人群聚集的地方时,人们对他们像对神一般地恭敬有礼;当人们被召集起来时,他们鹤立鸡群,是受到注目的人物。"(赫西俄德:《神谱》,80-93,张竹明、蒋平译,商务印书馆,1991年,第28-29页)但是我们同时可以发现,赫西俄德式的贤明的王者或统治者的形象,也许只能算是前荷马时代的记忆,而希腊政治生活中反对者眼中的政治人物,更多地体现出阿基琉斯眼中的阿伽门农的形象:无能而残暴。

在第一卷中，我们看到集会变成两位王者的相互辱骂。涅斯托尔，联军中最知名的演说家（荷马称他的是普洛斯的演说家，"嗓音清亮，发出的声音比蜂蜜还要甜"[1.249]）的建议没有起到任何效果。在第二卷中，阿伽门农受到另一位地位更加卑微者（士兵）特尔西特斯的辱骂，但这一次，辱骂者受到了奥德修斯的杖罚。

这次争吵同样发生在联军会议上。这次会议是阿伽门农召集的（阿基琉斯既然退出战斗，自然缺席）。在会议上，阿伽门农佯称准备撤离特洛亚城下，借以试探各路军心。他说："让我们坐船逃往亲爱的祖国的土地，因为我们攻不下街道宽阔的特洛亚。"（2.140－141）让人大跌眼镜的是，这种建议立即得到一致的赞同。众人欢呼一片，迅速奔向自己的船只，准备回家。[1] 雅典娜于是让足智多谋的演说家奥德修斯劝阻他们。奥德修斯沿着海岸的船只逐个进行劝阻，说阿伽门农只是试探军心。他碰到贵族，"用温和的话语阻止他"（2.189），而遇到普通士兵，就用权杖打他，用凶恶的话骂他。这时候发生了他对特尔西特斯的杖罚。为什么呢？"别人都坐下来，在座位上面控制自己，/只有特尔西特斯，舌头不羁的人，/还在吵闹，他心里有许多混乱的词汇，拿来同国王们争吵，鲁莽、杂乱，/只要可以引起阿尔戈斯人发笑。"（2.211－215）荷马还对这个人的丑陋外貌作了描述。特尔西特斯虽然也是善于言语之人，喜欢争吵，但却是阿基琉斯和奥德修斯深为不悦之人（希腊神话中提到他终被阿基琉斯杀死）。这是第二个公然辱骂阿伽门农的人。但是这个人的命运与阿基琉斯截然不同。在前一场辱骂中，涅斯托尔只能在两人之间好言相劝，而在这一次辱骂中，辱

---

① Raaflaub 和 Wallace 称这显示出阿伽门农领导权的危机，是奥德修斯帮助他恢复了秩序。Kurt A. Raaflaub and Robert W. Wallace, "People's Power and Egalitarian Trends," in Raaflaub and eds. , *Origins of Democracy in Ancient Greece*, Berkeley: University of California Press, 2008, p. 29.

骂者却受到杖击。① 特尔西特斯这样辱骂阿伽门农：

> 你身为统帅，不该让阿开奥斯人遭灾难。/你们这些懦
> 夫，这些可耻的恶徒，/……/让我们坐船回家，留下他在特洛
> 亚欣赏/他的礼物，看我们对他有无帮助。/他现在甚至侮辱
> 比他好许多的阿基琉斯，/他下手抢走了他的礼物，据为己
> 有。/阿基琉斯心无怒气太疏懒，否则这是你，/阿特柔斯的儿
> 子啊，最后一次侮辱人。（2.226‑242）

他立即遭到奥德修斯的斥责：

> 胡言乱语的特尔西特斯，你声音高亢/但还是赶快住嘴，
> 别想同国王们拌嘴。/我认为在所有跟着统帅前来的士兵

---

① "特尔西特斯身体瘦弱、头发散乱，没有强有力的同盟者，没有高贵的血统和英雄纪录，但是他在特洛亚海滩的军事集会的所有希腊人中鲁莽地站起来，猛烈抨击阿伽门农的傲慢与贪婪。他的讲话虽然时常语无伦次，但是对阿伽门农的辱骂却是贴切的。"(Janathan Gottschall, *The Rape of Troy — Evolution, Violence and the World of Homer*, Cambridge: Cambridge University Press, 2008, p. x.)"特尔西特斯的讲话虽然粗鲁，但简短而组织良好，与阿基琉斯明显有效的对阿伽门农的抱怨有相通之处；而且他的打道回府的建议也是联军大多数人同意的。"(John Heath, *The Talking Greeks, Speech, Animals, and the Other in Homer, Aeschylus, and Plato*, Cambridge: Cambridge University Press, 2005, p. 90)对这个情节的进一步分析：A. Seibel, "Widerstreit und Erganzung: Thersites under Odysseus als Rivalisierende Demagogen in der Ilias, (B 190‑264)," *Hermes* 123(1995): 385‑97; J.‑U. Schmidt, "Thersites und das Politische Anliegen des Iliasdichters," *Rheinisches Museum für Philologie* 145(2002): 129‑149; Stephen Halliwell, *Greek Laughter: A Study of Cultural Psychology From Homer to Early Christianity*, Cambridge: Cambridge University Press, 2008, pp. 69‑77。古典时代诗人似乎也没有完全忘记这位不受欢迎的人。索福克勒斯在《菲罗克忒忒斯》中就以菲罗克忒忒斯的名义向涅奥普托勒摩斯(阿基琉斯之子)问候特尔西特斯，称这个人"说话爱不断重复，即使所有的人都不许他再开口，他还是要说"(646‑647)。

中,/再也找不出一个比你更坏的凡人。/你在大会上发言,不要提起国王们,/不要责骂他们,不要盯住归航。/……/你现在却坐在那里骂阿特柔斯之子、/士兵的牧者阿伽门农……/……你在大会上发言,讥笑别人。(2.246-257)

接着,奥德修斯警告他,如果再这样发狂,就会受到可耻的击打。他说着,便

拿权杖打他的后背和肩膀,/特尔西特斯弯下身,大颗眼泪往下淌,/血痕在金杖的打击下从他的肩膀露出来,/他坐下去,感到疼痛,吓得厉害,/迷惘地望望,把眼泪揩得干干净净。(2.265-269)①

————————

① 在第12卷中,波吕达马斯向赫克托尔表达了特尔西特斯同样的抱怨:"赫克托尔,即使我在会议上发表的见解/合理正确,也总会招来你严词驳斥,/因为你不允许一个普通人在议会里或战场上/和你辩论,只想增强自己的威名。"(12:211-214)赫克托尔的回答代表着类似于奥德修斯的傲慢:他怒视波吕达马斯,称他的话令他厌烦,他本应说出更好的话。在 Saxonhouse 看来,特尔西特斯虽然是个闯入者,但"对权力说出了真理"。阿开奥斯军营由贵族组成的团体自然会把像他这样的人排除在协商之外,但民主的进展,是将特尔西特斯之流包容进"商议结构"的过程。(Arene W Saxonhouse, *Free Speech and Democracy in Ancient Athens*, Cambridge: Cambridge University Press, 2006, p. 1)Roisman 分析了特尔西特斯和奥德修斯的争论,认为两人都为了说服:前者说离开,后者说留下,且他们的演说都有某种结构。更主要的,是他们在说服中都运用了情绪。前者主要诉诸听众的低级情绪,他们的嫉妒和憎恨;奥德修斯则主要诉诸他们的荣誉感和羞耻感。在情绪与理性的关系上,前者让听众用情绪压倒理性,来支持他的建议;后者则将二者结合起来。(Hanna M Roisman, "Right Rhetoric in Homer," *A Company to Greek Rhetoric*, ed. Ian Worthington, Blackwell Publishing Ltd, 2007, p. 439.)关于杖击的段落,据色诺芬回忆,苏格拉底的指控者波利克拉底指控苏格拉底经常引用这个段落,表现他赞成责打普通人和穷人,因此是民主制度的敌人。色诺芬则强调苏格拉底是一个民主的、热爱人民的人。(色诺芬:《回忆苏格拉底》,1.2.60)相关讨论,也见福特:《演讲台上的荷马解读》,熊宸、李向利译,载《表演文化与雅典民主政制》,戈尔德希尔、奥斯本编,华夏出版社,2014年,第305-307页。

特尔西特斯的辱骂与被杖击是希腊人之间的第二次争吵。第九卷,涅斯托尔说服阿伽门农让步,奥德修斯、福尼克斯和埃阿斯等说服阿基琉斯和解,是希腊人之间争吵的典型,其对话也是《伊利亚特》的演说精华。荷马让不同的人在不同的场合说不同的话语。四个著名的王者分别劝说两位最著名的人士,一个是希腊联军的统治者,一个是希腊联军最著名的战士。

阿基琉斯因阿伽门农的羞辱愤而退出战斗,致使希腊人惨败。特洛亚人将希腊人逼退至海边,放火烧毁他们的船只,赫克托尔更因神助获得辉煌。"难以忍受的悲痛极大地挫伤了他们中所有最好的战将。阿开奥斯人心绪焦恼,胸中混糊一片"。(9.3-6)无计可施的阿伽门农召集联军各位王者商量对策。"兵勇们在集会地点下坐,垂头丧气。/阿伽门农站起身子,泪水涌注,像一股幽黑的溪泉。"(9.13-15,陈译本)

阿伽门农此时甚至对宙斯也发出怨恨:

> 朋友们,阿尔戈斯人的首领和统治者们!/宙斯,克罗诺斯之子,已把我推入狂盲的陷阱——/他就是这般凶残!先前,他曾点头答应,……/让我在荡劫墙垣精固的伊利昂后启程返航。/现在,我才知道,这是一场赤裸裸的欺骗。他要我不光彩地返回阿尔戈斯,折损了众多的兵将。/这便是力大无穷的宙斯的作为,使他心花怒放的事情。(9.17-23,陈译本)

连宙斯也遭抱怨甚至抗议,这也许是只有希腊才有的情况。①

---

① 在第十三卷,"战败的阿开奥斯人,对宙斯充满怨愤。"(13.16)也就是说,他们对神并不只是敬畏。神是他们行贿、讨好的对象;他们相信,诸神高兴他们的祭品,就会站在他们一边,为他们带来好运。相反,神站在对方的一边,他们就会遭到失败。显然,这是一个人数众多、形象生动、有着人的欲望的神界,而不像中国历史上的上天或基督教的上帝那样,永远只是孤身一人,永远没有形象,且纯粹是恐惧、(转下页)

这是阿伽门农第二次召集会议。上一次是为了试验军心，涅斯托尔说那是诈逃。这次则是真地准备退却——可耻地退却：

> 算啦，按我说的做，让我们顺从屈服，/登船上路，逃返我们热爱的故乡——/我们永远抢攻不下路面开阔的特洛亚！（9.26-28）

听了阿伽门农的提议，全场在悲痛中沉默。狄奥墨德斯似乎第一个打破沉默，却是对阿伽门农展开攻击：

> 阿特柔斯之子，我将率先对你的愚蠢开战——/在集会上，我的王者，此乃我的权利。所以，不要对我暴跳/如雷。阿开奥斯人中，我的勇气是你嘲讽的第一个目标；/你诬我胆小，不是上战场的材料。这一切，/阿尔戈斯人无不知晓，不管是年老的，还是年轻的兵壮。/工于心计的克罗诺斯之子给你的/礼物，体现在两个方面：他给了你那支王杖，使你享有别人

（接上页）膜拜的对象（如以撒或者摩西与上帝遭遇，那是极端恐惧的体验）。但希腊人不一样，他们经常感觉到神与他们在一起或与对手在一起。有时他们从对方的力量中感受到某一个特殊的神站在对手一边，在这种情况下，他们自然表现出愤怒，也为神的背信弃义感到愤慨。他们有时也被神欺骗，如第二卷阿伽门农被骗，第二十二卷赫克托尔被雅典娜骗。只要他们失败或处于逆境，他们就会自然想到神可能已经抛弃了自己。希腊人没有中文意义上的敬畏感。几乎所有的英雄或凡人，都坦然地接受自己的毁灭，就像在运动会中任何一次、任何一种竞技中坦然接受自己的失利一样。读史诗或者悲剧，我们会为希腊人坦然、勇敢面对自己的死亡而感到吃惊。他们的这种后来很容易发展成为虚无主义的生活态度，甚至助长了这种坦然——只有神是不死的，而人，再勇敢、再有力的人，也是必然会死的。他们对于不可能的事情（永生）不抱非份之想。这种"安份"也助长了他们对神的某种意义上的不敬。相比之下，公元前14世纪巴勒斯坦小国王给法老的信可以体现另一种截然不同的人—神（法老＝神）态度："致国王、我的主人、从天上下来的太阳神：您的仆人、王的臣仆、王脚下的尘土、王脚踩的地面……"（引自 Ian Morris, Barry B. Powell, The Greeks: History, Culture, and Society, 2nd ed. , Prentice Hall, 2010, p. 73. ）

不可企及/的尊荣;但他没有给你勇气,一种最强大的力量。/可怜的人! 难道你真的以为,阿开奥斯人的/儿子们就如你所说的那样懦弱,那样经不起战争的摔打? /不过,如果你真的想走,那就/走你的吧! 归途就在眼前,水浪边/停着你从迈锡尼亲自带来的海船,黑压压的一片! /其他长发的阿开奥斯人将留在这边,/直到攻下这座城堡,攻下特洛亚! (9.32 - 46,陈译本)

骂得酣畅凌厉,不亚于阿基琉斯。于是集会成了对阿伽门农的"批斗会",而没有显示出协商的精神。而且狄奥墨得斯声明在会议上向统帅发难是他的"权利"(罗王译本只说是"应当")。涅斯托尔倚老卖老,并没有维护阿伽门农的尊严,去批评狄奥墨得斯,反而认为狄奥墨得斯骂得好:"尽管如此,你,面对阿尔戈斯人的/王者,说话头头是道,条理分明。"他同时称赞狄奥墨得斯,说他无论在战斗中还是辩论中,都是佼佼者。阿伽门农陷入诸位王的"围攻"状态。涅斯托尔(他在多场合称,论年龄狄奥墨得斯或阿基琉斯可以做他的儿子)只是劝大家静下来,想想办法,提提更好的建议。和狄奥墨得斯一样,他也首先为自己的发言权辩护:"谁也不能蔑视我的话语,包括强有力的阿伽门农。"(9.60 - 61)他的建议就是阿伽门农向阿基琉斯让步,给后者以足够的补偿,让他参战,挽回希腊人的败局。值得注意的是,涅斯托尔不是用温和、委婉的语气,而是用强硬的、责备的语气与阿伽门农讲话。狄奥墨得斯攻击阿伽门农胆小,而涅斯托尔继续了这种攻击,称阿伽门农不听劝阻,被高傲与狂怒蒙骗了双眼:

就我而言,我曾/竭力劝阻,而你却被高傲和狂怒/蒙住了双眼,屈辱了一位了不起的战勇,一位/连神都尊敬的凡人——你夺走了他的战礼,至今占为己有。/然而,即便迟了

些，让我们设法弥补过失，劝他回心转意，/用诚挚的恳求和表示善意的礼愿。（9.108－113，陈译本）

在两位王者的斥责下，阿伽门农似乎坦然"认错"，承诺做出补救：

老人家，你对我的狂妄行为的评述，一分不假。/我是疯了，连我自己也不想否认。阿基琉斯/是个以一当百的壮勇，宙斯对他倾注了欢爱——/眼下，为了给他增光，宙斯正惩治着阿开奥斯兵汉。/但是，既然我当时瞎了眼，听任恶怒的驱使，/现在，我愿弥补过失，拿出难以估价的偿礼。（9.115－120，陈译本）

他一下子开了不下四种条件，包括各种奇珍异宝；绝色佳人，特别是他"从未睡过的布里塞伊斯"；他自己的三个女儿任阿基琉斯婚选，不仅不要聘礼，还加上分量巨大的嫁妆；赠与他七座城堡。① 阿伽门农作为最高统帅的让步是前所未有的。荷马的这些情节，都是为了显示阿基琉斯的强大。在荷马的世界，阿基琉斯的确比阿伽门农重要多了，道理很简单：只有阿基琉斯可以击败赫克托尔。阿基琉斯所体现出来的力量，比阿伽门农的控制权更有分量。这是一个政治的力量与雄辩的力量无法与之抗衡的力量（不过在荷马的世界里，最终的控制力量仍然是主神宙斯的力量）。也许，阿基琉斯一个人表现出来的作用，比奥德修斯、涅斯托尔、埃

---

① 阿伽门农的认错与阿基琉斯紧接着的固执形成对比。这多少显示这位王者的"贤明"与风度，与阿基琉斯等人对他的判断不同。不过，正如阿伽门农所言，他已经开不出更大的"礼单"了。因为如果再让步，也许就要让贤，交出王杖了。但这种让贤的举动，是希腊人无法想象的更无法接受的。"让贤"本身也不合法。职位不是私人物品，它不可能被私人性地转让。因此所谓禅让的神话，希腊人是无法理解的。

阿斯、狄奥墨得斯这些非常知名的战勇相加还要大。阿基琉斯是《伊利亚特》的真正主角。[1]

会议结束后,阿伽门农派联军中几个最重要的人物,带上阿伽门农的各项承诺或诚意,亲往阿基琉斯营中,说服阿基琉斯参战。他们是联军中智勇双全的奥德修斯,最知名的劝说者(演说家)涅斯托尔,力量仅次于阿基琉斯的埃阿斯,以及将阿基琉斯从小带大的福尼克斯。这是希腊联军间的第四次争吵。

奥德修斯首先讲话(很长的段落,9.225 - 306)。阿基琉斯对他的钦佩远甚于阿伽门农。奥德修斯在演说中试图用各种方法打动阿基琉斯。一是用阿开奥斯人的困境来唤醒阿基琉斯的同情心。二是以阿基琉斯之父的名义向他劝说,让他克制盛怒,平息高傲,停止争吵;出征是为了建立荣誉(荣誉主要在于战胜对手,其次在于获得大量战利品,攻破地面城池则是次要的),因而不应一无所获就回家。三是强调阿伽门农的诚意与特别可观的补偿。最后便是用赫克托尔的勇敢与战功来激怒阿基琉斯:战胜特洛亚最知名的战将,将为自己带来巨大的荣誉。奥德修斯的劝说自然不可能是"乞求"、哀求(对于希腊的英雄们,这是很陌生的情绪)。他的劝告仍然包含着"教训"的成分,说阿基琉斯已经忘记乃父的叮嘱。奥德修斯的劝说主要是晓之以"利"。

阿基琉斯坚持己见,不为所动,并且不忘再一次攻击阿伽门农,甚至比上一次更甚。奥德修斯的劝说甚至再一次激起他的不公正感。他不仅拒绝阿伽农的所有和解的意图,而且劝大家和他一样离开战场,打道回府:

---

[1] Mackie 称在《伊利亚特》中,希腊人和特洛亚人用不同的语调说话。希腊人的讲话是攻击性的、外向的,是公共演说与政治式的,而特洛亚人的讲话是私人的和诗性的、反思性的。"在阿开奥斯人中,语言首先于公开的责难,而责难(neikos)具有重要的社会功能。"(Halary Susan Mackie, *Talking Trojan: Speech and Community in the Iliad*, Rowman & Littefield Publishers Inc, 1996, p. 1)

我必须直抒己见，告诉你/我的想法，以及事情的结局，使你们/不致轮番前来，坐在我的身边，唠叨个没完。/我痛恨死神的门槛，也痛恨那个家伙，/他心口不一，想的是一套，说的是另一套。/然而，我将对你真话直说——在我看来，此举最妥。/阿特柔斯之子阿伽门农不能把我说服，告诉你，/不能，其他达那奥斯人亦然。/……回去吧，把我说的一切全部公公开地/告诉他，这样，如果他下次再存心蒙骗另一个/达那奥斯人——这家伙总是这般厚颜无耻——/人们便会出于公愤，群起攻之。然而，尽管他像/狗一样勇莽，他却不敢再正视我的眼睛！/我再也不会和他议事，也不会和他一起行动。/他骗了我，也伤害了我。我绝不会再被他的/花言巧语所迷惑——一次还不够吗?! 让他/滚下地狱去吧，多谋善断的宙斯已夺走他的心智。/我讨厌他的礼物。在我眼里，它就像屑末一般。（9.310-378，陈译本）

第二个进行劝说的是福尼克斯。他的劝说主要是动之以"情"。看到阿基琉斯不为所动，去意已决，福尼克斯一开始只是希望阿基琉斯最后再考虑一下。接着，他回顾自己的身世，以自己与他的特殊关系，试图打动阿基琉斯，让其回心转意。奥德修斯主要在于说理，而福尼克斯主要在于用他与阿基琉斯的特殊关系感动后者。① 荷马说他泪如雨下。他一开始称自己应该与阿基琉斯一起回家，因为他们既然一直都待在一起，要回去也应一起回。但在

---

① "我爱你，发自我的内心。儿时，你不愿跟别人/外出赴宴，或在自己的厅堂里用餐，/除非我让你坐在我的膝头，先割下小块的碎肉，/让你吃个痛快，再把酒杯贴近你的嘴唇。/你常常吐出酒来，浸湿我的衫衣，/小孩子随心所欲，弄得我狼狈不堪。/就这样，我为你耿耿辛劳，吃够了苦头，/心里老是嘀咕，神明竟然不让我有亲生的/儿子。所以，神一样的阿基琉斯，我把你/当做自己的孩子，指望有朝一日，你能为我排解灾愁。"（9.485-495）

劝说的结尾,他还是劝阿基琉斯留下来,与他们在一起。他甚至责备阿基琉斯对阿伽门农不领情,不知好歹:对于犯错的人,只要他们表示歉意,纵然是神都应该和解,何况是人。福尼克斯因为从小将阿基琉斯抚养大,因为一直将其视为自己的孩子,所以可以这样婉转的责备。

　　阿基琉斯表现出铁石心肠。他虽然称福尼克斯为"我年迈的父亲",但仍然拒绝和解。他转而要求福尼克斯不要哭哭啼啼,用悲伤来烦扰他的心灵。他要求福尼克斯站在自己一边反击阿伽门农,因为阿伽门农是伤害自己的人。他还要求福尼克斯留在自己的营帐,与他一起回家。显然,在阿基琉斯眼中,福尼克斯是"自己人",而奥德修斯和涅斯托尔不是;他可以要求福尼克斯站在自己一边,而不能要求前二者,他只是拒绝他们的要求而已;另一方面,正像福尼克斯可以向他要求更多一样,他可以向福尼克斯要求更多。①

　　听完前二者的讲话,阿基琉斯表示非常不耐烦,做出送客的举动。希腊联军两个最知名的演说家无法劝服阿基琉斯。可以想象,最后一个发言的必然是埃阿斯,他是希腊联军中排在阿基琉斯之后的第二位英雄。他与赫克托尔的几次交手都是未分胜负就被神分开。埃阿斯的发言是符合他的性格的:对阿基琉斯发动猛烈攻击。他对阿基琉斯的责骂与阿基琉斯对阿伽门农的责骂几乎有过之无不及。

　　　　我们走吧,我们这次前来,没有达到我们的目的。……阿

---

① 关于阿基琉斯的语言特征,他在语言和行动上的卓越,G. T. Griffin, "Homeric Words and Speakers," *JHS* 106(1986): 36 - 57; R. P. Martin, *The Language of Heroes: Speech and Performance in the Iliad*, Ithaca: Cornell University Press, 1989, pp. 148 - 96; Halary S. Mackie, *Talking Trojan: Speech and Community in the Iliad*, Lanham: Rowman & Littlefield Publishers Inc. , 1996.

基琉斯使他的强烈的心灵变得很高傲，/很残忍，他无视伴侣们的友爱，尽管我们/在船只间尊重他，胜于尊重别人，/无情的人！……/但是神明把一颗为一个女子的缘故/而变得执拗和不良的心放在你胸中。(9.625－637)

从这次最知名的争吵中（这次说服因为阿基琉斯的坚决态度，因为埃阿斯的愤怒，遂成为对于阿基琉斯的争吵），我们看到，荷马的世界是一个圣贤缺席甚至拒绝圣贤的世界。没有一个人是中文意义上的圣贤，因为他们几乎没有一个人不是站在自己的立场，维护自己的利益。圣贤需要牺牲自己利益，以别人的特别是"大家"的利益为中心。仁慈也是荷马的英雄和诸神几乎刻意逃避的美德，而这在中国文化理想中，却是最核心性的。每个人都有自己的缺点，而且，当他们面临冲突，在争吵中时，这种缺点会得到充分的展示。这在悲剧作家那里表现得更加清晰。阿基琉斯是希腊联军的第一英雄，正因此之故，他必然傲慢无礼，将所有人不放在眼里。宙斯是神界的阿基琉斯（或者相反），因此他把专横推到顶点。只有当小神讨好他时，他才会适当收敛自己的暴虐倾向（如几次对雅典娜），他甚至会表现出相当罕见的幽默感。但是一旦有哪个神带有不满或挑衅，他将以其强力予以镇压。阿伽门农之所以真正的屈尊俯就，只是因为一件事情：除了阿基琉斯外，没有人可以救得了希腊人，救得了阿伽门农自己，包括至关重要的荣誉。没有阿基琉斯，希腊人只能打道回府。这对于联军统帅，对于地位高的所有人，都是奇耻大辱。所有人都指出一个事实：阿基琉斯表现过分，无可理喻。纵然带有辱骂性质，在简短的发言中，埃阿斯最后仍然劝阿基琉斯留下来，以朋友的身份。

第十四卷，希腊联军第五次争吵。阿基琉斯不听劝说，还带着幸灾乐祸的心情观看他眼前的战斗。希腊联军大败。阿伽门农又生退意，老王涅斯托尔也生退意。这次争吵不是发生在会议，而是发生在战斗间隙，即阿伽门农对希腊联军的巡视途中。阿伽门农的主张又受到诸王的坦率攻击。奥德修斯"恶狠狠地盯着他"，说他是招致灾难的人、胆小鬼，不知道用得体方式讲话，并让他住口。狄奥墨得斯赞成奥德修斯的建议，要求战斗到底。他的建议受到众兵士采纳。奥德修斯是这样斥责阿伽门农的：

其时，足智多谋的奥德修斯开口答话，恶狠狠地盯着他：/"这是什么话，阿特桑斯之子，崩出了你的齿隙？/你这招灾致难的人！但愿你统领的是另一支军队，一帮畏畏/缩缩的胆小鬼；但愿你不是我们的王者——我们，按着/宙斯的意志，历经残酷的战争，从青壮/打到老年，直至死亡，谁也不能幸免。/难道你真的急于撤离这座路面开阔的城堡，/放过给我们这许多凄愁的特洛亚？/闭起你的嘴，以免让其他阿开奥斯人/听见。一个知道如何用得体的方式/讲话的人，一位受到全军尊服、拥握权杖的王者，/不会让此番话语爆出唇沿。王者阿伽门农，/看看阿尔戈斯人的队伍，成千的壮汉，听命于你的兵勇。/我由衷地蔑视你的心智——想一想，你都说了会什么！/在这两军激战的关头，你却要/我们把凳板坚固的木船拖下大海，/让特洛亚人争得更大的光荣——他们已击败我们，/死亡的秤杆将把我们压弯。倘若我们/拖船下海，阿开奥斯兵勇就不会继续拼战，/而将左顾右盼，寻觅逃路，把战斗热情抛到九霄云外。/这样，全军的统帅，你的计划会把我们彻底送断！"/听罢这番话，民众的王者阿伽门农答道："好一顿呵责，奥德修斯，你的话刺得我/心痛。不过，我并没有要求阿开奥斯人的儿子/违心背意，将凳板坚固的舟船拖下大海。/现在，谁要有更好的计划，即可赶快进言，/不管是年轻，还是年老的军汉。我将高兴地倾听他的意见。"(14.82－108，陈译本)

在第十六卷中，帕特罗克洛斯对阿基琉斯的数落属于对话，不属于争吵，但是其语气中透露出来的挑战仍然是值得注意的：

"但是你，阿基琉斯，谁也劝慰不了！/但愿盛怒，如你所发的这场暴怒，不要揪揉我的心房！/你的勇气，该受诅咒的粗莽！后代的子孙能从你这儿得到/什么好处，倘若你不为阿尔戈斯人挡开可耻的死亡？/你没有半点怜悯之心！车手佩琉斯不是你的父亲，/不是，忒提斯也不是你的母亲；灰蓝色的大海生养了你，/还有那高耸的岩壁——你，何时才能回心转意？"(16.29-45，陈译本)

阿基琉斯虽然是希腊人中的第一战勇，但是他显然太专注于自己，甚至非常自私（当然这并不能算是邪恶。在荷马的世界里，没有邪恶。像帕里斯那样顾及自己生命而逃跑（荷马令人吃惊而且轻描淡写地只用一句话交代：美神阿佛罗狄忒将他笼罩在云雾之中，把他救起[3.382]），不过是在诸种善中选择一种善而已，这种选择会损害行动者的荣誉——荣誉是存在于与别人的关系之中的，是存在于别人的口碑中的）。他只在乎自己曾经受到的侮辱，与这种损害比起来，别的显然都微不足道。阿基琉斯只是这样一种英雄：惟一重要的，是自己的荣誉，是自己；他没有必要让自己承担起对别人，特别是"众人"的负担。他参加特洛亚战争，一是为了名垂青史，一是为了获得可观的战利品——与强盗无异。因此，他重新参加战斗，并不是为了拯救希腊人的失败，也不是受到阿伽门农的感化，而只是为自己的心爱的兄弟复仇而已。在这方面，阿基琉斯是的孤独的英雄，所有恃才傲物者的典型（当然也是荷马最喜爱的主角）。荷马的世界是一个力量的世界；战斗是个人之间力量的较量，这与希腊赛会的任何一场比赛没有区别。阿基琉斯的伟大完全在于他的力量，而不在于其心灵的伟大——心灵是否伟

大,在荷马的世界,永远是次要的。就暴戾的程度而言,阿基琉斯
足以与宙斯比美。在第十八卷,阿基琉斯只是只身出现在战场,就
把特洛亚人吓得魂飞魄散,以至于 12 个战勇被自己人在混乱中刺
死在战车旁。荷马对阿基琉斯的出场极尽渲染。[①] 两位埃阿斯奋
力抢夺而不能成功的帕特罗克洛斯尸体,仅凭阿基琉斯三声喊叫,
便夺了回来。阿基琉斯与赫克托尔形成对比,也在一定程度上与
阿伽门农形成对比。他念念不忘的永远是这种事情:

> 此事深深地伤痛了我的心魂:/有人试图羞辱一个和他
> 一样高贵的壮勇,/仗借自己的权威,夺走别人的战获。/此事
> 令我痛心疾首,使我蒙受了屈辱。/阿开奥斯人的儿子们挑出
> 那位姑娘,作为我的战礼——我曾/攻破那座壁垒坚固的城
> 堡,凭靠手中的枪矛,掠得这位女子。/但是,阿特柔斯之子,
> 强有力的阿伽门农,从我/手中夺走了她,仿佛我是个受人鄙
> 弃的流浪汉。(16.348 - 349)

的确,当帕特罗克洛斯代友出战被消灭后,阿基琉斯显示了巨
大的悔恨,也认为应该与阿伽门农重归于好(18 卷)。但是这种变
化(如果有的话),在阿基琉斯的整个生活中,也在整个诗史的结构
中,作用很小。最终,阿基琉斯投入战斗。我们知道,这不是因为
阿伽门农迟到的好意或笼络之举,也不是埃阿斯的激怒,更不是奥

---

① "第 19 至 22 卷显示出阿基琉斯最大的兽性。他在战场上的残忍,他拒绝誓言和乞
援等社会规范,他的虐尸以及他的笑容,都显示出一个处于人性的边缘者的特征。"
(John Health, *The Talking Greeks*, *Speech*, *Animals*, *and the Other in Homer*,
Aeschylus, *and Plato*, Cambridge: Cambridge University Press, 2005, p. 124.)
"《伊利亚特》充满着血腥,这是一个无论如何都无法掩盖或淡化的事实,试图将希腊
古风时代的价值与更人性一点的伦理代码相统一,这种做法注定不成功。诗人和听
众对每一个杀戮行动都报欣赏态度。"(M. I. Finley, *The World of Odysseus*,
Viking Penguin, 1954, p. 119.)

德修斯的劝说和涅斯托尔的中文意义上的苦口婆心的教诲，而是因为赫克托尔杀死并羞辱了帕特罗克洛斯，阿基琉斯的情人。阿基琉斯就是阿基琉斯。他是独立和傲慢的，在特洛亚战场上，他唯一在乎的，也许就是他对帕特罗克洛斯的爱情。[①]

第十九卷，阿基琉斯召集阿开奥斯人会议，和阿伽门农和解(19.45‑238)。两个埃阿斯、奥德修斯和阿伽门农都带伤参加。

> 人群里，一瘸一拐地走着阿瑞斯的两个伴从，/勇敢顽强的图丢斯之子和卓越的奥德修斯，/倚着枪矛，仍然受着伤痛的折磨，/慢慢挨到他们的位置，在队伍的前排就座。/民众的王者阿伽门农最后抵达，/带着枪伤——激战中，安忒诺耳之子科昂/捅伤了他，用青铜的枪矛。(19.46‑53，陈译本)

这里显然没有任何对错观念，也没有任何一方认错。阿基琉斯只是呼吁"算了，过去的事情就让它过去，即使心中痛苦"(19.65)。忘记(至少是短暂的忘记)过去的仇恨达到和解，仇恨并未被消灭，因为那是已经存在的事情。与第一卷的愤怒与争吵相比，和解显得微不足道。阿基琉斯甚至称：

> ……尽管痛楚，/我们必须压下腾升在心中的盛怒。/现在，我将就此中止我的愤怒——无休止地/暴恨，不是可取的作为。(19.54‑55)

阿伽门农的演说也很有特点。他知道不少人责备过他(当然也有人，如帕特罗克洛斯，责备阿基琉斯)，但他也并不认错。他认

[①] W. M. Clarke, "Achilles and Patroclus in Love," *Hermes* 106. Bd. , H. 3(1978): 381‑396.

为这是宙斯、命运和复仇女神对他的控制,神造成了一切:

> 现在,我将对佩琉斯之子说话,你们大家/要聚精会神,肃
> 静聆听。/阿开奥斯人常常以此事相责,/咒骂我的不是;其
> 实,我并没有什么过错——错在宙斯、命运和穿走迷雾的复
> 仇女神,/他们用粗蛮的痴狂抓住我的心灵,在那天的/集会
> 上,使我,用我的权威,夺走了阿基琉斯的战礼。/然而,我有
> 什么办法? 神使这一切变成现实。/狂迷是宙斯的长女,致命
> 的狂妄使我们全都/变得昏昏沉沉。她腿脚纤细,从来不沾/
> 厚实的泥地,而是飘行在气流里,悬离凡人的头顶,/把他们引
> 入迷津。她缠迷过一个又一个凡人。(19.83-94,陈译本)

阿基琉斯也开始称阿伽门农为"阿特柔斯之子,民众的王者,
最尊贵的阿伽门农"(19.146)。演说家奥德修斯这时也只能再劝
他们采取和解姿态,让阿伽门农为阿基琉斯准备偿礼。

诸神的争吵

从某种意义上说,人间的所有争吵,背后都有神的因素。一个
根本的因素似乎是,每当人与人之间的战争就要结束时,因为众神
似乎还没有观赏够,所以需要他们继续表演、战斗下去;而一个贯
穿始终的动力,至少就《伊利亚特》而言,是宙斯最终要将最大的、
最高的荣誉赋予阿基琉斯:让他击败特洛亚最知名的战将赫克托
尔(成为英雄中的最后获胜者),让达那奥斯人在历经失败以后,攻
陷特洛亚城,获得荣誉。同样,神之间的几乎所有争吵,都有人的
因素(把神话作为一个整体,当然不是这样;宙斯和波塞冬之间的
不和源于权力的划分,宙斯与克洛索斯的争斗,是最高统治权的争

夺，而在他的下辈神中，又有许多冲突）：不同的神因为不同的原因，对某一个人表示不满；而这个开罪此位神的人，又可能得到另一位神的欢心。其中最重要的，就像人（无论是个体还是共同体）之间总是充满着竞争、不和一样，神之间也是充满着不和与竞争的。在导致冲突的因素中，有两个最为突出，一个是控制权，另一个是爱欲。宙斯和赫拉的争吵几乎总与宙斯对别的女子的爱欲有关，这位主神（力量最大，众神承认他的统治，即有权对自己下命令）总是喜欢人间女子，并生下半神半人的英雄。几乎所有英雄的世系都可以追溯到宙斯，不过有的近有的远而已。在荷马的世界，神界和人间的情况一样，谁的力量最大，谁就可以对别人下命令，久而久之，这就成了习惯（制度）。而力量最终可以归结为人的生理力量。这是一条根本而简单的解释原则。

《伊利亚特》第一卷有两个争吵。一个是上文分析的阿基琉斯和阿伽门农的争吵，一个是赫拉和宙斯的争吵。人的争吵因神而起，阿伽门农开罪阿波罗（虽然阿伽门农迅速做了补偿行动，阿波罗直到最后仍然都站在特洛亚一边，他是赫克托尔力量的根源），自己女俘交出后索要阿基琉斯的女俘作为补偿；神的争吵因人而起，宙斯因忒提斯的请求答应帮助阿基琉斯惩罚阿开奥斯人，从而引起赫拉的不满。希腊联军诸王之间的争吵，类似于兄弟之间的争吵，争吵者都是平等的，因此彼此不服似乎是自然的。在诸王之中，阿基琉斯最勇猛，阿伽门农权威最高，奥德修斯则最智慧。他们每个人都有最显著的 arete，因此没有固定的高下。但诸神之间的争吵不同。这是家族内部的争吵，而家族关系是等级关系。宙斯居于统治地位，他可以随时处罚神中的任何一个，特别是他的妻子儿女。诸王之间没有嫉妒与阴谋，但诸神之间却不乏嫉妒与阴谋。先看宙斯与赫拉之间的争吵。这种争吵源于情欲。

交出布里塞伊斯以后，阿基琉斯独自伤心流泪，向其母女神忒提斯祈祷。让她请求宙斯替他还回公道：

暂且给特洛亚人以力量,使阿开奥斯人/尊重我的儿子,
给予他应得的赔偿。(1.509-510)

忒提斯的这种请求,又引起了奥林波斯山上神之间的争吵。
这种争吵很简单:天后赫拉反感任何一个女神或人间女子与宙斯
交往,更反感宙斯答应她们的要求。因此宙斯回答忒提斯说,

你会使我与赫拉为敌,/她会有一些责骂的话使我生
气。/她总是在永生的天神当中同我争吵,/说我在这场战争
中帮助特洛亚人。(1.518-511)

宙斯让忒提斯赶快离开,免得让赫拉看见,而他也表示会满足
她的要求。这件事自然逃不过赫拉的眼睛。因此当宙斯回到奥林
波斯山上他的宫廷时,立即受到赫拉的"讥笑":

狡猾的东西,是哪一位神同你商谈? /你总是远远地离开
我,对你偷偷地/考虑的事情下判断。你从来不高高兴兴地/
把你心里想做的事情老实告诉我。(1.540-543)

她于是受到宙斯的反击:大意是别想知道宙斯的所有事情,
该知道的就知道,不该知道的别问,也别探听,免得难堪。对于赫
拉的担心(宙斯帮助阿基琉斯,惩罚希腊人),他竟然这样回答:

好女神,你认为我逃不过你的注意,/可是你不能完全办
到,反而使你/离开我的心更远些,那对你更是不利。/如果事
情真是那样,那是我所喜欢。/你且安静地坐下来,听我说些
什么,/免得奥林波斯的天神无力阻挡我前来,/当我对你伸出
这两只无敌的大手时。(1.561-567)

这等于是向赫拉发出警告或威胁。他想做什么就可以做什么，别的神不得干涉，否则就可能受到惩罚。这时，他们的儿子、匠神赫菲斯托斯前来劝解。他的劝解不过是劝他母亲忍耐：

> 母亲，你忍耐忍耐吧，压住你的烦恼，/免得我——尽管你是我最亲爱的人——/眼看你挨打，却不能对你援助而发愁，/因为与奥林波斯山上的大神难以抗争。(1.586-589)

当我们比较第一卷这两场争吵时，我们就会发现，阿伽门农试图为所欲为，但他受到阿基琉斯的猛烈回击。阿基琉斯若不是雅典娜的干涉，准备杀死阿伽门农。因此就纯粹力量而言，阿基琉斯胜于阿伽门农。这是两个强人之间的激烈争吵。但赫拉与宙斯的争吵不同。赫拉根本无法抗争，所以她至多讥笑宙斯；她也许并不想阻止宙斯，而当她只想知道究竟竟时，便遭到宙斯的威胁。所以她只能忍耐，或者暗中破坏宙斯的计划。我们看到暗中破坏宙斯的计划，是赫拉的典型做法。在前一种争吵中，涅斯托尔劝两边让步，而在这场争吵中，赫菲斯托斯只能劝弱者让步。在这里，任何一种后世的或别的文化的评判都是无效的。宙斯既不是最高或绝对公正的化身，更不是贤明的化身（这与几乎所有别的文明的最高神形象都不同）。他仅仅是力量的化身而已，也仅凭力量，即暴力来统治世界。或者说，在这个力量主载的神界（宙斯本人凭借力量推翻其父的统治），只有力量才是根本法则。

众神之间的争吵并不比凡人更好些。神的关系只是凡人的关系的反映。人间的战争与苦难只是神之间的争斗的结果。诸神也相互比拼。所谓众神的会议，也不过就是争吵或吵闹而已。的确，宙斯是统治者。但是，他却是一个随心所欲、为所欲为的统治者。他的统治并不顾及公正——公正不过是守法状态而已，而法律，或者规则，不仅是最强者制定的，而且可以归结为一条最简单的法律：力量至上。至于众神是否对他心悦诚服——在希腊文化中，这是根本不可能的状态；所谓"德"，不过是在某个方面表现卓越，而政治上的卓越，就是在权力的争斗中获胜——他并不在意。对于他的天后赫拉，他几乎是哄骗加上威胁，而对于别的神，哄骗的成分减少了，恐吓与直接制裁成分增加了。宙斯是掌有决定权的，因此，众神得不停地讨好他，影响他。结果，当受某一位神影响时，他会偏向一边，当受到另一位神恳求时，他又会偏向另一边——他的统治的力量不是在追求不偏不倚的公正中实现的，而是在这种摇摆中实现或表现的。这种意象，我们知道，并不随古典时代的到来而结束，相反，受到悲剧作家和历史学家的进一步挖掘。对于现代人或这个文化之外的观察者来说，这无疑是无法接受也令人失望的。但是，这却是除哲学家，甚至少数哲学家以外，希腊人对待政治的典型见解。它与亚里士多德在很久以后发明出来（继承苏格拉底）那种城邦观念，是不同的，但它的确是组成希腊思想的一个原初的，而且是根深蒂固的维度。

诸神之间的第二场争吵（第四卷）发生在赫拉和雅典娜之间（4.1-72）。人间的战事因潘达罗斯射伤墨涅拉俄斯而重起。在人类于特洛亚城门前血拼时，众神正在云端观看。宙斯称

> 胜利归于阿瑞斯宠爱的墨涅拉俄斯，/现在让我们考虑事情怎样发展，我们是挑起凶恶的战斗和可怕的喧嚣，/还是使双方的军队彼此友好相处？/如果友好相处为大家喜爱并欢迎，/那就让普里阿摩斯的都城有人居住，/墨涅拉俄斯可以把海伦带回家去。（4.13-19）

这次争吵既不是因为夫妻之间的嫉妒，也不是因为兄弟之间（如波塞冬和宙斯）权力分配的不均，而似乎只是因为人间的厮杀还没有使诸神尽兴。这种观众不尽兴的事情，在希腊的体育竞技

与政治角逐中,显然是经常出现的。赫拉不愿看到特洛亚未遭毁灭战争便结束,而宙斯却似乎想结束战争。他顾惜特洛亚城,因为他们一直对他献祭。面对宙斯的提议,雅典娜只能生气而沉默,赫拉则明确表示这样结束战斗众神不会答应。宙斯感到赫拉要毁灭特洛亚,但只是说"你想那样做就那样做,不要让这争吵、日后成为你我两位神之间的大龃龉。"(4.37-38)在荷马笔下的诸神眼中,人类的这场被诗人极尽讴歌的最伟大的厮杀,与蚁虾之间的搏斗无异。可见在这种文化中,就像集体主义的意识极其稀薄一样,人本主义的意识也极其稀薄。战争与胜败,都不是人能决定的,而是由神决定的。在这次争吵中,宙斯让步了,让特洛亚人违反誓言(潘达罗斯射伤墨涅拉俄斯),从而使战争得以继续。这次争吵是少有的妥协和平静。

分散于8-15卷之中的诸神的争吵,情节复杂,主要围绕宙斯的命令(不许诸神亲自参战)和这种命令如何被破坏,宙斯如何一再通过诸神会上的公开威胁反复重申命令而展开的。值得注意的是,宙斯的命令不是得到了执行,而是受到了破坏或违反。结果就是反复出现的斥责、威胁与不满。在这些争吵的开始,第8卷的众神会上,宙斯发表演说,命令诸神不得介入人间的争斗。虽是演说,其实是威胁与恐吓:

> 任何一位女神或天神都不要企图/违反我的话而行动,你们都要服从,/使我很快把这件事情办理成功。要是我看见有神远远地离开众神,/有意去帮助达那奥斯人或特洛亚人,/他回到奥林波斯,将受到可耻的打击,/或是由我捉住,扔到幽暗的塔尔塔罗斯,/……/你们会知道,我比全体天神强得多。/你们这些神前来试试,就会清楚。(8.7-17)

令人啼笑皆非的是,这位大神既受不了其他神的恭维,也受不了人的恭维。他的威胁被雅典娜一下子就挡了回去。雅典娜说她会遵照吩咐，不参加一方战斗，但是想给希腊人一点劝告。而宙斯竟然说他"也不想这样做[惩罚违规者]，愿慈爱待你"（8.40）。说完他就到奥林波斯山顶观看两军战斗。特洛亚人占了上风。赫克托尔的英勇引起赫拉不快。她希望与波塞冬联合阻挠宙斯。但波塞冬不愿加入（8.198－211），赫拉便去激励阿伽门农。此时的阿伽门农和希腊联军已经身处败势。他哀叹整个希腊联军对抗不了一个赫克托尔，甚至要求宙斯"让我们逃命，脱离这场战争的危险，/别使我们败在特洛亚人手下"（8.242－246）。他于是向宙斯发出祈祷。宙斯就像答应雅典娜那样答应阿伽门农的请求，"怜悯这流泪的人，/点头答应保证他军队的安全"（8.245－246）。可见希腊联军受到赫拉和宙斯（源于不同目的）的共同怜悯。但宙斯放出的神鹰也没有阻挡希腊人的颓势。这时雅典娜在赫拉的怂恿下准备亲战赫克托尔。赫拉和宙斯虽然都同情希腊联军，但雅典娜亲自参战，却违反了宙斯的命令。因此宙斯立即下令阻止：

> 快腿的伊里斯，快去把她们挡回去，不要让她们来这里，我们打起来没好处。我要这样说，这件事将会成为事实：我要把她们车前的快腿的马弄瘸，把它们从车子上面扔出去，把车子打破，她们在十个轮流流转的年头之内，没有办法把雷打出来的创伤治愈；让明眸女神知道，同父亲斗争非儿戏。对赫拉我却没有这样大的愤慨和愤怒，因为她总是对我说的话百般挡阻。（8.399－408）①

---

① 史诗在这里出现很有趣的段落。伊里斯作为宙斯的使者，在追到赫拉和雅典娜时，把宙斯的原话向他们陈述，只是最后加上两句："只有你[赫拉]叫我们害怕，你是条无耻的狗，/要是你真敢把巨大的长枪向宙斯举起。"（8.423－424）看来也许，传令与解释者总会添加内容。

这是宙斯威严表现最突出的地方，也可以说是他的淫威表现得最充分的地方。经过伊里斯的警告，赫拉和雅典娜已经放弃参战，但即使这样，宙斯仍然再次召开会议，再次威胁与警告她们。诗人这样夸张：波塞冬亲自为他下马，把车子放到支架上，并用布盖上。"那发出远扬的雷声的宙斯坐在金座上，/崇高的奥林波斯在他的脚下震颤。"(8.443-444)宙斯这样用带着自夸、傲慢和威胁的语气向两个试图无视其命令的女神说：

> 雅典娜和赫拉，你们为什么这样忧愁？/你们总是不断地在使人获得荣誉的/战斗中毁灭特洛亚人，对他们怀有怨恨。/可是我的力量和手臂不可抵抗，/奥林波斯山上的众神都不能使我转变；/你们俩人在看见战争和战争灾害之前，/颤抖会爬上你们的发亮的手臂和脚腿。/我这样告诉你们，这件事会成为事实，你们一旦遭雷打，便不能坐在车上/回到众神居住的奥林波斯高山。(8.447-456)

这时候，雅典娜沉默不语，但仍然被强烈的忿恨笼罩；赫拉却申言，她们只想给达那奥斯人一点劝告，免得他们全部被毁灭。她的申辩立即遭到宙斯的回击。他扬言第二天希腊联军将会受到更大的打击。

> 你发怒，我并不在意，/即使你去到大地和大海的最最边缘，/……/你到那里流浪发脾气，/我也不在意，没有什么比你更无耻。(8.477-483)①

---

① "荷马讲话者的力量可以通过他们这种能力得到估计：他们能够让别人沉默而自己又不会受到羞辱。"(Silvia Montiglio, *Silence in the Land of Logos*, Princeton: Princeton University Press, 2000, p.55)

纵然有宙斯的威胁与禁止,禁止他们参战,但我们看到,奥林波斯诸神分成两派,一派支持特洛亚,一派支持希腊人。按照宙斯的计划,他让特洛亚人先占据先机,然后再让阿基琉斯出场,从而给他更大的荣誉。与其说宙斯站在希腊人一边,不如说站在阿基琉斯一边。在第13卷,诗人说宙斯把特洛亚人和赫克托尔引向希腊人的船只,不是为了让他们获胜,而是为了让他们承受更大的苦难。这时候,荷马也交待,没有哪位神明再会胆敢帮助哪一边。但是一旦宙斯的眼睛从战场挪开,他的计划就受到破坏。例如,波塞冬看到希腊人被特洛亚人战败,便"对宙斯充满怨恨"。(13.16)波塞冬于是用手杖点击两位埃阿斯,后者立即觉得浑身充满力量。在赫克托尔杀死安菲马科斯时,波塞冬甚至自己投入战斗。于是,

> 克罗诺斯的两个强大的儿子就这样/各自给英勇的将士们筹划可怕的苦难。/宙斯有心让特洛亚人和赫克托尔获胜,/增强捷足的阿基琉斯的光荣声誉,又不使阿开奥斯军队毁灭在伊利昂城下,只满足忒提斯倔强的儿子的心愿。/波塞冬则从灰色的海里偷偷升起,/前来激励阿尔戈斯人,痛恨他们被特洛亚人打垮,对宙斯深感气愤。/这两位神源于同一血统,同父所生,/只是宙斯比他年长,也比他聪慧,/由此他不敢公开襄助阿尔戈斯人,/而是化作凡人,暗暗鼓励他们。/他们就这样从两头把一根强烈敌视/和激烈厮杀的绳索拉紧,那绳索拉不断,/也解不开,却折断了无数将士强健的腿腱。(13.345 – 360)

波塞冬甚至挑拨阿伽门农和阿基琉斯的关系,说阿基琉斯看到阿开奥斯人的失败胸中狂喜,对他们没有一点怜悯,"愿他这样死去,愿天遭殃,"而"永生常乐的神明们对你却毫无恶意"(14.141 –143)。

于是，波塞冬激励希腊人战斗，双方处于激战状态。看到双方再次激战，赫拉兴奋异常。诸神以违反宙斯计划为乐。但这一切仍然在宙斯的注视之中。当赫拉看到宙斯高居于伊达山头观看特洛亚城前人间的战斗时，她便知道宙斯是站在特洛亚一边的，于是设法让他离开。暗地破坏宙斯的计划，是赫拉这一派经常做的事情，因为宙斯比他们强大得多，而且他一再威胁，奥林波斯山的所有神的力量加进来也不是他的对手。宙斯还是一个完全自我决定的神，只有他是可以为所欲为的。最强有力的人不需要听从劝告，因为他从不会遇到困境，也从不会面临选择的困境。

赫拉施展她的"美人计"诱惑宙斯离开伊达山头回奥林波斯山宫中，骗他入睡。她的诱惑如此之大，宙斯立即就与她做爱，同时熟睡过去。这时波塞冬立即进入希腊军中，鼓舞他们的斗志。赫克托尔与埃阿斯大战，赫克托尔败退。因为波塞冬和赫拉的计谋，希腊人取得优势。一觉醒来的宙斯发现特洛亚兵败，赫克托尔躺在地上口吐鲜血，波塞冬置身于希腊人战营，赫拉安睡在自己身边，便知道自己被骗。

> 见着此般情景，神和人的父亲心生怜悯，/破口大骂，对着赫拉，浓眉下闪射出凶狠的目光：/"难以驾驭的赫拉，用你的诡计，狠毒的计划，/将卓越的赫克托尔逐出战斗，驱散了他的军队。/我确信，这场引来痛苦的诡计将使你/第一个受惩——我将用鞭子狠狠地抽打。"（15.12 - 17，陈译本）

在上一场争吵中，宙斯威胁说，当他殴打赫拉（那时赫拉只是试图干涉宙斯的计划，试图知道宙斯不让她知道的事情）时，众神也将无奈。现在，胆敢违抗宙斯命令的赫拉似乎逃脱不了鞭打。眼看即将遭到暴打的赫拉不是为自己的行为辩护，而是继续欺骗。她说波塞冬参战并不是受她指使，而是他自己的意愿；她和波塞冬并没有合谋违抗宙斯的命令,相反她一直劝波塞冬按宙斯的号令行事(15.40-46)。宙斯相信了,并说出了如下一段话。

　　好极了,赫拉。今后,我的牛眼睛王后,/要是你,在神的议事会上,能和我所见略同,/那么,尽管事与愿违,波塞冬/必须马上改变主意,顺从你的意志。/如果你刚才说的句句都是实话,不掺半点虚假,/就前往神的部族,给我召来/伊里斯,还有著名的弓手阿波罗;/我要让伊里斯前往身披铜甲的阿开奥斯人的/群队,给王者波塞冬捎去口信,/让他离开战场,回到自己的家居。此外,/我要福伊波斯·阿波罗催励赫克托尔重返战斗,/再次给他吹入力量,使他忘却耗糜/心神的痛苦。要他把阿开奥斯人赶得/晕头转向,惊慌失措,再次回逃,/跌跌撞撞地跑上佩琉斯之子阿基琉斯的/条板众多的海船。阿基琉斯将差遣他的伴友/帕特罗克洛斯出战,而光荣的赫克托尔会出手把他击倒,/在伊利昂城前,在他杀死许多年轻的兵勇,/包括我自己的儿子、英武的萨耳裴冬之后。出于对/帕特罗克洛斯之死的暴怒,卓越的阿基琉斯将杀死赫克托尔。/从那以后,我将从船边扭转战争的潮头。/不再变更,不再退阻,直到阿开奥斯人/按雅典娜的意愿,攻下峻峭的伊利昂。/但在此之前,我将不会平息我的盛怒,也不会让/任何一位神祇站到达那奥斯人一边,/直到实现佩琉斯之子的祈愿。/我早已答应此事,点过我的头,/就在那一天,永生的忒提斯抱住我的膝盖,/我让荡劫城堡的阿基琉斯获得尊荣。(15:49-77,陈译本)

　　这段话是《伊利亚特》全诗的主线。所有的情节都围绕宙斯的计划展开(只是其间不断受到神的破坏)。他答应希腊人攻下特洛亚,而在此之前,他要希腊人败在特洛亚人手中,赋予特洛亚英雄赫克托尔以荣誉；最后让阿基琉斯重返战场，杀死赫克托尔，获得最大荣誉。而之所以这么安排，使攻城经受那么多曲折，只是因为他答应了忒提斯的祈求。《伊利亚特》一方面是对阿基琉斯的颂歌，另一方面，也是对宙斯的颂歌——确切地说，是吟唱：不是吟唱他们的仁慈、德性，而是吟唱他们的力量（暴力）。力量乃是《伊利亚特》的至上主题。①

在神的世界，心悦诚服地服从宙斯命令的情况是不可能发生的。在第 9 卷中，我们看到的是诸王对特洛亚战争头号英雄阿基琉斯的说服，奥德修斯运用了理智的力量（logos），而福尼克斯和狄奥墨得斯运用了情感（pathos）的力量。这是发生在人的世界的争吵，那是多少处于平等状态的力量之间的对抗。在神的世界，我们看到说服基本上不存在了。因为双方的力量根本不对等。宙斯想不到也不屑于去说服诸神，他只要下命令就可以；诸神（包括他的妻子赫拉和他的兄弟波塞冬）合起来的力量也不及宙斯，因而他们感觉到无法说服宙斯。刚刚被宙斯叫停的战斗，是赫拉试图与波塞冬联手对抗宙斯的结果。公然的对抗无法奏效，诸神只能诉诸于阴谋；当阴谋被发现时，赫拉想到的不是为自己的行为辩护，而是如何逃避惩罚。但是她内心是不服的，而且充满着怨恨。

宙斯在"审问"赫拉的同时，让伊里斯传达命令，让波塞冬立即撤出战斗。赫拉当着宙斯不敢发怒，但是背着宙斯，她依然大声表达自己的不满。当神情沮丧的赫拉到达奥林波斯，特弥斯问她是否受到宙斯惊吓时，她这样回答：

————————

① "宙斯痛斥可能违背他的命令的神，好像他的国王身份并不稳如泰山、无可争议，似乎他首领的地位会被低估和否认。他言语的暴力——还要加上狂妄的挑战——反映了确认权力的必要性。他的权力不是以绝对和无法动摇的合理性加之于众神的，而是需要说明、展示，甚至有时要防范颠覆该权力的企图。"（裘得亚·西萨、马塞尔·德蒂安：《古希腊众神的生活》，第 98 页。）

不要问我这些,女神特弥斯。你也/知道他的脾性,该有多么固执和傲慢。/你可继续主持这次份额公平的餐会,在神的房居里。/你会听到我的叙说,你和所有的神祇,/听听宙斯如何谋示一系列凶暴的行径! 告诉你们,/这一切不会带来皆大欢喜,不管是人/还是神,虽然他现时仍可享受吃喝的欢悦。

言罢,神后赫拉弯身下坐,宙斯房居/里的众神个个心绪烦愤。赫拉嘴角/带笑,但黑眉上却扛顶着紧蹙的/额头。带着愤怒的心情,她对所有的神祇说道:/"我们都是傻瓜,试图和宙斯作对——简直是昏了头! /我们仍在想着接近他,挫阻他的行动,/通过劝议或争斗,但是,他远远地坐在那里,既不关心我们,/也不把我们放在眼里,声称他是神中/最了不起的天尊,力气最大,威势最猛。/所以,尔等各位必须接受他送来的任何苦痛。"(15.93-112,陈译本)

作为宙斯的妻子,赫拉面对她的子女们时,并没有维护宙斯的威信与尊严,使诸神和谐一致,而是公然表达不满,甚至挑拨子女们对宙斯的不满。她就曾指出战神阿瑞斯(荷马称之为人类的祸害[5.846];宙斯对他的这个儿子比对别人一直抱有更大的敌意)曾经受到的不公,使得阿瑞斯立即跳起来,准备杀向特洛亚城下参与战斗,只因雅典娜劝说才作罢。雅典娜的劝说也只是提醒,对抗只会产生更大的惩罚与痛苦:

你疯啦? 真是糊涂至极,想要自取灭亡?! 你的耳朵/只是个摆设,你的心智已失去理解和判识的功能。/没听清白臂女神赫拉对我们讲说的那番话语?/她可是刚从奥林波斯大神宙斯那边过来。/你在嗜想得到什么? 想等吃够了苦头之后,/被迫回到奥林波斯,强忍着悲痛?/你会给我们大家埋下不幸和痛苦的恶种! /宙斯将迅速丢下阿开奥斯人和心志高昂的/特洛亚人,回到奥林波斯,狠狠地揍打我们,/一个不饶,不管是做了错事的,还是清白无辜的神仙。/所以,我要你消泄激之于丧子的愤烦。(15.128－137,陈译本)

宙斯在这头与赫拉从争吵到和解(再次遭赫拉的哄骗),在另一头让伊里斯向波塞冬传达命令：

上路吧,快捷的伊里斯,找到王者波塞冬,/捎去我的口信,不得有误。命他即刻脱离战斗和厮杀,回返/神的部族,或潜入闪亮的大海。/倘若他不听我的谕令,或对它置若罔闻,/那就让他好好想一想,在他的心魂里——/尽管强健,他可吃不住我的/攻打。告诉他,我的力气远比他大,/而且比他年长。然而,在内心深处,他总以为/可与我平起平坐,尽管在我面前,其他神明全都吓得畏畏缩缩。(15.158－167,陈译本)

宙斯的语言总是带有威胁、警告与挑衅。宙斯的所有命令都有挑战的意思。他不是要平息别人的愤怒,而是要激起这种情感,让他们觉得除了屈服以外,没有别的选择：因绝望而匍匐在地。宙斯要表达的,乃是暴虐的激情乃至政治的真理：对于强权的跪服乃是绝望的产物。强权使得人们把对它的对抗转化成不满者内心的对抗与冲突。波塞冬无疑便处于这种状态。

听罢这番话,著名的裂地之神怒不可遏,嚷道:/"真是横蛮至极！虽然他很了不起,但他的话语近乎强暴！/他打算强行改变我的意志,不是吗？——我,一位和他一般/尊荣的神仙。/我们弟兄三个,克罗诺斯的儿子,全由瑞娅所生,/宙斯,我,还有三弟哈得斯,冥界的王者。/宇宙一分为三,我们兄弟各得一份。/当摇起阄拈,我抽得灰蓝色的海洋,作为/永久的家居;哈得斯抽得幽浑、黑暗的冥府,/而宙斯得获广阔的天穹、云朵和透亮的气空。/大地和高耸的奥林波斯归我们三神共有。/所以,我没有理由惟宙斯的意志是从!让他满足于/自己的份子,在平和的气氛里,虽然他力大无穷!/让他不要再来吓唬我,用那双强有力的大手,仿佛/我是个弱汉懦夫。把这些狂暴和恐吓留给/他们,留给他的那些儿女们去吧——/他是老子,不管训说什么,他们必须服从!"①(15.185－199,陈译本)

波塞冬一方面处于暴怒状态,甚至要伊里斯转告宙斯他的不满甚至对抗的冲动。② 另一方面,当伊里斯再一次问他是否真地准备对抗时,他放弃了:

但宙斯的作为深深地伤痛了我的心魂,/居然用横蛮的话语责骂一位和他/地位相似、命赋相同的天神。/尽管如此,这一次我就让了他,强压住心头的烦愤。/但是,我要告诉你,我的威胁中带着愤怒:/如果他打算撇开我和掠劫者的助信雅典娜,/撇开赫拉、赫尔墨斯和火神赫菲斯托斯,/救下陡峭的

---

① 这段的分析,见 A. W. H. Adkins, "Laws versus Claims in Early Greek Religious Ethics," *History of Religion*, 21.3 (Feb. 1982)。三个神各自的 moira-timai 份额,形成荷马的神的世界的道德基础。(亦见《神谱》881ff)分析也见 A. W. H. Adkins, "Truth, Kosomos and Arête in the Homeric Poems," *Classical Quarterly* 22 [1972]: 5－18. 根据范围的划分,诸神获得人的祭品,而不能得到祭品,将会引起神怒,相关的人将会灾难。定期提供 timai 包括献祭、建庙、塑像等。

② "海神有护卫自我的权利和公平分配荣誉的意识。他用公平分配的意识和司法平等的法律,反对粗暴野蛮的行径。""波塞冬重提三分天下的历史——大地不是作为凡人居住和拥有的地方,而是众神的领土,是和奥林波斯并列的不可分割的一部分。波塞冬在几乎是法律的领域,像骑士般维护奥林波斯的秩序,并不是为了宣布他偶然意识到的神的尊严。"(《希腊众神的生活》,第111页。)

伊利昂，不让它遭诸/荡劫，不让阿尔戈斯人获取辉煌的胜利，/那么，让他牢牢记住，我们之间的愤隙将永远不会有平填！(15.208-217，陈译本)

波塞冬无奈地回到大海。宙斯在第 8 卷禁止奥林波斯众神加入任何一方。现在，赶走波塞冬后，他却命令阿波罗立即去帮助赫克托尔。

宙斯是暴虐的，也是反复无常的。遇到抗议或反抗他回报以更大的暴力，遇到哄骗和祈求也会变得温和。在第 1 卷，当忒特斯要为儿子阿基琉斯复仇时，她依偎于宙斯膝下，右手托着他的下巴，左手抱着他的膝盖，向他乞求，让他给他更大的荣誉，当得到宙斯答应时便愉快地跳入水中。宙斯当然知道，答应忒特斯，便得罪了赫拉，他采取两面安抚的做法。第 4 卷，战争有可能结束，似乎没有满足众神的兴致，因此诸神商议仗是否打下去。结果发生潘达罗斯射墨涅拉俄斯重启战火之事。这是宙斯和雅典娜共同作用的结果。在第 5 卷，受战神阿瑞斯指使的墨涅拉俄斯先是射伤阿弗洛狄忒特，继而向阿波罗攻击，阿瑞斯向宙斯告状，被宙斯痛骂："两边倒的东西，不要坐在我面前哭泣，你是所有奥林波斯神中我最恨的小厮，你心里喜欢的只有吵架、战争和斗殴。"(5.889-891)他在教训阿瑞斯的同时，仍然不忘攻击赫拉："你具有你母亲赫拉难以控制的/狂暴与执拗，我难以用语言约束她。/我看你是受她怂恿才这样受苦难。"(5.892-894)一直到 15 卷，宙斯都严格禁止诸神参加战斗，但到了第 20-21 卷，奥林波斯诸神却奔下山来，各助一方。宙斯让诸神们全都下山，挑选自己喜欢的一边参加战斗，而他自己独自一人在山顶观看：

我仍将呆在奥林波斯的山脊，/静坐观赏，愉悦我的心怀。你等众神/可即时下山，前往特洛亚人和阿开奥斯人的群队，/

任凭你们的喜好,帮助各自愿帮的一边。(20.22 - 25,陈译本)

　　宙斯挑起持续不断的战斗;/众神下山介入搏杀,带着互相抵触的念头。(20.31 - 32,陈译本)

赫拉、雅典娜、波塞冬、赫菲斯托斯、赫尔墨斯站在希腊人一边,阿瑞斯、阿波罗、阿尔特弥斯(女射神)、爱神阿佛罗狄忒等站在特洛亚人一边。先是埃涅阿斯大战阿基琉斯,被波塞冬救出。接下来,两位惊天英雄,赫克托尔和阿基琉斯终于对阵。但旋即被分开。阿基琉斯与河神战斗,赫菲斯托斯用火炙烤河神,河神败。此时诸神之间也战得不亦乐乎:阿瑞斯被雅典娜战败,阿佛罗狄忒前来支援,也被战败。波塞冬和阿波罗这时正在看热闹,波塞冬戏谑地对阿波罗说,诸神已经打起来,我们还等什么,也打起来吧:"福波斯,我们为什么仍然袖手旁观? /其他神明已经动手,这样不体面,返回宙斯的奥林波斯的铜宫也觉羞惭。/现在你先动手,因为你比我年轻,/我既年长又多经验,先动手不公平"(21.436 - 440)。但阿波罗不愿与其叔父波塞冬交战。这遭到其妹阿尔特弥斯(狩猎女神)责备。此时赫拉跳出来,对阿尔特弥斯破口大骂("无耻的疯狗,你今天胆敢和我作对?"[21.481 - 482]),旋即与她动手,把她打得尖叫着逃跑。于是人与人、神与神之间展开一场混战。

特洛亚人的争吵

　　在阿开奥斯人、诸神和特洛亚人各种会议中,最没有争吵气息的,是特洛亚人的会议。也就是说,那种公然的敌对、威胁继之以厮打的争吵,基本上是不存在的。从另一个角度,也可以说特洛亚人的对话充满着理性与磋商的特征。① 第一次会议（2. 790 - 808）发生在希腊联军领袖大会奥德修斯责罚过特尔西特斯之后、各路大军奔向特洛亚城门时。伊里斯扮成普里阿摩斯儿子波利特斯的身形出现（即波利特斯发现了敌情），那时"普里阿摩斯的大门内老少齐聚开大会"，而老国王仍然和太平时期一样"喜欢没完没了的言谈"（2. 789，796 - 797）。听到消息后，特洛亚人立即结束会议，拿起武器冲向城门。虽然大会讨论了什么我们不得而知，但看起来特洛亚人和希腊人一样，也是既重视言谈也重视行动的。

　　第二场对话发生在赫克托尔和帕里斯之间，实际是赫克托尔对帕里斯的辱骂。特洛亚人列队与希腊人战斗，帕里斯在和墨涅拉俄斯第一次对阵后便逃跑。赫克托尔对帕里斯的谴责，也许是不同时代的人都能接受的：

　　　　不祥的帕里斯，相貌俊俏，诱惑者，好色狂，/但愿你没有出生，没有结婚就死去。/那样一来，正好合我心意，比起你成为骂柄，受人鄙视好得多。/……/对于你的父亲、城邦和人民是大祸，/对于敌人是乐事，于你自己则是耻辱。/你不等待阿瑞斯喜爱的墨涅拉俄斯吗？/那你就会知道你占去什么人如花妻子，/你的竖琴，美神的赠品、头发、容貌/救不了你，在你

---

① "特洛亚人与阿开奥斯人不同，他们没有用语言来维持社会秩序。就此而言，特洛亚人的语言低于阿开奥斯人。阿开奥斯人说着同一种语言，而特洛亚军队体现不同民族的混杂特点，他们说着不同的语言。……在阿开奥斯人那里，公开的争吵不停地出现。公开的争吵和责难形成社会紧张得以公开、秩序得以强化的基本的过程。相比之下，在特洛亚，社会和政治争吵处于未言说的水平。"（Halary S. Mackie, *Talking Trojan：Speech and Community in the Iliad*, Lanham：Rowman & Littlefield Publishers Inc. , 1996，p. 10.）

躺在尘埃里的时候。(3.39－58;参见 6.281－285)①

　　帕里斯一方面承认赫克托尔责骂合理,另一方面又不同意赫克托尔耻笑自己的容貌,因为那是神的礼物,不是一个人想就能得到的。他建议让他和墨涅拉俄斯单独决斗,谁赢谁将获得海伦和她的财产。这似乎是一个很合理的建议,赫克托尔和墨涅拉俄斯都表示赞成。于是两边将士就像观看比赛一样看两个男人为一个女人而进行的决斗。第二次对阵不到第三回合,帕里斯又逃跑了(诗人说被美神阿芙洛狄忒救走;不仅救走,而且直接放到床榻上,并叫来海伦同眠),以至于墨涅拉俄斯怎么搜寻也搜不到。阿伽门农于是宣布希腊人获胜。② 如果事情到此,荷马史诗就无法进行了。结果邦达罗斯再射墨涅拉俄斯,战斗再起。

　　这样我们就必须梳理与分析《伊利亚特》体现出来的独特的命运观。帕里斯拐走了海伦和财物;奥德修斯曾经来斡旋过;阿伽门农为了为兄弟报仇,组织联军进攻特洛亚历经九年攻城不下;战争在任何时候都可以结束:只要特洛亚人放人并赔偿,或者,只要帕

① 同样的语言,作为自我谴责,也存在于海伦的语言中。在回答普里阿摩斯时候,她说:"但愿我在跟着你的儿子来到这里,/离开房间、亲人、娇女和少年伴侣前,早就乐于遭受不幸的死亡的命运。"(3.173－175)在第六卷,海伦对赫克托尔说:"大伯子,我成了无耻的人,祸害的根源,/可怕的人物,但愿我母亲刚生下我那一天,/有一阵凶恶的暴风把我吹到山上/或怒啸的大海的波浪中,那层流会在/这些事情发生之前把我一下子卷走。/既然神注定了这些祸害,只愿我成为/一个好一点的人的妻子,那样的人/对于人们的愤慨和辱骂会感到羞耻。/……/都是因为我无耻,阿勒珊德罗斯糊涂/是宙斯给我们两人带来这不幸的命运,/日后我们将成为后世的人的歌题。"(6.344－358)
② 我们一般会根据第三卷的表现说帕里斯是懦夫。希腊人也一般把持枪战斗的人看得比持箭战斗的人更勇敢。但荷马的想法比我们复杂多了。在第三天战斗中,他拯救了特洛亚。我们不会忘记,阿基琉斯本人即死于帕里斯的箭下。他的逃跑,显然在于众神没有观赏够人间的战斗。C. M. Bowra, *Tradition and Design in the Iliad*, Oxford: Oxford University Press, 1930, pp. 209－210.

里斯和墨涅拉俄斯决斗分出胜负。在现代人看来,希腊人和特洛亚人进行了一个无聊而渺小且毫无价值的战争。其中的正义与非正义似乎是太明显了。按照中国人的观念,像帕里斯这样的勾引别人(而且是如此重要的一个人物)的妻子的人,根本就是无可饶恕的,特洛亚应该为这对奸夫淫妇关上大门,如果不是把他们亲自押送迈锡尼听候墨涅拉俄斯处理的话。但是荷马的观念要么比我们太简单,要么比我们太复杂。他很可能是这样思考的:对于遇到海伦的帕里斯来说,海伦的美丽就是根本无法抗拒的,就像帕里斯的风流是海伦无法抗拒的一样。对方的吸引力是他们根本无法抵御的力量,他们从属于它,就像从属于神意;他们彼此相遇,就像天意或命运那样无可违抗。海伦的美丽是凡人无可抵抗的,因此帕里斯拐海伦到特洛亚。这是美,也是灾难;因为灾难没有在任何一个可以补救的地方停止而直到特洛亚的毁灭,因此这种灾难就是命中注定的,是神意或命运。人间的正义和那个社会直到现在大家都可以接受的人的习俗,都无法说明这个现象。否则,为什么特洛亚人在希腊人的大军压境之际没有将帕里斯和海伦一起送出? 实际上希腊人的要求似乎是非常节制的:就在最后一刻,只要两位男人同意以决斗方式决定这个女人的归属,帕里斯并不逃跑,特洛亚人便会免遭毁灭。

所有这些可能的补救都没有发生。从特洛亚人的感悟和整个事情的过程来看,这是一个人的力量无法决定的过程。既然帕里斯没有抵御住海伦,那海伦的美丽就是无法抗拒的;既然特洛亚人为了这个女人已经坚定地守城九年,既然希腊人不攻下这个城市决不会罢休,而不管双方付出多大的代价,那么,这场灾难,这个用人间的正义与习惯无法解释的灾难,便是人的因素无法解释的。帕里斯带来的不仅是海伦,他还不可避免地为特洛亚带来毁灭的灾难,这是一个在九年的过程中不断被感受到趋势。而正是因为双方都感受到这种趋势同时又根本无法扭转这种趋势,因此,特洛亚的毁灭是注定的。这就是整个事件之后的神的力量。

让我们来看看为特洛亚带来灾难的两个灾星。帕里斯两次战斗两次逃跑,第二次竟然离开战场与海伦同房。再看海伦,我们很难想象,荷马这样超然中立地、这样美化地描绘这位中文意义上的"荡妇"。她受不了帕里斯的引诱,带着自己的财产,来到了特洛亚;她和特洛亚显然拒绝了奥德修斯的外交斡旋,仍然留在特洛亚。在中国人的眼里,这无疑是比所有的褒姒、旦妃加在一起还有坏的女人。因为就在希腊大军兵临城下的时候,她甚至"心里甜蜜地怀念/她的前夫,她的祖城和她的父母"(3.139-140)。① 但是不仅荷马没有妖魔化海伦,在希腊和后来的西方文化中,这种妖魔化似乎都不存在至少不强烈。② 海伦是美的象征,而正是因为美,这

---

① 海伦的形象显示荷马时代的女人的社会地位。她就是像物品一样,是掳掠的对象,而很少有自己的意志。

② 在公元前 430 左右和公元前 370 年左右,高尔吉亚和伊索格拉底都作有《海伦颂》。高尔吉亚称,不管海伦被掳是因为神意、帕里斯的逼迫、帕里斯的言辞力量还是因为爱情,国些因素都不是海伦可以控制的,因此海伦是无辜的。伊索格拉底的《海伦颂》有两个内容值得注意,一是他认为希腊人因海伦而出征野蛮人,形成了一个共同心理,也出现了一个共同的军队与事业,因此在历史上欧洲第一次战胜了亚洲;二是海伦的形象与吸引力显示了美的无与伦比或无法抵御的力量。伊索格拉底说:"她拥有最高程度美丽,而在事物中,美是最高贵、最珍贵、最圣洁的。它的威力是容易测定的。勇气、智慧、正义虽被看重,但若缺少美便不可爱。任何事物,除非外表美丽否则便被忽视。美德被景仰,因其是最好的生活方式。……对于我们需要的其他事物,我们只是想拥有它们而已,但对于美的事物我们天生拥有激情,所求事物越美激情越深。只有他们在日常的善行中胜过我们并且迫使我们喜欢他们,我们才忌羡在智力或其他方面超过我们的人,而对于外貌美丽的人我们第一眼就产生好感,像对待神一样充满敬意。相反,与统治他人相比,我们更情愿成为他们的奴隶,心甘情愿受他们使唤。对于臣别的力量的人我们称之为谄媚,唯有臣服于美的人我们称之为爱美者和爱服务者。对这种品质我们的敬畏与渴望知情如此强烈,以至于我们称那些以此做交易或滥用其年轻的人比向别人施暴者更加可耻。我们对待那些对自己的年轻美丽守生如玉的,一直像对待城邦的恩人一样。宙斯在任何事情上都是最有力的,但对于美他却变得谦卑。"(Isocrates, *Encominum Helen*, 54-59)看来在古典时代,或者在希腊人的思想中,祸水的形象是很难找到的。

个和善同样终极甚至更为终极的价值，足以倾城倾国，足以让男人，让整个城邦为之献出一切。美是作为女人的最重要的、最具特征性的东西，正像力量和勇敢是阿基琉斯最重要的特征一样。除此以外，我们不可能要求海伦有别的特性。

因此，当阿开奥斯大军压境的时候，特洛亚人没有立即将真正意义的祸根送出去，加上赔偿而使城邦得救。当然，在不具名的特洛亚长老的三句话中，我们仍然可以体会非常奇特的东西：美与力量一样，是征服人心、使人屈服的东西。如果宙斯的暴力与阿基琉斯的力量还可以使人神抗拒、引起敌意的话，美则根本使人处于无法抵抗的无奈状态。

> 特洛亚人和胫甲精美的阿开奥斯人/为这样一个妇人长期遭受苦难，/无可抱怨；看起来她很像永生的女神；不过尽管她如此美丽，还是让她/坐船离开，不要成为我们和后代的祸害。（3.165－160）

最令人吃惊的，显然是普里阿摩斯对长老的回答。他显然没有接受这位长者的建议，看似轻描淡写的两句话，说出了特洛亚人的真正的困境。①

> 亲爱的孩子，你到这里来，坐在我前面，/可以看到你的前夫、你的亲戚，/和你的朋友；在我看来，你没有过错，/只应归咎于神，是他们给我引起/阿开奥斯人来打这场可泣的战

---

① 当然，我们可以顺着这样的思路向下推理：因为特洛亚人（其实是帕里斯）不义在先，引起了宙斯大神以阿开奥斯为工具的对他们的惩罚，而因此，特洛亚人的所有抗拒，都是徒劳，且以失败告终。因此，特洛亚人的毁灭乃为应得，乃神意的实现。但是令人惊异的并不是这种推理不存在，希腊人也会很容易接受这种推理；而是这种推理被如此地淡化以至于我们根本觉察不出来。

争。(3.161-166)

也就是说,这位国王的贤明之处,不是接受长者们的建议,而是接受神的安排:在这里,所谓神的安排,就是倾特洛亚的所有资源,打一场注定失败与毁灭的战争。①

特洛亚人第二次会议发生在赫克托尔和埃阿斯决斗不分胜负之后(7.345-380)。赫克托尔虽然极端勇猛,但他一发挑战,希腊联军就站出九位应战者,而与埃阿斯第一战时便不分胜负,可见失败与毁灭的阴影已经笼罩在特洛亚。这时特洛亚人及其同盟者在普里阿摩斯的王宫门前举行会议。安特诺尔首先发言,他实际上重复前一天城门上长老们的意见,把海伦和她的财产交给希腊人,因为特洛亚人违反誓言在先。他称如果不这样做,便不会获得利益。他受到帕里斯的反驳。帕里斯并没有提出更好的反驳理由,只是提出退还财产与赔偿,但不退还海伦。这时普里阿摩斯站起来,荷马虽然说他有如"天神的军师","好意发表演说",但内容不过是让使节把帕里斯的建议传达给希腊联军。这里没有辩论,也没有反驳,不像希腊联军和奥林波斯山上,一开会几乎就吵成一片。这个建议显然不可能被希腊人接受。第8卷的会议便是赫克托尔的一个人的发言(8.489-541)。

第18卷,阿基琉斯重回战场,特洛亚人开会商量对策。普鲁达马斯与赫克托尔之间发生争吵。这也许是特洛亚人之间最激烈的争吵。普鲁达马斯建议乘天黑立即回城固防,因为倘若阿基琉斯不参战,特洛亚人尚可与阿开奥斯人一拼;现在因为阿基琉斯参战,他们已经不是希腊人的对手:

---

① 比较第19卷阿伽门农对自己夺阿基琉斯所爱的辩护,我们可以看出普里阿摩斯的认命与阿伽门农的自我辩护(19.85-90)中有相同的因素:把自己无法控制的东西都说成是神意,相对于各种男神与女神。

　　头脑冷静的普鲁达马斯首先发话，/潘苏斯之子，全军中推他一人具有瞻前顾后的睿智。/他是赫克托尔的战友，同一个晚上出生，/比赫克托尔能言，而后者则远比他擅使枪矛。/怀着对众人的善意，他开口说道：/"是慎重考虑的时候了，我的朋友们！我劝大家/回兵城内，不要在平原上，在这海船边等盼/神圣的黎明——我们已过远地撤离了城堡。/只要此人盛怒不息，对了不起的阿伽门农，/阿开奥斯人还是一支较为容易对付的军旅，/而我亦乐意露营寝宿，睡躺在/船边，企望着抓获弯翘的船舟。/但现在，我却十分害怕佩琉斯捷足的儿子，/此人的勇力如此狂暴，我想他绝不会只是满足于/留在平原——特洛亚人和阿开奥斯人在此于/拼死相搏，均分战神的凶暴。/不！他要荡平我们的城堡，抢走我们的女人！/让我们撤兵回城；相信我，这一切将会发生。/眼下，神赐的夜晚止住了佩琉斯之子、捷足的/阿基琉斯的进攻，然而，明天呢？倘若等他披甲/持枪，冲扑上来，逮着正在此间磨蹭的我们，各位/就会知道他的厉害。那时候，有人准会庆幸自己命大，/要是他能活着跑回神圣的伊利昂。成片的特洛亚尸躯将喂饱/兀鹫和饿狗。但愿此类消息永远不要传至我的耳旁！/倘若大家都能听从我的劝说——尽管我们不愿这么做——/今晚，我们将养精蓄锐，在聚会的空场上；高大的城墙/和门户，偌大的门面，平滑吻合的木板和紧插的门闩，/将能保护城堡的安全。然后，明天一早，拂晓时分，我们将全副武装，进入/墙头的战位。那时，倘若阿基琉斯试图从船边过来，/拼杀在我们的墙下，他将面临厄运的击打。/他会鞭策驭马，在墙下来回穿梭，把它们/累得垂头丧气，最后无可奈何，返回搁岸的船旁。/所以，尽管狂烈，他将无法冲破城门，攻占/我们的城堡。用不了多久，奔跑的犬狗便会把他撕食吞咬！（18.249-283，陈译本）

他的发言受到赫克托尔的猛烈回击：

> 听罢这番话，头盔闪亮的赫克托尔恶狠狠地盯着他，/嚷
> 道："普鲁达马斯，你的话使我厌烦——/你再次催我们回撤，
> 要我们缩挤在城区；/在高墙的樊笼里，你难道还没有蹲够
> 吗？/从前，人们到处议论纷纷，议说普里阿摩斯的城，/说这
> 是个富藏黄金和青铜的去处。但/现在，由于宙斯的愤怒，房
> 居里丰盈的/财富已被掏扫一空；大量的库藏已被变卖，/运往
> 弗鲁吉亚和美丽的迈俄尼亚。/今天，工于心计的克罗诺斯的
> 儿子给了我/争获荣誉的机会，就在敌人的船边，把阿开奥斯
> 人/赶下大海——此时此刻，你，你这个笨蛋，不要再说撤兵的
> 蠢话，/当着此间的众人！特洛亚人中谁也不会听从你的议
> 说——我将不允许有人这么做。/行动起来，按我说的办，谁
> 也不要倔拗。/……/明天一早，拂晓时分，我们要全副武装，/
> 在深旷的船边唤醒凶暴的战神！/如果挺身船边的真是卓越的
> 阿基琉斯，/那就让他等着遭殃——一倘若他想试试自己的身
> 手。我不会/在他面前逃跑，不会跑离悲烈的战斗；我将/顽强
> 拼战，看看到底谁能赢得巨大的光荣，是他，还是我！/战神是
> 公正的：用死亡回敬以死相逼之人！"(18.284-309，陈译本)

赫克托尔的建议于是获得"赞同的吼声"。荷马评论说，特洛亚人，
"好一群傻瓜"，失去理智。[1] 纵然如此，赫克托尔对会议的控制，

---

[1] 关于普里达马斯的智慧与早熟，他的演说能力胜过赫克托尔的战斗能力，见 John Heath, *The Talking Greeks*, *Speech*, *Animals*, *and the Other in Homer*, *Aeschylus*, *and Plato*, Cambridge: Cambridge University Press, 2005, pp. 87,97。Richard Martin 认为 muthos 和 epos 的区别是伊利亚特的主题。muthos 意味着权威和权力，长篇大论，是往往发生在公共场院合的长篇大论的"语言行为"，epos 则仅仅是语句，简短的，常常伴有肢体动作，且以表达意思而不是表演为特征。（转下页）

对不同意见的压制，仍然体现希腊人的理想。

特洛亚和希腊人的争吵：没有绝对的正义

读荷马史诗，现代人觉得不可理解的突出一点是，对于战争的性质，宙斯或任何一个神，都没有任何明确的判断。不是因为帕里斯做了一件坏事，而引起了希腊联军的正义的讨伐；阿伽门农或任何一个希腊人也许一时会有这种看法，但是他们更常见的看法是：他们将在这场战争中获得个人的荣誉。战争就类似于体育竞技。在战斗中，战争本身的正义性乃至必要性在他们的考虑之外。荷马的英雄们现实考虑的，只是进入比赛，通过战胜对手获得荣誉；败给一个更有力的对手从而失去性命并不可耻，可耻的是逃避比赛。在特洛亚战争中，宙斯要实现的并不是这样一种正义：特洛亚的帕里斯拐走海伦，因此必须以特洛亚的完全毁灭为代价。这是一种人间的、非常有限的正义。如果史诗中有这样一种"实现正义"的意义的话，也是非常脆弱的。如果特洛亚战争是这样一种正义与非正义的战争的话，那么代价也似乎应该被限制在一定的范围内。希腊的英雄们也似乎明白，帕里斯也不仅仅是简单的诱拐，而诱骗中存在着你情我愿，即现代人所说的爱情；既然墨涅拉俄斯笼络不了妻子，妻子被别人拐走，那倒不是对方的耻辱，而是自己的耻辱。另外，一个日常的经验事实是：抢劫、虏掠之事是每日每时每刻都在发生的，特别是在共同体之间。面对强盗而保护不了自己的财产的人转而向神寻求正义，这乃是软弱无能的表现，且正

（接上页）muthos 式演说有三种形式，都是对抗性（能够用语言对抗）质，用于下命令是，进行傲慢且蔑视性的竞争政，以及对重大事件进行记述。R. P. Martin, *The Language of Heroes：Speech and Performance in the Iliad*, Ithaca：Cornell University Press, 1989.

义感只能是他们的自我安慰甚至自我麻痹而已。

在14卷,正当希腊人为撤退还是坚持犹豫不决时,诸神也发生分裂。波塞冬和赫拉站在希腊人一边。他们都知道宙斯是站在特洛亚人一边的。我们一定还记得,宙斯之所以站在特洛亚一边,是因为阿基琉斯之母忒提斯求情之故,而赫拉,无论在什么地方,总是要与宙斯的立场相对的。这就是神之间的争吵或不和,而这种不和是基本的,用现代人的说法,也许是结构性的——妻子总是与丈夫不和。此外,宙斯站在特洛亚人一边,也是暂时的,他在不同的场合一再声称,他要让希腊人吃尽苦头[从而为阿基琉斯泄恨],然后用希腊人的失败激怒阿基琉斯,让他重新上战场获得最大的胜利。他一再称这是预定的。因此,也可以说,整个特洛亚战争,也许只是宙斯对阿基琉斯之母欲望的满足。纵然如此,阿基琉斯也不是最终的胜利者。除了神以外,没有人是胜利者;除了那最高的神而外,没有别的神是胜利者。这也许就是荷马的神正论。人是神的玩物。当交战双方要结束战争时,诸神觉得没看够,要求把战事重新开启。需要强调的是:神对发生在特洛亚城墙下的战斗,与希腊人坐在站台上观看体育竞技场上的任何一场比赛,或者,与罗马人观看角斗士的任何一场生死游戏并没有什么不同。战争乃是一种 athlet(体育),而 agon(竞技)本意只是聚集——战士、观众与裁判的聚集。的确,失败的一方不免对神发出抱怨争。

甚至帕里斯对海伦的著名的诱拐,正如普里阿摩斯所说,那是神的旨意,虽然,另一方面,无论是海伦还是赫克托尔,都认为这是真正的人的作孽。在这方面,我们也许可以识别出若干层次的“神意”。第一层,自然是神本身的意思,那是与人无关的。第二层,就像交战双方的胜负、仗打到多久、谁胜谁负,这些都是神决定的,或者说,是神之间冲突的产物。人更像是玩物,神则像是导演者。史诗的英雄在这方面,几乎是没有灵魂的,很少内省或没有“深度”的。他们想什么就说出来。一切都在光天化日之下。第三个层次，帕里斯与海伦的情况，人知道自己做的事情是错误的，也知道必将为此付出代价——有时甚至不仅自己，而且家庭甚至共同体都要付出代价——但是他们还是做了自己也认为是坏的事情——他们处于无法自我决定或自我控制状态。荷马典型地，把这种情况视为神决定的。既然是神定的，是命运或神意，则便不是人可以负责的，在这种情况下，便不会有人的意义上的正义的惩罚。因此，并不存在宙斯站在希腊或特洛亚一边惩罚对方的问题，如果这样，就会发展出现代人的正义观——绝对错误的一方遭到神的惩罚，而胜利的一方之所以胜利，乃是因为实现了神的正义（往往是绝对正义）。如果是这样，就不存在争吵。争吵的实质正在于双方必然都有自己的行动理由——最软弱的理由也是理由——因此也都坚持着自己的正义观念。所有的争吵，从日常的财物纷争到共同体之间的战争，都是争吵双方顽强地坚持自己的正义观的结果。没有这种对似乎仅属于自己的正义观的坚持，便不会有争吵或战争，而只有一方对另一方的无条件的服从。

第二章　埃斯库罗斯和索福克勒斯

　　特洛亚城下的争吵是英雄和诸神在阳光之下的争吵。争吵的双方大声地、坚决且直接地主张自己的权利，向对方发出威胁或怨恨。但从特洛亚归来或战争刚刚结束（如《埃阿斯》），在阿勾斯或底比斯的王宫，在雅典，争吵不是减少或结束了，而是更加激烈，并伴以阴谋与毒杀。与英雄们的力量的展示相比，与英雄们类似于体育比赛的决斗相比，与平等规则下的力量对决不同，诡计上演了。

　　继续着《伊利亚特》或特洛亚城前争吵的，悲剧与史诗的不变之处是什么？理由的充分展示。纵然是谋杀、对权威的公然蔑视，也是充满着理由的。纵然从总体上看人类或英雄，往往受到盲目的、暴虐的力量的支配，最贤明的人（如俄狄浦斯）也免不了走上犯罪与毁灭的宿命——希腊的道德圣山是建立在毁灭之上的（这与中国的道德圣山是建立在贤人对至高无上的存在与秩序的洞见之上不同）；但是，他们在生活的表层，亦即与下层的盲目命运对称的现实生活中，却无惧地展示着自己的行动的理由——毁灭与自我毁灭的理由。这便是悲剧的时刻：非理性主义与明澈而坚定的理性主义的伟大交融，尼采的内心配上了苏格拉底的面孔。行动，往往沦为谋杀、暴力、抗拒和自我毁灭的行动，它们的理由，被悲剧作家在人行动的世界里充分地展示出来了。①

《波斯人》：正义的相对性

埃斯库罗斯的《波斯人》②于公元前 472 年上演，此时距公元前
480 年希腊人的胜利刚刚 8 年，诗人 53 岁，达到其盛年。《波斯
人》的叙述与荷马仍有相似之处。如果说特洛亚城下的争吵，荷马
笔下的那些故事中，争论双方都有正义性（一方报复、惩罚犯罪；另
一方保护社稷；或者说，双方都为荣誉，希腊人的最高价值而战）的
话，我们似乎认为，波斯对希腊的入侵，是没有正义性的，是必然会
失败的，因此，埃斯库罗斯会站在这个角度对征服者进行丑化、抨

---

① Peter J. Ahrensdorf, *Greek Tragedy and Political Philosophy*, *Rationalism and Religion in Sophocles' Theban Plays*, Cambridge: Cambridge University Press, 2009; Arelene W. Saxonhouse, "Foundings vs Constitutions: Ancient Tragedy and the Origins of Political Community," in *The Cambridge Companion to Ancient Creek Political Thought*, Cambridge: Cambridge University Press, 2009; John Gilbert, "Greek Drama and Political Thought," in *A Companion to Greek and Roman Political Thought*, ed. By Yran K. Balot, Oxford: Blackwell Publishing Ltd., 2009; Jeffrey Hendson, "Dram and Democracy," in *The Cambridge Companion to the Age of Pericles*, ed. Loren J. Samons II, Cambridge: Cambridge University Press, 2007, pp. 179 – 195; Christopher Pelling, "Tragedy, Rhetoric, and Performance Culture," in *A Companion to Greek Tragedy*, ed., Justina Gregory, Oxford: Blackwell Publishing Ltd., 2005, pp. 83 – 102.

② 《波斯人》中文本两个译本，一个是罗念生散文译本（《罗念生全集》第二卷，世纪出版集团、上海人民出版社 2007 年，译作出版于 1936 年），一个是王焕生诗体译本（《古希腊悲剧喜剧全集》，王焕生、张竹明译，译林出版社）。本书参考两个译本。西方埃斯库罗斯研究一般状况，Suzanne Sad, "Aeschylean Tragedy," in *A Companion to Greek Tragedy*, ed. By Justina Gregory, Oxford: Blackwell Publishing Ltd., 2005, pp. 215 – 232。

击,对自己一方,即希腊人,进行美化与歌颂。[①] 如果这样的话,我们也许就像无法理解荷马一样无法理解埃斯库罗斯,也无法理解希腊悲剧。这种绝对正义的、高居双方之上且假定双方都能够接受,也作为最终仲裁力量的正义观,至少是非常晚出的。这样一种等级化的正义观,也许是基督教的重要后果,但却不是希腊人的正义观。这种预设着绝对正义的正义观,将发展出对政治的不同理解——非争吵的政治观,或者,神正论的正义观。政治生活如果不体现,也至少应该追求某种等级化的秩序;好的政治生活最终是能够结束争吵,使争吵都可以得到解决或平息的生活。绝对主义正义观有两个特征:(1)各种价值或目的,有一个相对固定的、等级化的排列方式;(2)等级化的人的关系,是这种等级化的价值图式的映射,或者反过来,等级化的价值图式是等级化的政治关系的映射。但这恰好不是希腊人理解的政治。如果说等级化的政治关系在荷马时代尚能隐约把握到的话,到了公元前 6 世纪末,公民之间的这种等级化的政治关系反而是非常模糊了。这是民主因素的成长。希腊人理解的政治与他们理解的悲剧具有一致性:争吵的政治并不总是争吵得到平息与解决,而常常是一方或双方的毁灭——追求或者执着相互冲突的目的所产生的致命的后果。这是根本的悲剧特性。事实上,这种悲剧特性并没有什么特别之处,平实地说,政治的争吵与动物界的生存战斗并没有什么本质上的区别。

正义的相对性,即不同的人有不同的正义观,对立双方冲突越严重,对正义的理解就越不同。这是希腊文化的根本假定,甚至是他们的根本发现。从希腊联军与特洛亚,到波斯人与希腊人,再到

---

① 批评家一般都认为,《波斯人》一是显示神意对傲慢的惩罚(因此站在希腊人一边),一是展示雅典的意识形态。关于西方古典学者近几十年围绕这部作品,特别是作者对待波斯的态度的争论,见 Poulheria Kyriakou, *The Past in Aeschylus and Sophocles*, Walter De Gruyter GmnH & Co. KG, 2011, pp. 33ff.

俄瑞斯特斯和其母亲吕墨泰拉斯特拉、克瑞翁和安提戈涅，直到伯罗奔尼撒战争中雅典人和弥罗斯人的著名争论，再到《理想国》中苏格拉底和色拉叙马霍斯的双方谁也说服不了谁的著名争论，阐释这种相对性，或者试图消除这种相对性，贯穿希腊思想或文化史。就埃斯库罗斯的《波斯人》而言，我们也许会说波斯大军没有正义性。如果我们认为希腊人或埃斯库罗斯也持这种见解，那就错了。在希腊人看来，波斯大军入侵希腊的确是非正义的，但是他们同样承认，在波斯人看来，这却是正义的——对希腊的征讨源于小亚细亚的背叛；而这种背叛，既然是与希腊世界相关的，因此，惩罚是可以延伸到希腊世界的。这也许是一个弱的理由。但是理由的强弱不是旁观者、第三者或仲裁者说了算，而是争论双方自己说了算；也就是说，理由往往相对于自己的动机与力量。争吵所带给政治以及一般而论人类生活的悲剧性，正在于冲突发生时更高一级的或最高级的裁决机构的不存在。

同样，如果我们这样来理解埃斯库罗斯，说波斯大军的失败因为它的非正义性，而非正义战争是必然失败的，这种理解也是成问题的。这种漫画式的、在儒家和《旧约》中得到极其典型表现的历史观，希腊人是没有的。在希腊人那里，绝对的正义是不存在的，正义基本上是相对的；在他们那里，偶然的因素，或者命运的作用非常大。他们很可能比持有复杂的概念装置也抱有乐观情绪的我们，能更好地理解当事人甚至历史事件。宙斯或任何一个神，不会站在某个人或某个群体的立场去惩罚别人，一个民族除非是处于极度的虚弱与无望状态，不可能指望神是他们的大军的总指挥（万军之师），由神来剿灭对手。神的确实施惩罚，如宙斯就惩罚特洛亚。但是那完全是神自己的原因，而不是人的原因。①

---

① 《伊利亚特》的作者始终在逃避一个基本的判断，或始终处于模糊状态：因为帕里斯做了一件违反神的旨意、不公正的事情，因此受到宙斯的惩罚，而这种惩罚（转下页）

《波斯人》一开始,波斯长老组成的歌队就吟唱:

> 谁能抗拒这怒潮般的人马?谁能用坚固的长堤阻止大海
> 的狂涛巨浪?因为波斯的貔貅所向无敌,她的人民又怀抱着
> 奋勇的精神。(《罗念生全集》第二卷,第 028 页,下同)

当我们读到这样的句子时,会觉得,波斯人用赞美的句子说自己的大军,是很正常的。但是这也只是在希腊才是正常的。在别的地方,如中国古代甚至当代,这就是"立场"问题。也就是说,我们不可能也不允许从正面或从敌人的角度去叙述敌人。敌人是总是被丑化、矮化的,或者,根本不可能让他们发声的:在《尚书》中,我们只看到商汤文王对夏桀和商纣的讨伐、丑化,只听到胜利者的理由,而失败者是没有自我辩护的声音的。Pelling 就注意到埃斯库罗斯对大流士,那位在马拉松战役中败给希腊的波斯君主的理想化。他被视为审慎、节制与智慧的君主,而他的儿子薛西斯(也译克谢尔克谢斯)则表现出狂妄、鲁莽的特征。①

在上面所引的诗行中,我们看到,埃斯库罗斯借波斯长老(歌

(接上页)就是整个特洛亚的毁灭。如果这种判断成立,那么当希腊联军兵临城下时,特洛亚人也许应该把那一对坏人送交希腊人处置,并主动进行赔偿,或至少接受帕里斯自己在一开始作出的提议:让他和墨涅拉俄斯决斗,海伦属于胜者。特洛亚作为整体,没有这种负罪感;除了阿伽门农兄弟外,几乎所有希腊人英雄都没有把摧毁特洛亚作为至上的目标或使命:使命的概念根本就是缺席的。在阿基琉斯看来,击败所有英雄,获得最多战利品,是他的最高目标(如果能够用最高这个词的话)。他的荣誉和特洛亚之围的关系是:只有来到特洛亚城下并与诸多英雄战斗,他的荣誉,以及所有英雄的荣誉,才能得到实现。摧毁特洛亚,或实现我们所理解的宙斯的最后正义,只是手段。

① "薛西斯的命运仍然能够把握人类生存状况的某些特征,并将其视为人类的脆弱性的例证,这种脆弱性观众可以认为也是自己的。"(Christopher Pelling, "Aeschylus' *Persae* and History," in Christopher Pelling, ed. *Greek Tragedy and the Historian*, Oxford: Oxford University Press, 1997, p. 16.)

队)之口,对波斯军队的力量与气势作了正面的赞颂。纵然如此,长老们仍有不祥的预感。在埃斯库罗斯看来,这次悲剧性的、所有德高望众的智慧之人都不赞成的出征,乃是天神是旨意,受命运的支配。埃斯库罗斯把波斯人或克谢尔克谢斯作为悲剧的主角来表现,不是表现他的愚蠢、残暴,而是表现他狂妄,即缺少节制,而这正是把他当作悲剧英雄来看待。

第一场一开始,是大流士之妻阿托萨王后、她的谋臣们以及晚些上场的信使(带来波斯惨败的消息)之间的对话。阿托萨王后做了一个梦:两位无比美丽的同宗女郎(一位穿波斯服装,一位穿希腊服装)发生争吵,克谢尔克谢斯对她们进行劝阻,安慰她们。他把她们系缚在同一个车子的前面,让她们前行;她们一个顺从,一个反抗,反抗者脱离辔头,将车断为两截;克谢尔克谢斯亦从车上滚下(181-199行)。这是王后的意向:波斯人欲统治希腊人,本土希腊人反抗,小亚希腊人顺从。波斯人试图用强力将她们维系在一起,结果车毁人亡。这也许就是埃斯库罗斯的"立场"。没有任何先验的正义与邪恶——希腊与波斯战争,后来被不同时代西方作家视为正义与非正义战斗且正义获胜的著名战争,这个改变希腊乃至西方历史进程的战争,是波斯试图驾驭希腊的结果。当然这种战争,即使从波斯人的角度来看,也是缺少智慧的。[①]

从某种意义上说,埃斯库罗斯的叙述角度就是值得分析的。公元前 472 年,那是希腊人同庆胜利的岁月,也是希腊特别是雅典人自信心和认同感确立的时代,但是埃斯库罗斯从正面表现波斯

---

① A. O. Prichard:"就是一个最平凡的雅典人,面对着这样的仇敌也一定暗自称奇。这些云集在他国境内的仇敌并不是'野蛮人',虽然是希腊人把他们称呼作'野蛮人':因为他们有他们的文化,他们的语言像是歌禽的婉转,他们轻飘的长袍,庄重的仪容和他们对于宗教与人生的观念与希腊诸邦的文物思想大不相同,且和小亚细亚的希腊文物思想也相差甚远。"(普利查德:《原编者的引言》[1928],《罗念生全集》第二卷,第 82 页。)

人的审慎与智慧,认为他们之间战争的胜负取决于命运。① 他们的失败因此值得同情,就如希腊的胜利值得庆贺一样。②

> 阿托萨:他们有多少兵力可以保护他们的自由?
>
> 歌队:他们有那种军队,那曾在马拉松击败了波斯人的军队。
>
> ……
>
> 阿托萨:谁是他们的牧人? 谁是他们军中的统帅?
>
> 歌队:他们不做臣民与奴隶。
>
> 阿托萨:他们怎么能够抵御外邦的敌人?
>
> 他们尚且毁灭了大流士的精兵良将。(同上,31－32 页)

《被缚的普罗米修斯》:抗议最高权威

《被缚的普罗米修斯》(《普罗米修斯》三部曲第二部)在多方面继续着阿基琉斯与阿伽门农的争吵。只不过这一次争吵的场景的确从人间转到了神界。这种争吵,形成了对最高权威的抗议与抗争。埃斯库罗斯是三大剧作家中最具政治性的一个;也许普罗米

---

① 王焕生先生认为《波斯人》显示埃斯库罗斯对民主的拥护和对波斯专制的反对,而更重要的,埃斯库罗斯主要是爱国者。但是爱国者这个词对于希腊人几乎是非常陌生的。此外,我们总是希望归纳出像埃斯库罗斯这样的作者的公式化的思想。但实际上,他们的思想与我们相比,可能太简单(如他们并没有我们那样鲜明的爱国情怀),又可能太复杂(如对于非常重要的、涉及人类生存的基本问题,他们并没有我们所有的那种简单的、不需要思考的答案)。(见译林版王焕生先生的序言)

② 英国古典学家基布尔(Keble:Praelecfion XVII)"便痛恨那些认为本剧仅是在嘲笑波斯人的人。那些把这样的剧本当作滑稽剧的人,或者更坏一点把它当成讽刺剧的人真应该这样受人痛斥。"(普利查德,《原编者的话》,《罗念生全集》第二卷,86 页。)

修斯的神话构成了西方所有反抗话语的母体。① 普罗米修斯直接违抗宙斯的命令，把火盗给人间。

《被缚的普罗米修斯》情节非常简单。开场和第一场，威力神和赫菲斯托斯将普罗米修斯钉在高加索的岩石上，赫菲斯托斯表示同情，普罗米修斯则大声呼叫。随后，宙斯的女儿们（歌队）来看望普罗米修斯，既表示同情（"眼前升起充满眼泪的朦胧的雾"），同样表示不满与无奈："俄林波斯现在归新的舵手们领导；旧日的巨神们已经无影无踪，宙斯滥用新的法令，专制横行。"（罗译本 102页）河神俄刻阿诺斯（普罗米修斯的岳父）也前来看望，一方面表示要去说服宙斯，及早解放普罗米修斯，另一方面也规劝罗米修斯不要傲慢与放肆。他的劝说遭到普罗米修斯的拒绝，他劝他回家。合唱队也对普罗米修斯的遭遇表示同情。第二场和第二合唱歌是普罗米修斯和歌队的对话。普罗米修斯讲述他对人类的好意：使他们有理智，变得聪明，拥有技术；帮他们发明数学、文字、医学、占卜、冶金。但技艺的发明等并未使人类摆脱不幸。歌队长说普罗米修斯像医生，医好了别人的病痛，自己却深陷痛苦。人类无法使他

---

① 关于埃斯库罗斯剧作的政治性。"政治是《俄瑞斯提亚》三部曲的核心话题"，其背景是艾菲阿特斯-伯里克利改革。剧作家通过神话表达自己的政治立场，因此剧作具有某种影射性。"在希腊乃至全人类的历史上，城邦秩序第一次处于全体公民的支配之下，并成为政策争论的对象。"（梅耶：《古希腊政治的起源》，134 - 150 页）"雅典悲剧拥有的不仅仅是一个政治背景，雅典的城市或城邦中的一个被告动装置；相反，它本身就是政治前台的一个主动而且主要的组成部分，构成雅典公民日常意识甚至谘间梦境的核心之处。"（Paul Cartledge, "'Deep Plays'：Theatre as Process in Greek Civil Life," in *The Cambridge Companion to Greek Tragedy*, ed., P. E. Easterling, Cambridge：Cambridge University Press, 1997, p. 3.）"《俄瑞斯提亚》讲述城邦建立的故事，城邦建立在向前看的正义原则之上，这种正义原则否定历史、父母与出生"，"记录着雅典的立宪时刻。"（Arlene W. Saxhouse, "Foundings vs Constitutions：Ancient Tragedy and the Origins of Political Community", in *The Cambridge Companion to Ancient Greek Political Thought*, ed., Stephen Salkever, Cambridge：Cambridge University Press, 2009, pp. 58,52.）

摆脱痛苦,因为宙斯的力量与安排远非人力可以改变。第三场,伊俄上场,看到普罗米修斯的不幸,想起自己被宙斯变成牛的不幸。她想知道她的痛苦还有多大,何时结束。普罗米修斯既向她详细叙述(普罗氏的希腊文意思是"预见")她将要遇到的痛苦,也向歌队长透露谁将来解放自己(伊俄的儿子赫拉克勒斯),以及什么东西会使宙斯因"他自己和他愚蠢的企图"(罗译本 116 页)而失去王权。退场是普罗米修斯、歌队长和赫尔默斯对话。[①] 普罗米修斯咒骂宙斯,预言他必然将被毁灭(因为他推翻其父克洛诺斯时受到其父的诅咒),且只有自己知道使他避免的办法;称宙斯所遭苦难将比自己还厉害。这就是《被缚的普罗米修斯》的简单情节。

　　出场的诸神对普罗米修斯行为的理解是不一致的。威力神(Kratos;希腊文"统治"的字根)认为"他有罪,应当接受教训,从此服从宙斯统治,不再爱护人类"(第 099 页)。在威力神看来,爱护人类并不能成为违抗命令的理由。很明显,普罗米修斯的这种对待人类的态度,是神不能接受的,更不能成为其行动的理所当然的出发点。"火不是他们应得的。"在赫菲斯托斯看来,普罗米修斯倒不一定是有罪的。或者说,在有罪还是无罪上,普罗米修斯和宙斯的理解是不一致的。因此,他同情普罗米修斯。"我不忍心把同族的神强行绑在寒风凛冽的峡谷边上。可是我又不得不打起精神做这件事;因为漠视了父亲的命令是要受到惩罚的。"(099 页)他因为同情而拖延时间。这也许是围绕普罗米修斯行为的两种看法,或争

───────────

① 令人奇怪的是,普罗米修斯以"预见"为特点。这部剧的两个情节非常有趣。一是伊俄请普罗米修斯预先告知自己的遭遇,另一个是赫尔墨斯代表宙斯强迫他说出谁会推翻自己。普罗米修斯也信誓旦旦说宙斯将会被推翻,而只有自己可以提供帮助,等等。但是,宙斯的世界在希腊神话体系里并没有被推翻。可见"预见之神"普罗米修斯在这点上似乎并不成功。只有文明的交替才可以推翻一个文明中的主神,这点适合于多神教的希腊也适合于一神教的基督教。而在特殊文明之内言说,似乎不太可能叙述这个文明的主神之死。

论。虽然是宙斯的儿子,但赫菲斯托斯共享着普罗米修斯式的不满,甚至表达着这种不满。宙斯凭借强制的力量获得权力。"宙斯的心是冷酷的无情的;每一位新得势的神都是很严厉的。"(099 页)甚至威力神也说:"除了宙斯而外,任何人都不自由。"(100 页)

值得分析的,当然是普罗米修斯和赫尔墨斯的争吵或相互蔑视。赫尔默斯甚至并不同情普罗米修斯:

> 你这个十分狡猾、满肚子怨气的家伙,我是在说你——你得罪了众神,把他们的权利送给了朝生暮死的人,你是个偷火的贼;父亲叫你把你常说的会使他丧失权力的婚姻指出来;告诉你,不要含糊其词,要详详细细讲出来;普罗米修斯,不要使我再跑一趟;你知道,含含糊糊的话平息不了宙斯的愤怒。(945 - 952 行/121 - 122 页)

他被普罗米修斯一顿臭骂,说他什么也问不出,让他从原路滚回。普罗米修斯称憎恨所有迫害自己的神。如果我们接受罗念生先生的译文,赫尔默斯的回答也是意味深长的:"你要是逢时得势,别人还受得了!"(979 行/122 页)赫尔墨斯的回答也许揭示了由强力维系的政治世界的真正法则:得势的、统治地位的人必然为所欲为,失势的、居于受统治地位的人只有屈服与认命,反抗是徒劳的。对统治秩序的反抗也是对命运的徒劳的反抗。

> 普罗米修斯:"你白同我纠缠,好像劝说那无情的波浪一样。别以为我会由于害怕宙斯的意志而成为妇人女子,伸出柔弱的手,手心向上,求我最痛恨的仇敌解了我的镣铐;我决不那样做。"(1000 - 1006 行/123 页)

在赫尔默斯说他将在受到怎样的折磨以后,歌队长也反劝普罗米修斯,听从他的劝告,变得更加理智一些;神犯了错也是一件可耻的事情。①

> 我有罪,我知道;我是自愿的,自愿地犯罪的;我并不同你争辩。(264－266 行/105 页)

这是普罗米修斯反抗的理由——没有理由的理由。既然无法沿着一个方向思考问题,既然争论的双方无法共享一个前提,那么争论只能是力量的较量,或者是暴力对抗暴力。这便是普罗米修斯反抗的激情。

> 仇敌忍受仇敌的迫害算不上耻辱。让电火的分叉卷须射到我身上吧,让雷霆和狂风的震动扰乱天空吧;让飓风吹得大地根基动摇,吹得海上的波浪向上猛冲,扰乱了天上星辰的轨道吧,让宙斯用严厉的定数的旋风把我的身体吹起来,使我落进幽暗的塔耳塔洛斯吧;总之,他弄不死我。(1042－1053 行/124 页)

普罗米修斯不停地咒骂宙斯,是这部作品的一再出现的内容。普罗米修斯在退场部分预言宙斯失败,歌队长称这不过是普罗米修斯的愿望,而普罗米修斯回答说这既是愿意也是事实。歌队长问他这样诅咒宙斯是否恐惧,并表明向惩罚之神告饶才是聪明。

---

① 也许,希腊人看这部悲剧(当然,它的意义是无比开放的)与近代人不同。近代人是天然的人本主义者(人类中心论者)。他们认为宙斯是错的,普氏是对的。普氏因为为人类盗火而做了一件最好的事情,相反,宙斯是错的,也是残暴的(这无疑也是普罗米修斯的看法)。但是,这部悲剧完全可以从另外一个角度去看:普罗米修斯的悲剧是他的傲慢甚至疯狂(赫尔默斯对普罗米修斯的判断;也许,任何一个自封的解放者都有傲慢与疯狂的成分)造成的。

这种态度自然受到普罗米修斯的拒绝：

> 那么你就向你主子致敬，祈祷，永远奉承他吧！我却一点不把宙斯放在眼里！他打算怎么样就样吧，让他统治这短促的时辰吧；因为他在天上为王的日子不会长久。我看见了宙斯的走狗，新王的小厮[指赫尔默斯]，他一定是来宣布什么新命令的。（937－943行/112页）

这就是阿基琉斯和阿伽门农争吵的继续，或同一主题的深化。没有一个高于双方的原则，大家说的是不同的道理，没有谁能说服谁。在宙斯看来，人类，这个愚蠢的生物，本应毁灭，而普罗米修斯却为他们造就了那么多技术与理性，这便是犯下大罪。普罗米修斯并没有说他有更高或更好的理由做这些事情，因为这些理由明显是宙斯不能接受的。因此，普罗米修斯承认有罪。但他同时又不认错。这就是一个僵局。人类的生存不能成为理由，如果说为了人类的生存就可以违反宙斯的命令，这在逻辑上是说不通的，因为这将把人的重要性放在众神之上，而希腊人认为神高于人，而宙斯，其地位虽然由强力得来，居于神这个等级的顶端。人的生存不能成为理由，所以普罗米修斯必须受到惩罚。如果说最高的原则就是宙斯的命令本身的话，这显然也是普罗米修斯不能同意的。宙斯的命令不能成为理由，所以普罗米修斯盗火给人类，也因为受到惩罚而对宙斯进行咒骂。这也许就是黑格尔所说的，总是处于僵局状态，或处于争吵状态。① 也正是因为这个原因，所有来看望

---

① "基本的悲剧性就在于这种冲突中对立的双方各有它那一方面的辩护理由，而同时每一方拿来作为自己所坚持的那种目的和性格的真正内容却只能是把同样有辩护理由的对方否定掉或破坏掉。因此，双方都在维护伦理理想之中，而且就通过实现这种伦理理想而陷入罪过中。"（黑格尔：《美学》第三卷下，朱光潜译，商务印书馆，1981年，第286页。）

普罗米修斯的神几乎只能对他抱以同情而已。

《俄瑞斯提亚》：复仇和公民秩序

这样我们就到达了《俄瑞斯提亚》三部曲。[①] 和俄狄浦斯系列一样，阿伽门农及其家族和城邦的故事，在悲剧时代也就是希腊古典时代，成为被剧作家们反复解释的题材。尼采在这方面做了开创性的探讨，并且成为当代古典学的重要出发点之一。[②] 在《阿伽门农》中埃斯库罗斯呈现了两种争吵。第一种自然是克吕泰墨斯特拉、埃癸斯托斯与阿伽门农之间的争吵，围绕复仇与罪恶展开，而每一种罪恶，都有神的根源。当阿伽门农遭到埃癸斯托斯和克吕泰墨斯特拉杀害的时候，埃癸斯托斯称"这家伙躺在正义的罗网里"（罗译本 247 页）。第二种便是克吕泰墨斯特拉和歌队（由阿尔戈斯长老组成）之间的争吵（第五场），歌队代表一般的道德观念，对克吕泰墨斯特拉的行为进行反复的谴责，而克吕泰墨斯特拉则对自己的行为进行无惧的、公然的辩护。这种辩护显然不能说服人，连她自己也有深沉的罪恶感（如在《奠酒人》中，她让其女代为献祭）。

> 克吕泰墨斯特拉：你们把我当作一个愚蠢的女人，向我
> 挑战，可是我鼓起勇气告诉你们，虽然你们已经知道了——不

---

① 分析参见 H. D. F. 基托：《希腊人》，上海：世纪出版集团，69 - 70 页；克里斯托弗·梅耶：《和善女神与政治的兴起》，载《古希腊政治的起源》，王师译，上海：华东师范大学出版社，2013 年，133 - 235 页；玛莎·纳斯鲍姆：《埃斯库罗斯和实践冲突》，载其著《善的脆弱性》，徐向东、陆萌译，南京：译林出版社，2007 年，31 - 65 页。
② 奥弗洛赫蒂著，田立年译：《尼采与古典传统》，上海：华东师范大学出版社，2007 年；刘小枫主编，黄立年译：《尼采与古典传统续编》，上海：华东师范大学出版社，2008 年；彼肖普主编，黄立年译：《尼采与古代》，上海：华东师范大学出版社，2010 年。

管你们愿意赞成我还是责备我，反正都一样——这就是阿伽门农，我的丈夫，我这只右手，这公正的技师，使他成了一具尸首。事实就是如此。（1401－1406 行/罗译本 242 页）

克吕泰墨斯特拉：我既不认为他是含辱而死，……因为他不是偷偷地毁了他的家，而是公开地杀死了我怀孕给他生的孩子。我所哀悼的伊菲格涅亚。他自作自受，罪有应得，所以他不得在冥府里夸口；因为他死于剑下，偿还了他所欠的血债。（1521－1529 行/罗译本 245 页。下同）

克吕泰墨斯特拉公然蔑视常规，无惧地展示自己行动的理由，为自己的行动的正义性辩护——虽然在别的人眼中，这是一桩弥天大罪。克吕泰墨斯特拉的言论显然是一切谋杀、报复行为的正义性的表达，也可以说是人类困境的令人惊异的表达。① 在这方面，她与荷马笔下的海伦不同。海伦几乎在所有的场合都称自己犯下了罪恶，理应受到惩罚，而在《奥德修纪》中，重回斯巴达作为墨涅拉俄斯妻子的海伦称自己因神的捉弄而做下了错事。只有弱者才认错，似乎也只有弱者才站在对方的立场考虑问题——当你服从一个人的命令时，行动本身就让你站在他的角度。

让我们来看看，克吕泰墨斯特拉对自己行为的辩护，与普罗米修斯对自己行动的辩护相比，有什么不同。普罗米修斯没有更多的道理。他只是简单地为了人类的缘故违反了宙斯的命令。他没有办法证明宙斯的命令是错误的。相反，按照神和人的一般法则，

---

① 韦尔南说，悲剧成为"价值冲撞和对所有规范再评估的一个因素"，"悲剧不是反映社会而是质疑社会"，在对过去的虚构中，"城邦的世界被质疑，它的基本价值在继起的辩论中受到挑战。""纵然是埃斯库罗斯，也从不提供消除冲突的解决方法"，"希腊人没有建立在确定的原则之上并形成一个整体的绝对法的观念。"（Jean-Pierr Vernant, "Tensions and Ambiguities in Greek Tragedy," *Myth and Tragedy in Ancient Greece*, 1981, pp. 30 - 38.)

普罗米修斯违反命令,却是明显的错误。因此,也许令现代人感到奇怪的是,几乎所有人物都不站在普罗米修斯的立场。一部分人同情他,试图促进他和宙斯间的和解,被他拒绝;一部分人虽站在宙斯的立场执行宙斯的命令,但同情他,因此受到他大体是温和的回应;另一部分人则站在宙斯的一边蔑视和讽刺他,他们自然受到普罗米修斯的坚决回击。克吕泰墨斯特拉谋杀阿伽门农的最直接原因是阿伽门农杀女献祭,更深的原因自然是坦塔罗斯家族诅咒。[①] 虽然不杀死女儿献祭,征伐特洛亚的大军就无法前行,阿伽门农处于痛苦的挣扎状态,[②]但克吕泰墨斯特拉仍然认为"他满不在乎,就像杀死一大群多毛的羊中的一头牲畜那样,把他自己的孩子,我在阵痛中生的最可爱的女儿,杀来献祭,使特剌克吹来的暴风平静下来"(1415 - 1420 行/243 页)。她进而认为,她的行为只不过实现了神的正义而已。在她看来,阿伽门农亲手杀死了自己的女儿,而且没有怜惜地杀死自己的女儿,光凭这一点,就应该受

① 坦塔罗斯家族诅咒是希腊神话中最血腥的故事之一,其影响与俄狄浦斯家族诅咒一样深远。吕底亚国王坦塔罗斯是众神的朋友,他一次请众神到他宫中享用食物,因害怕肉食不够而杀死自己的儿子佩罗普斯,将其肉炖给神吃。神们惊恐,诅咒其和其后代将永受责罚:父辈吞食或杀死子女、子女相互残杀。被救活的佩罗普斯生下三子,长子阿特柔斯、次子梯厄斯特斯杀死弟弟,因而受佩罗普斯诅咒。阿特柔斯杀死梯厄斯特斯的儿子并炖给后者食用。后者发现后诅咒阿特柔斯。阿特柔斯娶梯厄斯特斯女佩罗匹娅生下埃癸斯托斯,但这个孩子实际上是梯厄斯特斯奸污自己女儿的结果。除了特洛亚英雄阿伽门农和墨涅拉俄斯外,阿特柔斯还有另一子,其实是其兄弟的孩子,他和克吕泰墨斯特拉合谋害死阿伽门农。因为受到亲代和子代相残的诅咒,阿伽门农杀死自己的儿女伊菲革涅亚向神献祭。重要研究见 W. Burkert, "Greek Tragedy and Sacrificial Ritual," *Greek, Roman, and Byzantine Studies* 7(1966): 87 - 121。亦见,纳斯鲍姆,《善的脆弱性》(中译本),第 47 - 48 页。
② 歌队在这点上似乎站在克吕泰墨斯特拉一边,说阿伽门农"忍心作他女儿的献杀者,为了援助那场为一个女人的缘故而进行的战争,为舰队而举行祭祀。"并且,"对于女儿的祈求,她的呼唤父亲的声音,都不重视"(213 页)。虽然在紧接着的前一段,阿伽门农已经说出自己的痛苦与两难:不服从神的命令自然是苦,杀死自己的女儿,更是痛苦。他最终的选择是不辜负联军,用女儿献祭。

到惩罚，而她对他的谋杀，不过是神借助她的手实施正义而已。这应该是第一层次的正义。此外，阿伽门农的血债还是整个坦塔罗斯家族血债的一部分，有充分理由的诅咒获得神的认可，因此应该实现。因此，她和埃癸斯托斯一起对阿伽门农的谋杀，从宗教法的意义上，是对神的正义的实现。[①]

克吕泰墨斯特拉与歌队特别是歌队长的争辩，就像雅典的法庭辩论或人类的几乎所有争辩一样，总是涉及强调一些事实和回避另一些事实。她强调的是阿伽门农杀害女儿以及坦塔罗斯家族的血腥往事这两个事实，至于杀害和献祭是否有不同，阿伽门农是否经历着极其痛苦的抉择，[②]特别地，她与埃癸斯托斯的奸情（同样是犯罪），显然被弱化或回避了。正像阿伽门农称杀死女儿为献祭（即实现或答应神的要求，而这比人的要求更高级）一样，这同一个行为，克吕泰墨斯特拉称为"满不在乎地杀害"、"公开地杀死"。

[①] 埃癸斯托斯的推理或自我辩护和克吕泰墨斯特拉异曲同工，一样地傲视死者，一样地拒绝忏悔。"因此你看见这家伙倒在这里，而我正是这杀戮的计划者——我有理呢，因为他把我和我不幸的父亲一同放逐，我是第十三个孩子，那时候还是襁褓中的婴儿；但是等我长大成人，正义之神又把我送回。这家伙是我捉住的——虽然我不在场——因为这整个致命的计划是我安排的。情形即是如此，我死了现在也甘心，既然看到这家伙躺在正义的罗网里。"(1603–1611/247 页)

[②] 阿伽门农自然不可能为自己辩护。歌队在前半部分几乎是谴责阿伽门的，说他为了一个坏的女子而带兵出生，让阿开奥斯的许多战士死于他乡。在阿伽门农认为征伐乃是实现宙斯的正义的地方，至少从字里行间来看，歌队认为这种征战是不值得的。在后半部分，歌队对克吕泰墨斯特拉予以更严厉的指责，从而形成争吵。韦尔南认为，悲剧体现歌队和演员的紧张：歌队是代表集体的无名氏，体现一般价值的官方，它的作用是表达恐惧、希望、质疑和评判，悲剧人物（或英雄）则对抗城邦的价值。这种对抗正是希腊"悲剧时刻"的重要现象。Jean-Pierr Vernant, "Tensions and Ambiguities in Greek Tragedy," *Myth and Tragedy in Ancient Greece*, pp. 30–38. 也见 Jasper Griffith, "The Social Function of Attic Tragedy," *The Classical Quarterly*, 48. 01 (1998)：39–61; Richard Seaford, *Reciprocity and Ritual: Homer and Tragedy in the Developing City-State*, Oxford: Oxford University Press, 1994; Richard Seaford, "Social Function of Attic Tragedy," *The Classical Quarterly*, 50. 01(2000)：30–44.

在这里,争论的双方只是充分地展示自己的根据而已,他们本身就是各执一词的,而让观众自己衡量双方的证据,并作出自己的判断。[1] 戏剧演出在这点上与法庭和公民大会一样,实现着这种文化的某种功能,或重复着它的精神:公众被呈现在冲突的建议、观念或价值之中。在这方面,剧作家也许也有自己的判断,但这并不重要。他知道他的见解只是众多的见解的一部分。因此,他没有提供一个明显正确、合理的答案。这个问题可以这样看,也可以那样看。在这方面,剧作家与公民大会的演说家不同,或者说,他必须身兼对立演说家二职,而不是一方意见的代表。这样,他就重构或再现了,在一个想象的空间,即神话的空间,在极其古老的时空中,重构了这个社会对公共生活的构成原则。[2]

《报仇人》是三部曲的第三部。它的重要性在于辩论,不少批评家认为它是雅典民主特别是法庭改革的反映。[3] 主要人物的歌

---

[1] "埃斯库罗斯的戏剧直接面对语言被运用与滥用的多种形式,它是如何就像促进交流一样阻碍交流的。在克吕泰墨斯特拉对阿伽门农的熟练的欺骗中,语言明显起到主导作用。……不过克吕泰墨斯特拉对词语及其意义的双重操纵只是……故事的一面。三部曲的每一个人物都根据她、他或他们的喜好操纵语言:阿伽门农声称他对伊菲革涅亚的杀献是合理的,阿波罗(为俄瑞斯特斯辩护)为谋杀克吕泰墨斯特拉辩护,而复仇神为惩罚俄瑞斯特斯杀母行为的正义性辩护。"(Christopher Rocco, *Tragedy and Enlightenment*：*Athenian Political Thought and the Dilemmas of Modernity*, Berkeley：University of California Press, 1997, p. 22.)

[2] 参见 Josia Ober and B. Strauss, "Drama, Rhetoric, and the Discourse of Athenian Democracy," in Winkler and Zeitlin, eds. , *Nothing to do with Dionysos? Athenian Dram in Its Social Context*, Princeton University Press, 1990, pp. 270 – 273; Jeffrey Henderson, "Drama and Democracy," The *Cambridge Companion to the Age of Pericles*, Cambridge University Press, 2009, pp. 179 – 193。

[3] 梅耶:《古希腊政治的起源》(1983),中译本 133 – 235 页;Oliver Taplin, *Greek Tragedy in Action*, Revision edition, Routledge, 1985, pp. 94 – 139; Christopher Rocco, *Tragedy and Enlightenment*：*Athenian Political Thought and the Dilemmas of Modernity*, Berkeley：University of California Press, 1997, cha. 5; S. Goldhill, "Greek Dram and Political Theory," in C. Rowe and Schofield eds. , *The Cambridge History of Political Thought*, vol. 1, Cambridge University (转下页)

队由报仇神组成。报仇神专司杀人罪的惩罚。

开场中，德尔斐阿波罗神庙的女祭司引出故事：俄瑞斯特斯逃到内殿，他刚刚杀死母亲，请求洗罪。阿波罗出场，对俄瑞斯特斯说不会抛弃他，会保护他到底，因为他的行为是阿波罗自己指使的。阿波罗对报仇神进行了一番抨击，称她们"是为了世上所有罪恶而生长出来的，她们居住在地下幽暗的塔耳塔洛斯，为人类和俄林波斯山上的众神所憎恨"（70－73行/《罗念生全集补卷》，88－89页）。此时俄瑞斯特斯已不受法律保护，报仇女神一直追着他。阿波罗劝他逃往雅典娜神庙："那里有判断这案件的陪审员，有动人的答辩，他们会想办法使你完全摆脱这灾难，因为是我劝你杀死你的母亲的。"（81－84行/89页）克吕泰墨斯特拉阴魂则敦促报仇神为她申冤。俄瑞斯特斯在阿波罗帮助下逃跑。克吕泰墨斯特拉以其特有的力量与激情呼吁，试图唤醒睡眠中的报仇神。"我被最亲近的人害得这样惨，却没有一位神为了我死于杀母的儿子之手而动怒。"（100－103行/89页）她向神发出抱怨，说自己在祭祀方面从未懈怠，但却没有任何效果。这就是希腊人的根深蒂固的功利主义：人与神之间是通过献祭而确立的关系。神的确比人类强大得多。但是他们仍然需要人来献祭；人对神的最大的冒犯不过是懈怠，而他们获得的惩罚将是沉重的。但是对于从未懈怠的人，他们觉得自己有权或至少有正当的理由要求神的眷顾，否则他们便会发出抱怨。被唤醒的报仇神于是追赶俄瑞斯特斯。

在进场歌中，报仇神对阿波罗的行为（偷走俄瑞斯特斯）发出抱怨，说他干涉了她们的领域。第一场是报仇神（歌队长）和阿波

（接上页）Press, 2000, pp. 60－88; Deborab Boedeker and Kurt Raaflaub, "Tragedy and City," in Rebecca Bushnell, ed. *A Companion to Tragedy*, Oxford: Blackwell Publishing Ltd. , 2005: 109－127; R. F. Kennedy, "Justice, Geography and Empire in Aeschylus' Eumenides", *Classical Antiquity* 25(2006): 35－72.

罗的争论。前者说阿波罗干涉了她们的事情,杀死亲人的惩罚权
归她们;阿波罗则说惩罚俄瑞斯特斯而不惩罚克吕泰墨斯特拉是
不公平的,因为俄瑞斯特斯只是实现了某种公正而已。报仇神以
职权为依据替自己追逐、惩罚俄瑞斯特斯辩护:杀同亲者的事情
归她们管,而克吕泰墨斯特拉杀死阿伽门农,因为他们血脉不同,
所以不属她们管。阿波罗则说她们这样辩解便蔑视或轻视了姻亲
关系而只重视血亲关系,因此开罪了宙斯和赫拉,等等。争吵的结
果是报仇神声称对俄瑞斯特斯穷追到底,而阿波罗称他要帮助乞
援人,救他一命。争论双方各执一词。

　　第二场,在雅典娜神庙,俄瑞斯特斯和歌队(由 12 个报仇神组
成)进行辩论。报仇神虽然发誓惩罚,强调杀亲的后果,但主要在
为自己的职权辩护——因为她们觉得阿波罗已经干涉了她们的职
权。这是她们与雅典娜的潜在争论。她们担心雅典娜和阿波罗一
样,会豁免俄瑞斯特斯。

　　俄瑞斯特斯向雅典娜请求:"请你和圣地接受我这个有过失
的人,我不是来求净洗礼的[因为在逃奔的途中已经行过若干次洗
罪礼],我的手上也不是不干净。……我在此等待,听候判决。"
(235 - 243行/94 页)报仇神则要实施惩罚,喝他的血,拖他到下
界,让其为罪恶付出代价。

　　歌队则向俄瑞斯特斯说阿波罗和雅典娜也救不了他。她们认
为自己才是公正的审判者。"一个把清白的手伸出来的人,不至于
引起我们的忿怒,他可以一生不受伤害。但是,如果任何一个罪
人,像那人一样,犯了罪,把血污的手隐藏起来,我们就挺身出来为
死者作正直的证人,向他追还血债,一直追到底"(312 - 320 行/95 -
96 页);只要有凡人"胆敢谋杀亲人,我们就尾追他,直到他进入地
下;就是他死了,也不能完全自由",这是命运女神分配给自己的
职权。

　　报仇神特别强调(重复了两次)了谋杀亲人给家庭带来的严重

后果：

> 报仇神：每逢家庭间的斗争害死一个亲人，我们就颠覆
> 那个家。不管这人多么强壮，我们要用新鲜的流血把他弄得
> 软弱无力。(353－359 行/96 页)
>
> 报仇神：人们的荣誉，那使人升入天空的浮华的荣誉，会
> 浸入地下，化为乌有，令人耻笑，在我们这些穿黑袍的神攻击
> 他们、出于嫉妒践踏他们的时候。(368－371 行/97 页)

第三场，雅典娜和报仇神辩论。雅典娜回到自己的神庙，发现
双方已经在庙内。报仇神先自我介绍，说她们是报仇神，要把杀母
的人从他家里赶出来，赶到冥府；雅典娜说杀人者也许为情势所
迫，或执行神的意旨；歌队长说没有什么理由能够让一个人做出如
此事情；雅典娜说这只是一面之词。在回答报仇神对方既不自己
发誓也不让报仇神发誓时①，雅典娜称她们要的只是公正之名而
非公正之实。在明确了报仇神让自己断案后，雅典娜开始询问俄
瑞斯特斯，对报仇神的指控有何回答。

> 雅典娜：把你的城邦、世系和命运告诉我，然后对这种谴
> 责进行辩护，如果你真是对这场诉讼有信心，你就坐在这里，
> 守着我的靠近炉灶的偶像。……这一切你要明白答复。
> (436－441 行/99 页)

---

① 按照雅典的法律，原告可以让被告发誓，被告也可以让原告发誓。前一种情况被告
可以免除处罚(但如果实际调查有罪，处罚会加重)。俄瑞斯特斯自己不发誓称自己
无罪，也没有让报仇神发誓(因为他害怕她们说他有罪)。参见罗念生译本注 58
(119 页)。

俄瑞斯特斯把事情的经过说了一遍，强调他乃是为父报仇，且阿波罗与他一同负责，因为后者告诉他如果不替父复仇，将永远心受折磨。

> 俄瑞斯特斯：事情做得正当不正当，请你断案；在你手里，不论我的处境是好是坏，我都认命。（468－469 行/99 页）

《报仇神》中有两种争吵。第一种自然是俄瑞斯特斯和克吕泰墨斯特拉的争吵，第二是俄瑞斯特斯-阿波罗和报仇神的争吵。我们看到，这种争吵就像希腊作品中的任何一次争吵一样，双方援引不同的法律与习俗，为自己的行为辩护。谁也说服不了谁。从俄瑞斯特斯一方来看，替父报仇是他的义务，如果他没能履行，那将会痛苦一生。而且，在他看来，他父亲是无罪的。但是在克吕泰墨斯特拉-埃癸斯托斯看来，杀害阿伽门农，同样是替父报仇，而且实现的是阿伽门农之父的诅咒，也可以说实现的是神的义务。埃癸斯托斯杀死阿伽门农与俄瑞斯特斯杀死母亲理由是一样的。这是第一种僵局。第二种争吵围绕俄瑞斯特斯的惩罚。关于俄瑞斯特斯的惩罚与免罪，雅典娜觉得她也无法做出判决①。她只好组织

---

① 这是个棘手的案件。现代人也许认为容易判决：俄瑞斯特斯必须受到惩罚，但因为其母有重要犯罪情节，他的处罚可以被减轻甚至豁免。在现代人看来，纵然克吕泰墨斯特拉不是俄瑞斯特斯母亲，他也应该受到惩罚，因为他涉及动用私刑。而刑罚是必须由公共权力机关垄断的。但走出纯粹的法律范围，这种案件仍然涉及人类的最基本的困境。为亲人报仇，这是宗教义务，当这种义务加进神的旨意时，显得更加迫切；但是履行这种义务，又犯下了比一般暴力行为更严重的犯罪：弑母。两方面涉及的都是宗教义务，而这一般认为是比市民法所规定的义务更高级的义务。更高级就是更有优先性，当它与市民法规定的义务冲突时，应该受到优先考虑。复仇女神追逐俄瑞斯特斯，不是因为他杀了人（一般的谋杀想必不在她们的管辖范围，这是歌队长一再强调的事实），而是因为他杀了自己的生母。我们说这涉及人类的基本问题，是因为：这种困境的最好的解决方法其实是俄瑞斯特斯在《奠酒人》中说的，他先杀死埃癸斯托斯和克吕泰墨斯特拉，然后自杀。因为很显然，他不报 （转下页）

雅典12名长老形成合议庭，在听取双方辩论后进行票决。后来的第四场便是作为证人的阿波罗(他自己也有份，因为实际上是他命令俄瑞斯特斯的)与歌队长的法庭辩论。这种辩论是模拟雅典法庭的。在法庭上，阿波罗并不占优势，他有一次甚至恼羞成怒。

> 俄瑞斯特斯：现在请你作证。阿波罗，请你解释一下，我杀她杀得合不合情理。杀是杀了，事实如此，我并不否认。可是在你的心目中，这流血的事正当不正当，请你判断一下，我好告诉陪审员。
>
> 阿波罗：我将正式地向你们、向雅典娜的最高法庭提出答辩。我是预言神，不能欺骗。我从预言座上颁发的关系到男人、女人或城市的神示，没有一句不是宙斯——俄林波斯山上的众神的父亲命令的。请你注意，这个正当的声明是多么有力量；我告诉你们这些议员必须听信。(609 - 620 行/103页)

歌队长问得好：

> 歌队长：难道，据你说，是宙斯把这个神示给你，叫你告诉俄瑞斯特斯，他可以报杀父之仇而不尊重他母亲的权利吗？

(接上页)仇，他会痛苦；他报了仇，仍然会痛苦一生。因此，这是一种人类的自我毁灭。这多半也是剧本最后几段雅典娜和歌队长反复劝喻的重点：这是一个人类无法摆脱的、永恒的矛盾；相互杀害不是办法，人类必须相互合作和忍让，使得相互间的关系不走到这一步。这是埃斯库罗斯的剧本很少有的，也是希腊剧本很少有的大段的劝诫(956—1036 行)。但是另一方面，劝诫正是所有公开演说的核心。在法庭中，阿波罗和报仇神站在各自的立场反驳对方；在法庭外，也就是站在社会的角度，所有的人和旁观者都很容易得出结论：不论谁赢，都是一个悲惨的、甚至根本不值得追求的结局。正义并没有得到实现，毁灭使一切都不存在了。正义若以相互毁灭为代价，正义本身也失去价值。

（622－624行/103页）

当阿波罗叙述阿伽门农的荣誉、战绩和不幸，以激起听众对克吕泰默斯特拉的愤慨时，①却遭到报仇神的反诘：

> 歌队长：照你讲，宙斯更关心一个父亲的死，可是他自己却把他的老父亲克洛诺斯捆绑起来。这件事同你的说法不是正相反吗？（向从陪审员）请你们注意这一点。（640－643行/104页）

这无疑是一个有力的反驳。这就是争吵的政治的精髓：争论的双方都无惧地展开自己的论证，对事情的叙述也完全站在自己的立场。一方是阿波罗和俄瑞斯特斯，一方是复仇女神。法官并没有责成双方必须客观叙述事件。在希腊人眼中，虽然他们害怕或者讨厌复仇神——人们只有与最坏的事情相遇时，才会与她们打交道；她们被安排在地下的黑暗的洞穴中——但是她们却不是中文意义上的"坏"或"恶"神，相反，她们和阿波罗等神一样，既可以为害人类，也可以为善人类。她们在惩罚血亲仇杀方面，维持着根本的公正，因此，她们同时是正义女神。因此，这种争吵是两种善或两种理想之间的冲突或争吵。正因为双方都认为自己追求的是正义、善或城邦或家庭的福利等等，而认为对方破坏了这些东西，所以他们公开地、无畏地论证自己、反驳对方。

与荷马笔下的争吵相比，埃斯库罗斯和下文要讨论的索福克

---

① 这个段落表现埃斯库罗斯受到希腊处于萌芽中的修辞术的影响。修辞术或公共演说的技艺，与作战的技艺，是荷马笔下英雄们两个最重要的 arete。亚里士多德说，修辞术是公共说服的技艺，而最有说服力的，一个是发言者（此处自然是阿波罗），一个是当事者（阿伽门农）的美德。达到说服的目的，发言者应该指出对方的恶劣之处，使听众产生愤慨。

勒斯以及阿里斯托芬，在争吵中加入了法庭的因素。这与民主化的希腊日常生活更加切近了。[①] 在荷马那里，无论是阿基琉斯的会议还是阿伽门农的会议，亦或是第九卷的非正式的商谈，法庭的或程序的因素都不存在。在那里只有争吵而已，而争吵又不过是力量的展示——双方中强者把自己的意志强于对方之上。第一场争吵，其实是阿基琉斯让步了，阿伽门农把意志强加于阿基琉斯。而在几乎所有的神的会议或争吵中，都是宙斯把意志强加于其他神。他们不是被说服了，而是被压服了。但是不满或隐藏在被压制者行动中理由并没有被消灭，相反，它们以别的形式表现出来。在埃斯库罗斯的这出悲剧中，因为"职权的分配"，阿波罗无法直接压服复仇神，虽然他一再声称他执行的是宙斯的命令（但这毕竟不是宙斯亲自出现，而自己只是代理人）；因此他"无权"或"无资格"豁免俄瑞斯特斯。而在报仇神看来，阿波罗收留俄瑞斯特斯本身便是对她们的职权的干涉，因此，在她们看来，这种干涉是无效的。也就是说，阿波罗在这件事情上的所作所为，是无法被当作理所当然的——至少需要论证的。此外，在复仇神（通过复仇维持正义之神）看来，虽然阿波罗是年轻一代，但是，他们之间是平等的。阿波罗不可能也不应该像宙斯那样对待她们。希腊的神的世界就像人的世界一样，是远离官僚制的。除了宙斯以外，没有一个神认为自己比别的神低下，得听别的神的命令。同级命令无效，而他们认为自己彼此都是平级。正为如此，复仇女神没有半点恐惧地反驳阿

[①] "阿伽门农、墨涅拉俄斯、海伦、伊阿宋、美迪娅、卡德摩斯、阿高厄、彭透斯等等，被所有的希腊人视为'他们的'集体过去。""公元前 5 世纪，悲剧和喜剧成为雅典最显赫的、最受欢迎的表演模式。""狄奥尼索斯剧场成为所有层次和背景的雅典公民、全希腊的游客观看、竞赛、喝彩、哭泣、悲痛、判定他们个人与政治存在的最极端、最困扰的争端的场所。"（Mark Griffith, "Telling the Tale: a Performing Tradition from Homer to Pantomime," *The Cambridge Companion to Greek and Roman Theatre*, eds. Marianne McDonald and J. Michael Walton, Cambridge: Cambridge University Press, 2007, pp. 15,23,23. ）

波罗。此外,在这个案件中,阿波罗还是当事人。因此他对自己行为的辩护在报仇神看来是无力的(如果不是无效的话)。因为既没有充足的理由,也没有足够的力量压服复仇女神,阿波罗因此无法庇护俄瑞斯特斯。他只好建议俄瑞斯特斯逃到雅典娜神庙。但复仇神紧追不舍。在雅典娜神庙,阿波罗和俄瑞斯特斯一方只好与报仇神继续争吵。有趣的是,听到双方的申辩以后,雅典娜也觉得自己无法判决此案(虽然双方都同意让她来评断,不过双方都又提醒她要注意他们所提出的情节),她只得组织一个由阿尔戈斯长老组成的法庭来审判此案。雅典娜和阿波罗一样,把宗教领域的问题推到日常的公共生活领域中。

让我们回到阿波罗与报仇神的争吵。听到报仇神用宙斯的例子反驳自己,阿波罗恼羞成怒:"你们这些非常可恨的怪物,神们所厌恶的东西!"(644 行/104 页)

在整个争吵中,正如几乎所有文明社会中的人的常识所支持的,一个有趣的事情是,报仇神虽然希腊字原意是"愤怒"(fury),但她们觉得自己更有道理,所以在法庭上,她们也更加冷静:

> 你看你怎样能为他的赦免辩护? 他母亲与他有血缘关系的血,已经由他洒在地上了,那么他还能在阿尔戈斯住在他父亲家里吗? 还有哪些公共祭坛可以供他祭祀:哪一些族人会用净水接待他? (652 - 656 行/104 页)

阿波罗的答辩显然没有说服力。他只说了两点,第一点,生理的母亲并不是真正的母亲①,她只是提供胚胎可以生长的地方而已,而真正重要的是父亲;第二,如果雅典娜赦免俄瑞斯特斯,阿波

---

① 这相当于后世修辞术中的重要的论证技巧之一:对重要词项的重新定义,以符合自己的信念:他要论证父亲的重要性,这与复仇神要论证母亲的重要性是一致的。

罗将使雅典兴旺发达,使俄瑞斯特斯成为她的永远的同盟。

接下来雅典娜宣布陪审员投票。在投票之前,她对公民(所有听众)进行了"长篇劝告":宣布现在的法庭将成为永久机构,用于审判案件,且"不受贿赂,怜悯为怀"(704 行);告诫雅典人尊重法则,"既不要不受管束,也不要受专制统治"(696 行),要遵守正义、心存敬畏。在陪审员进行投票的时候,阿波罗和歌队长一方面劝他们站在自己一边,另一方面不停地攻击对方。这时候雅典娜声明她将把自己的一票投给俄瑞斯特斯,因为她虽然是女神,但称赞男人,对杀夫者的死亡不抱同情。雅典娜站在了俄瑞斯特斯的立场了。

在计票时,埃斯库罗斯叙述了双方的焦虑之情。

> 俄瑞斯特斯:福玻斯阿波罗啊,这场官司将怎样判决?
>
> 歌队长:夜神啊,我的黑暗的母亲啊,你看见这件事情没有?
>
> 俄瑞斯特斯:我现在到了最后的关头了,不是上吊,就是能看见阳光。
>
> 歌队长:我们不是受害,就是更有光彩。
>
> 阿波罗:朋友们,把倒出来的票正确地一五一十地数,在分开票的时候,要小心,不可害人。判断错误,会造成巨大的灾难,而一票的投掷,却可以恢复一个家。
>
> 雅典娜:这人免了杀人罪,因为票数是相等的。(744 - 753 行/107 页)

这便是判决结果。争吵有了一个法律上的结论,但显然非常勉强。只是因为雅典娜把她的一票投给俄瑞斯特斯,他才免罪。无论如何,如果把它视为雅典现实中的一个案件的话,这是一个有巨大争议的案件。俄瑞斯特斯对于这个结论当然欣喜若狂。有意思的是歌队的反应。法庭的判决只是对严重争吵的一种世俗安排，但是没有结束争吵。因为很显然，歌队无法接受这种结论。法律程序与争吵的关系在于，争吵作为法律程序的背景与框架，它属于生活本身，而法律程序是在这种背景之下展开的。这是可以适合于世界所有地方的观察。法庭的结果没有也不可能结束争吵。法律的公正性是相对于共同体的生活的；除此之外，偶然因素也非常重要。这甚至是法律的脆弱性。就像所有严重的、激烈的、涉及到伤害的争吵一样，法律的介入表明这种争吵是如此严重，也许需要共同体出面表态，使争吵处于不再形成更大伤害的状态。因此法律是有条件的。在所有文明的社会，在所有法庭得以确立的地方，败诉一方"不服"或"冤屈"的情况都实在是太常见了。从某种程度上说，一方面，法庭判决代表着公众或共同体对于特定的争论、争吵或争端的立场，因此，它是强有力的，甚至也可以说是"最终的"（因为除此以外，我们根本没有任何办法来衡量什么是共同体的态度或立场，除非我们根本无视这种立场的存在性或可观察特性。与法庭辩论与判决相比，舆论是观察共同体的立场的另一个地方，但舆论的最大特征是它模糊性与争吵特性。它只是媒介化了的、意味着多人参与的争吵状态而已）；另一方面，人们会说法律只实现了一方的公正，或者判决只有相对于获胜的一方来说是公正的。法庭只是争吵换了一个地方而已，争吵或者争论既发生于它之前也发生于它之后。在一般情况下，不管在什么社会，法庭判决以后，双方仍然继续着自己的合理性论证。

　　可想而知，看到判决的结果，复仇女神是何等愤怒。她们认为自己受到了侮辱，自己的权利受到了剥夺，因此大声抗议，发出诅咒。第四场的接下来部分是雅典娜与报仇神的对话，分为两部分。前半部分报仇神发出严重的抗议，既抱怨阿波罗和雅典娜，也抱怨俄瑞斯特斯，认为自己受到了神和人的欺侮与侮辱，受到不公正的对待，也哀叹自己的失败。她们就像阿基琉斯受到阿伽门农欺负对着海洋女神忒提斯痛哭那样对着自己的母亲黑夜女神痛哭。后半部分雅典娜对她们好言相劝，经过几个回合以后，她们的心情才开始好转，转而与雅典娜一起唱起劝喻性的歌曲，全剧结束。

前面已经说过，这种劝喻式的甚至带有抽象议论式的结尾，是埃斯库罗斯作品中不太常见的，也是其他作家作品不太常见的。就我们的研究而言，这种结尾带有某种程度的虚假性，似乎复仇女神失去了自己的本性，或放弃了自己的职责。从另一个角度，《俄瑞斯提亚》的确是埃斯库罗斯对人性、宗教、家族以及共同体存在问题的带有哲学意味的思考。克吕泰墨斯特拉母子的罪恶（以及上溯到上一代的罪恶），会造成家族的毁灭，也会造成城邦的生活乃至文明的生活的毁灭。那些对家族犯下最严重的罪恶的人，正如歌队长所问，哪里还会有城邦接纳他们，他们怎么还能够在公共生活中现身。这个问题太具现实感了，因为克吕泰墨涅斯特拉杀夫、俄瑞斯特斯杀母，都发生在日常生活之中，并不像俄狄浦斯那样具有深刻的宗教意味；也就是说，虽然阿波罗一再声称俄瑞斯特斯执行的乃是宙斯的命令（报复），但是也和他的母亲一样，对于自己各自的犯罪行为，应该承担的人的责任远大于宗教的或神意的责任。这应该视为埃斯库罗斯的思考。这种思考既是对共同体生活条件的思考，也是对人性的思考。也许正因为如此，埃斯库罗斯才让克吕泰墨斯特拉承担比埃癸斯托斯更大的或更多的责任（在神话中，埃癸斯托斯杀死阿伽门农，是为其父报仇，也是实现其父对阿特柔斯的诅咒）。哲学家埃斯库罗斯在结尾几乎使雅典娜和复仇神共唱和谐之歌。但是，现实地分析，这种相互的毁灭所导致的分裂，仍然是无法消弭的；人们也许会说，这个社会只有宽恕与重新接纳俄瑞斯特斯，只有忘记罪恶、淡化惩罚，才能存在下去。①

---

① 关于埃斯库罗斯的人类学，"前两部戏中的冲突在第三部中得到解决。在家族层次，行动从谋杀与谋杀转到已得到整合的城邦中的法庭行为；在神界层次，复仇（转下页）

复仇女神的愤怒：

歌队：你们这虚张声势、年轻的神啊，你们践踏了古老的法律，从我手里夺去了[罪犯]——我受辱，我倒霉，我义愤填膺，我在这块土地上，呸！吐出我心里的毒液，为我所受的痛苦而进行报复的毒液，一滴滴浸到泥土里，使它不产果实，从毒液里生出黑腐病，使叶儿枯萎，子宫不孕——啊，真是活该！——蔓延到土地上，使地面布满了毁灭人类的斑斑点点。

我悲叹。我怎么办呢？我遭受市民的嘲笑。我受了害，很难容忍。啊，夜神的不幸的女儿们吃了很大的苦头，我们受到侮辱，感到忧愁！（778－793 行/108 页）

雅典娜：请听我劝告，不要太悲伤。你们没有失败；这判决票数真正相等，对你说来并不是侮辱，因为从宙斯那里出现了明显的证据。那颁发预言的神[阿波罗]亲自证明，俄瑞斯特斯这样做可以不受伤害。你们不要生气，不要把严厉的忿怒抛到这土地上，不要射出恶毒的毒液，那剧烈的毒性会把种子吞食，使土地不产果实。我应当答应你们，让你们在这主持正义的土地上占有一个地洞神龙，你们可以靠近炉灶边坐在那发亮的座位上，接受我的市民的崇拜。（794－807 行，108－109 页）

雅典娜的劝说或者补偿显然并没有说服报仇神。歌队重复了前面的不满与愤怒（基本上重复上一段的台词），觉得自己受到了侮辱，

（接上页）女神（带有其古老的权利）服从于宙斯的新正义（由阿波罗和雅典娜代表）；在政治层次，暴力的改变与反改变（撕裂共同体的政变）被代之以基础更为宽广的共同体行动、妥协与投票。"（Deborab Boedeker and Kurt Raaflaub, "Tragedy and City," in *A Companion to Tragedy* ed. R. Bushnell, Blackwell Publishing Ltd., 2005, p. 117.）

吃尽了苦头，因此要让市民也吃尽苦头。雅典娜再一次安慰她们，说她们并没有受到侮辱，她们是神，可以受人尊敬，可以与她本人住在一起（上一次说只能给她们一个地洞）。她的这种安抚并没有平息复仇神的愤怒：

> 歌队：要我接受这样的待遇，呸！要我这个有古老的智慧的神住在这个地方！这是侮辱！呸！这是玷污！我喷出的全是激情与忿怒。啊，啊，唉，呸！什么样的苦恼钻进我的胸膛！夜神，我的母亲，请听我发出的怒气！神们藐视我，凭他们的难以应付的诡计剥夺了我的古老的职权。（837－847行）

雅典娜再一次劝她们与她住在一起，享受雅典市民的崇拜，并告诫她们不要掀起市民间的相互仇杀，说这种仇杀没有价值；她还说市民们如果想通过打仗获得荣誉，就到国外去打。歌队再一次表示拒绝与愤怒，再一次基本重复上述的不满：

> 歌队：要我接受这样的待遇，呸！要我改变这古老的想法！要我住在这个地方！这是侮辱！——呸！这是亵渎！我喷出的全是忿怒与怨气。啊，啊，呸，呸！什么样的痛苦钻进我的胸膛！夜神，我的母亲，请听我发怒的声音！女神的难以应付的诡计几乎剥夺了我的古老的职权。（870－880行）

关于《报仇神》（王师译作《和善女神》）的结局，一种解释认为这是一个和解的甚至是和谐的结局，城邦秩序因为法庭的建立，因为将争端诉法庭而得以确立。梅耶认为，政治是《俄瑞斯提亚》三部曲的核心话题，三部曲"实际上讲述了文明史中的巨大进步，这是一场从冤冤相报的恶性循环摆脱出来并走向城邦正义的巨大变革,是由自给自足的孤立个体向相互依存的公民身份的转换,也是从个人及家族的自治发展成为事例各方面力量的城邦建制过程。这正是三部曲无可争议的主题。"因为复仇女神变成了和善女神,"城邦就重新回到了诸神和谐而正义的统治之下"。① 作者还赞同Grossmann②、基托③和 Lesky④ 等人的看法,认为从《阿伽门农》到《普罗米修斯》,宙斯的形象也发生了某种进展,从无条件的复仇、犯过者必受罚变成一个"行事有度、富有智慧并将正义带给全世界的君主"。诸神也"从残酷而不通融的原始神转变为富有人性且颇有教养的、依城邦规则行事的神"。⑤

《埃阿斯》: 强者与集体决定的对抗

埃斯库罗斯探讨秩序的问题。政治秩序把不同场域、相互冲突的规则包含在内,使之处于相互的平衡(而不是和谐)、和解或讨

---

① 梅耶:《古希腊政治的起源》,第 150－151 页。

② Grossmann, *Promethie unde Orestie. Atticher Geist in der Attischen Trgodie*, s. 74ff.

③ H. D. F. Kitto, *Form and Meaning in Drama: A Study of Six Greek Plays and Hamlet*, London, 1956, pp. 71ff; Kitto, Greek Tragedy, pp. 71ff.

④ Albin Lesky, *Greek Tragic Poetry*, Yale University Press, 1983(1938).

⑤ 梅耶:《古希腊政治的起源》,第 154 页。作者认为,复仇女神的形象也发生了变化。开始时,她们是阿波罗的对立面,立场鲜明、凶杀、不妥协,在结尾处,由敌而友,立场发生巨变,在雅典行使保护者角色。但对雅典娜和复仇女神的争辩,后者因投票失败而心生愤怒,作者分析道:"论争双方的分歧已然尖锐到这种地步,以至被打败的一方不顾及自身及对方的公正,而公然与论辩获胜的一方反目成仇。这与城邦政治领域的状况有类似之处。"(183 页)评论家可能忘记了对这个事实的分析:毕竟相差只有一票,而这一票是雅典娜的(严格而言,作为裁判的雅典娜不应该有投票资格)。这正是僵局或和解无法实现、对立双方无法相互说服更无高下之分这种状况的绝妙反映。这便是悲剧。雅典娜并不是说服复仇女神,而是与之交易,甚至对她们进行收买。雅典娜四次试图说服复仇女神,前三次都被拒绝,第四次不是接受了她的理由,而是接受了她的交易。

价还价的状态。面对对立的诉求，简单的以一方压倒另一方，只会
导致毁灭的结果。正义与秩序的本性显现于冲突之中。索福克勒
斯继续着这种探讨。索福克勒斯(公元前 496 -公元前 406)，这位
出生于雅典的公民，是雅典辉煌的真正的见证者。① 就像《普罗米
修斯》继续着《伊利亚特》中诸神的争吵一样，《埃阿斯》继续着《伊
利亚特》中英雄们的争吵。这次不是希腊联军的第一战勇阿基琉
斯和阿伽门农的争吵，而是它的第二战勇埃阿斯对奥德修斯及阿
伽门农兄弟的争吵。在争夺阿基琉斯的盾牌，希腊联军统帅中最
大的奖品，以此认定谁是希腊人中最勇敢者的竞赛中，评委判奥德
修斯胜。感觉遭到不公平待遇的埃阿斯深夜偷袭军营，试图杀死
奥德修斯和屠杀阿尔戈斯军队，被雅典娜设计引向畜群。在一阵
砍杀后，发现自己受到了雅典娜的愚弄。埃阿斯愤而自杀。围绕
着埋葬埃阿斯，透克罗斯和阿伽门农兄弟展开争吵。②

---

① 早年与寡头派客蒙和民主派伯利克理交往甚密。第一次伯罗奔尼撒战争中，他于前
440 年当选为十将军(约同年《安提戈涅》获得头奖)，与伯里克利一道率领军队攻打
试图退出提洛同盟的萨摩斯，以苛刻条件使其接受和约。西西里远征失败后，索福
克勒斯于前 413 年参加反民主政变，成为十人委员会成员。他和希罗多德、阿那克
萨哥拉、普罗迪等雅典名人交往甚密。在他于前 406 年去世的时候，雅典活跃着
各种各样人物。智者派哲学家、剧作家、历史学家都活跃于这个时期。苏格拉底进
入思想盛期，柏拉图进入青年。索福克勒斯一生创作约 130 个剧本，从前 468 年第
一次击败埃斯库罗斯获奖后，总共获得 24 次头奖和次奖。现存作品的演出年代：
《埃阿斯》(约前 442)、《安提戈涅》(前 441)、《俄狄浦斯王》(前 431)、《克勒克特拉》
(前 419 - 415)、《特剌喀斯少女》(前 413)、《菲罗克忒忒斯》(前 409)、《俄狄浦斯在科
罗诺斯》(前 409)。参见罗念生《安提戈涅》序、《全集》第二卷，275 - 277。
② 对《埃阿斯》的讨论，见刘小枫、陈少明编《索福克勒斯与雅典启蒙》(华夏出版社，
2007 年)中的几篇文章：马伊尔(Christian Meier[王师译作梅耶])：《索福克勒斯的
政治诗艺》，卢白羽译，选自作者的《古希腊悲剧的政治诗艺》(1988 年，原文德文)；
克诺克斯(Bernard M. W. Knox)："索福克勒斯的《埃阿斯》"；Michael Davis："古代
悲剧《埃阿斯》"，许孔友译文。这部作品的评论，也见：A. F. Garvie, *Sophocles.
Ajax*, Warminster, 1998；S. Lawrence, "Ancient Ethics, the Heroic Code, and the
Morality of Sophocles' Ajax," *G&R* 52(2005)：18 - 33。译本：张竹明、王焕生译
本：《古希腊悲剧喜剧全集　索福克勒斯悲剧》，译林出版社，2007 年；沈默(转下页)

开场，奥德修斯和雅典娜监视埃阿斯行踪，埃阿斯受到雅典娜的捉弄。奥德修斯深夜探访埃阿斯营帐。他显然在观察自己"敌人"的行踪。男人与男人之间是敌人；当共同的敌人被消灭以后，自己人成了敌人。雅典娜也在监视埃阿斯。他们发现埃阿斯屠杀了畜群和牧人。雅典娜告诉奥德修斯真相：屠杀畜群是因为怨恨判决，误把畜群当作希腊士兵。因为感觉受到不公待遇，埃阿斯准备谋杀统帅，并且已经到了营帐门口。这时雅典娜使他产生幻觉：

> 我使他的眼睛产生了严重的幻觉，/使他恶毒的发泄得到了虚幻的满足。/我使他的怨恨转移到牛羊的身上——/……/因此他骤然扑向畜群，开始四面砍杀，/在长角的动物中散布死亡。/一会儿他以为是杀死了阿特柔斯之两子，/一会儿又以为是杀了别的个别将领。(51-58 行)

埃阿斯还把活牲口当作俘虏赶回自己营房，继续进行拷打。其中一只白羊被当作奥德修斯。雅典娜让奥德修斯把看到的情景告诉全体阿尔戈斯人。当雅典娜喊埃阿斯出来时，奥德修斯害怕了。这位以计谋取胜的统帅，显然不是埃阿斯的对手。埃阿斯走出营帐，雅典娜问他杀的是不是阿尔戈斯人，他称是且以此为荣；问他是否已经杀死阿伽门农兄弟时，他回答是且他们再也不能够羞辱他。埃阿斯显然认为自己已经报了仇。

第二场，埃阿斯醒来。他以报复、屠杀为快乐；一旦清醒，发现屠杀的是畜群，便处于严重的受羞辱状态：痛哭、揪头发，躺在畜群中，陷入极度的悲伤。尽管如此，他对自己的"敌人"——就是对

(接上页)撰：《高贵的言辞——索福克勒斯埃阿斯疏证》，华东师范大学出版社，2010 年。译文引自张王译本。

自己实施不公，冒犯自己的人——阿伽门农兄弟、奥德修斯的仇恨仍然不减：

> 我的命运真是不幸，/让该死的恶人从手中滑掉，/却把袭击指向了公牛和温驯的羊群，/致使它们鲜红的血液涌流成河。（372－376 行）

他的仇恨首先指向奥德修斯。这种仇恨，与阿基琉斯对阿伽门农的仇恨相比更甚：索福克勒斯便是在完全不同于荷马的语境下，深化着荷马时代的争吵。[①] 或者说，他把对争吵，希腊文明的政治文化基因的诠释，放到公元前 440 年的雅典的场域中——我们知道，那是希腊民主制度的最辉煌的时代。就像特洛亚人加之于阿基琉斯(实际上特洛亚人根本没有人能够加害于他)，这位最伟大的孤独英雄的不幸，远不及希腊人所能加之于他的一样，这位希腊联军中第二号伟大的战勇，一个在战斗中具有"中国式美德"(没有须臾离开战场，总是冲杀在前，甚至并不计较自己的得失；当然，这个故事发生时，特洛亚战争并未最终结束)的人物，受到"自己人"的打击远甚于战场上敌人的打击。阿基琉斯只是流泪而已，而埃阿斯则崩溃、疯狂了。就像阿基琉斯的头号敌人是阿伽门农一样，他的头号敌人是奥德修斯。

[①] "埃阿斯一剧充满着仇恨和敌意。埃阿斯对奥德修斯的仇恨众所周知；《奥德赛》中关于他俩的精彩段落也名垂千古；在索福克勒斯的剧中，埃阿斯的仇恨得到了充分的展示：他对阿伽门农等人的痛恨，他们对他的仇恨，以及他们和透克罗斯之间的仇恨。在索福克勒斯的其他戏剧中还找不出那么多言辞激愤的段落。埃阿斯是诅咒着他的敌人而死的(在该剧的末尾，他的诅咒又被透克罗斯重复了一遍)。埃阿斯死后，阿伽门农等人和透克罗斯之间的恶毒攻击一直持续到最后，直到奥德修斯出面干涉时，他们才恢复了一点体面。关于敌意和仇恨的古希腊词汇(……)构成该剧的主体词汇。"(Knox，索福克勒斯的《埃阿斯》，刘小枫等编书，87 页。)

　　啊,你这个窥视一切的小人,/你这个随时准备干坏事的
恶棍,/啊,拉埃尔斯特之子,你是全军中最卑鄙的滑贼,/我保
证你正在开怀大笑,笑个不停。/……/啊,宙斯,我的祖先的
父亲啊!/怎么才能杀了那个善于伪装的狼狈的敌人,/再杀
了那两个国王——两个统帅,/最后自己一死了结?(378 -
381,388 - 391 行)

　　埃阿斯的耻辱有两个。第一个耻辱自然是他认为自己受到了
不公正的待遇,或者说,在争取荣誉的斗争中败于奥德修斯。这是
第一重耻辱。第二重耻辱更甚:他竟然把畜群当作联军加以屠
杀,把白公羊当作奥德修斯来拷打。因此他觉得真的无地自容,决
定自杀。

　　在自杀前,埃阿斯似乎做了忏悔。他想到儿子将要变成孤儿,
妻子(他的战俘,而其父亲已遭埃阿斯杀害)将会面临不幸的命运,
也感到心中疼痛。他要到海边举行净洗仪式,并请求雅典娜平息
愤怒。他回忆了不久前他与赫克托尔的战斗(他称他为自己最大
的敌人),在那场战斗中,两位惺惺相惜的英雄相互交换武器。他
甚至认为自己的命运与这次礼物交换相关——"敌人的礼物不是
礼物,不会给你带来好处"(665 行)。

　　报信人报告透克罗斯(埃阿斯的同父异母兄弟,特洛亚战争
中的英雄之一)回到营帐受到希腊人辱骂。他们骂他是疯子的
兄弟,全军叛徒的亲属,并扬言要杀了他。报信人叙述为何埃阿
斯遭此命运:如果一个凡人忘记自己是凡人,对神不敬,必遭报
复。这里说的埃阿斯对神不敬,有两次。第一次,在他离开家
时,愚昧地反驳过父亲的教诲;他父说胜利必是得神相助的结
果,因而必须时时记住谢神。但埃阿斯称一个无能的人靠神帮
助才能获胜,但对于他,没有神助也能获得荣誉(767 - 770 行)。
第二次,雅典娜在战斗中站在他身后激励他,他竟然让她站到希

腊人后面，因为"我埃阿斯站立的地方，敌人别想突破战线，永远别想"（775 - 777 行）。

第二幕。埃阿斯用赫克托尔的剑自杀。自杀前向宙斯恳求：让透克罗斯为他收尸，免遭狗鸟撕食。他请求神的宽恕，但对敌人仍然带着诅咒：让神向阿伽门农兄弟降下灾祸：

> 使那两个恶人遭到最大厄运，/和完全的毁灭，就像她们[女神]看见我那样/（死于自己之手，也让他们死于自己之手——/自己最爱的亲人之手）/来吧，你们，快脚的复仇女神，/来惩罚全体希腊军人，别怜悯他们！（838 - 844 行）①

前三场剧情围绕埃阿斯自杀。第四场剧情围绕埃阿斯处理的争吵。在前几场，埃阿斯和奥德修斯及阿伽门农的争吵、会议与投票的情况，都没有直接叙述，都是通过别人的转述。转述中带着某种情绪。当然，获胜者奥德修斯始终是客观的。他虽然也称埃阿斯为敌人，但他仍然同情与尊敬他。对于胜利者来说，胜利（或奖

---

① 张竹明先生在为索福克勒斯悲剧集写的序言中认为，《埃阿斯》中的戏剧冲突是个人荣誉与民族利益的冲突。"在古代，勇敢和看重荣誉本是一个贵族出身战士的美德，但在埃阿斯身上勇敢变成了妄自尊大，把神也不放在眼里；荣誉变成受不得一点委屈，从埋怨裁判不公发展到进行疯狂的报复。他企图谋杀希腊全军的首脑，危及全军，走上背叛民族的道路。雅典娜使埃阿斯发疯，保护了希腊人的安全。埃阿斯清醒过来之后逐渐意识到自己的错误，用自杀洗清了自己的污点，也因而保住了自己的不朽荣誉。"（《古希腊悲剧喜剧全集 索福克勒斯悲剧》，张竹明、王焕生译，译林出版社，2007 年，第 2 - 3 页）应该说，希腊人的整个精神，也是希腊悲剧的精神，是与"认错"格格不入的。在希腊人眼中，认错是走向屈服、和解和生存之路，是感受不到自己的力量、找不到自己的立场的懦夫的行为，而不是也不可能是特洛亚战场上希腊英雄们的行为。

品)本身便足够了。他没有必要证明自己是应得或配得上的。①

　　第四场一上来就是墨涅拉俄斯和透克罗斯的争吵。前者阻止后者掩埋埃阿斯,当然也就阻止给予埃阿斯的起码礼遇。

> 墨涅拉俄斯:你这小子,给我住手,别抬起
> 　　　　　　这个死人,让他留在原来躺的地方。
> 透克罗斯:你何必白费唇舌,口出这些狂言?
> 墨涅拉俄斯:这是我的意见,也是全军统帅的意见。
> 透克罗斯:可不可以问一声,凭的什么理由?
> 墨涅拉俄斯:那我就告诉你。我们把他从希腊带来
> 　　　　　　这里,
> 　　　　　　本指望为阿开奥斯人带来一个战友或
> 　　　　　　朋友,
> 　　　　　　不料却发现他比弗律基亚人更敌视我们;
> 　　　　　　他阴谋给全军带来死亡,
> 　　　　　　趁黑夜进行袭击,用矛尖屠杀我们。
> ……
> 　　　　　　为此,没有人能膂力压众,
> 　　　　　　敢于为埃阿斯建坟埋葬。
> 　　　　　　他将被抛尸黄色沙滩,
> 　　　　　　成为海边鸟类的食粮。(1048—1065 行)

────────

① 礼让、谦让的事情,我们看到,是远离希腊将士的。这种缺乏往往体现希腊人的公正观。一个人的奖励或荣誉应该或必然配得上他的功绩。给予一个不配奖品的人以奖品,或者相反,对于希腊人是无法理解的。他们只会出现为着奖品而争吵、争斗的事情,典型的自然是阿基琉斯和埃阿斯。当然,"论功行赏"是人类的通行法则。为了平息纷争而把本应自己的那份给予别人,也许只是儒家学派的杜撰。《伊利亚特》23 卷的运动会值得分析。相比之下,埃阿斯因为自己觉得不公正,便起屠杀将士的意念,的确是太"个人主义"了。

　　这无疑是个有说服力的理由。埃阿斯的确走得太远了。这是一个在任何一个常识健全的人眼里都无法饶恕的罪行，纵然罪行没有得到实施。① 在宣布决定以后，墨涅拉俄斯还警告透克罗斯。

> 墨涅拉俄斯：因而请你约束自己的傲慢，
> 　　　　　　如果说活着的时候我们没能控制他，
> 　　　　　　如今他死了，我们无论如何也要统治他，
> 　　　　　　把他控制在我们手里，无论你愿意不愿意。
> 　　　　　　须知，他生前不曾有过一次愿意听从我们的号令，
> 　　　　　　然而，一个平民百姓谋划反对领袖人物，
> 　　　　　　这本身就能说明他是一个坏人。（1066—1072 行）

　　《埃阿斯》显示索福克勒斯和荷马甚至埃斯库罗斯的一个巨大的差异。索福克勒斯严峻地提到了政治统治问题、政治权威或服从问题。这在荷马那儿是不明确的。在荷马那里，读者可以感觉到阿伽门农对阿基琉斯的不公正。的确，阿伽门农一方面是自私的，另一方面又是有权威的——他的命令是有效的，纵然阿基琉斯也得服从，虽然辱骂、抗拒。当然，荷马那里，政治的权威实际上是屈服于个人的力量的。因为阿伽门农的让步乃至屈辱，甚至连联军统帅们也看不下去（第 9 卷）。人们对于特洛亚战争的第一战勇，似乎只能迁就、让步。而且，他的光荣的出身，使得人们对他的敬畏高于对任何一个人。这就是荷马的世界。但是，对于发生于

---

① M. Heath, *The Poetics of Greek Tragedy*, Stanford: Stanford University of Press, 1987, p. 173; N. R. E. Fisher, *Hybris: A Study in the Values of Honor and Shame in Ancient Greece*, Warminister, 1992, pp. 316, 326 - 328.

神话中同一时空的紧随的另一事件,距荷马约三百年以后,悲剧作家却做了另一种探讨。贯穿《埃阿斯》始终的一个重要主题,正如克诺克斯所说,是政治的秩序应该被遵守的程度与范围问题。①这是通过埃阿斯事件探讨的伟大人物与政治或共同体的关联。这并不是说索福克勒斯对这个问题有什么固定的答案。这种答案纵然存在也并不重要。索福克勒斯的重要性在于这种悲剧意识。如果没有神的阻止,纵然因为奖励分配问题(对于个人或者对于共同体,重要物品的分配,永远是至关重要的),共同体便有可能受到毁灭。一个公认的特洛亚战场上的第二号战勇,因为自认为受到了"集体决定"(索福克勒斯并没有为我们再现决定的细节,《奥德修纪》对此也语焉不详)的不公待遇,便要杀死做出决定的人、折磨与杀死那个获得奖项的人,还要屠杀军队(的确,正如墨涅拉俄斯所说,就是要整个地毁灭希腊人)。这无疑是"罪大恶极",甚至是人神共怒的(不仅雅典娜阻止他,而且让奥德修斯见证他的疯狂,让全体希腊人取笑他)。也就是说,对于这种人,似乎理该予以羞辱。索福克勒斯在这种极端的状态下探讨政治秩序的起源问题。但墨涅拉俄斯的见解,不管是他自己和阿伽门农的见解本身,还是他自称的作为"命令"、"将士会议"决议的命令,毕竟仍然只是一边之言。对于埃阿斯,他是宁可毁灭世界也要实现公正——他根本不讳言,这是而且始终是他自己的公正。对于埃阿斯来说,就像任何一个处于同样情境中的人来说,那种集体决定本身,就牢牢控制了自己的眼界与行动范围。对于悲剧英雄来说,唯一重要的,只是自己的荣誉与战利品,至于由弱者(拆开来看,他们每一个人几乎都算不了什么;与他和阿基琉斯相比,他们也许只配得上被蔑视而已)组成的集体本身,它的命令与它的福利,那不是英雄们关心的。

---

① B. Knox, *The Heroic Temper*: *Studies in Sophoclean Tragedy*, Berkeley: University of California Press, 1964.

无能的人只能沉沦，就像战死在战场上的那些人一样。这就是生活或者命运。对于站在埃阿斯立场的其他人而言（令人遗憾的是，这些人几乎只剩下埃阿斯的亲属。就连歌队，埃阿斯的战士，也不全然站在埃阿斯的立场），集体决定、秩序不仅是次要的，也是不公正的[①]。这就导致了悲剧性的结局。对于这种结局，或者僵局，即一个强者和集体的对抗与毁灭，同情强者并与他站在一边的那些人（特克默萨、透克罗斯和埃阿斯之子），显然既无法成功说服强者让步，更无法说服那些做出决定者改变决定，因此只能在分享着埃阿斯的不公正感的同时，感到最深切的不幸而已。我们注意到，埃阿斯这一边的所有人，包括他自己，压倒性的情绪，只是不幸、悲伤。

正如有的作者所言，埃阿斯属于旧的道德或旧的世界。[②] 那是个纯粹的个人力量占支配地位的世界，一个秩序与群体力量极为稀薄的世界，一个小人物只能依附于大人物才能生存的世界，一个整个秩序依赖于强者的世界——这个世界从另一个角度，也更像一个强盗团伙组成的世界。事实上荷马笔下的希腊联军，正像强盗团伙。但是索福克勒斯处于一个新的世界中：一个从某种意义上讲，强者受到集体的弱者控制的时代[③]：而这正是所谓的民

---

① 《埃阿斯》就此点而言，符合韦尔南的看法：悲剧的时刻是英雄个体对抗城邦价值观的时刻。（Jean-Pierre Vernant, "The Historical Moment of Tragedy in Greece: Some of the Social and Psychological Conditions," in Jean-Pierre Vernat, Pierre Vidal-Naquet, *Myth and Tragedy in Ancient Greece*, Zone Books, 1988, pp. 23 - 28.）

② 马伊尔："索福克勒斯的政治技艺"，《索福克勒斯与雅典启蒙》，第 33 - 34 页；克诺克斯："索福克勒斯的《埃阿斯》"，《索福克勒斯与雅典启蒙》，第 103 - 105 页。

③ 当然，这样说并不意味着奥德修斯、阿伽门农是弱者；而只是说，他们是处于最强者和普通人之间的。奥德修斯具有整个希腊文化赋予他的集体性格，一种协商与包容，把强者与弱者通过政治的或者公民的秩序结合到一起的性格。这样说虽然有理想甚至美化他之嫌。参见马伊尔："索福克勒斯的政治技艺"，《索福克勒斯与雅典启蒙》，第 37 - 39 页，第 31 页。

主。① 这是一个秩序强有力地控制着强者与弱者而主要控制强者的时代。这也许是在民主的极盛期的索福克勒斯，把荷马论题重新拿出来讨论的时代因素，作为政治哲学家的索福克勒斯对时代的思考。在他的作品中，埃阿斯和安提戈涅的演说，与修昔底德作品中的辩论演说，应该存在着某种一致性的东西。

在这里，一致性并不是答案，而是困境。这便是贯穿于希腊整个思想中，在修辞术中得到阐明的困境意识。困境在哪里呢？这个社会不是把秩序确立为高高在上就行了。秩序不是至高无上的。也就是说，从一个角度说，政治秩序，法律权威无疑具有必要性。这无疑也是荷马意识到的（如涅斯托尔对阿基琉斯的劝说）。从这个角度来看，阿伽门农没错，他不过是集体的决议的执行者。但是从另一个角度说，这种秩序本身，特别是集体决议的公正性，是应该受到严厉质疑的，它的管辖力量、它的必要性都应该受到质疑或接受理性的检查。秩序和法律一样，是必要的，但不是理所当然、不容置疑的。秩序永远达要不到消灭质疑的程度；社会不得不在质疑中前行，并保持着某种开放性——只有这样，统治似乎才不是专断的任意的权力。悲剧是两种都具有终极合理性的行动（力量与秩序）的激烈冲撞。我们以后便会看到，阿伽门农执行的并不是武断的权力，就像（稍微有点勉强）克瑞翁在《安提戈涅》中执行的并不是武断的权力一样。或者说，与荷马时代相比，政治与法律的权威，终于进入坦率地面对强者而肯定自身的时代了，如果它带有某种强制特征，那是它本性所具有的，而且，它的力量本身，正在于它对强者的约束程度。

---

① 在人类所有的安排中，都是强者垄断资源、控制弱者。人的世界是个精致的猴子世界。但是只有索福克勒斯那个时代，雅典人发明了一种将公民中有可能危及平等、有可能控制舆论将自己至于共同体之上的驱逐出境的制度——贝壳放逐法。不需要真正的冒犯或错行（那需要通过离任审计等程序进行追究），只要多数公民看着不顺眼，仅仅是不顺眼，就够了。

让我们还是回到索福克勒斯的文本。墨涅拉俄斯继续对埃阿斯的行动进行抨击，也继续他的"政治哲学"，以一种异常清晰的语言：

> 墨涅拉俄斯：一个国家里，如果畏惧之心不能确立，
> 法律永远不能顺利执行。
> 一支军队里，如果没有畏惧和羞耻之心警卫
> 就不会服从指挥。
> 一个人的身躯不管多么高大，他应该想到，
> 一场小小的疾病就能把他扳倒。
> 一个人心怀正义，又有羞耻之心在一起，
> 你可以相信，这个人是平安的。
> 一个国家里如果准许傲慢无礼为所欲为，
> 虽然一时还诸事顺遂，但是无疑，
> 最后总有一天要堕入深渊的。
> 不，让我们看到应有的畏惧之心建立起来，
> 还让我们别幻想爱做什么就做什么，
> 可以不用为痛苦为快乐付出代价。
> 刚才这个人傲慢无礼为所欲为，现在轮到
> 我无礼一下了。
> 我警告你，别埋葬他，以免因为埋葬他，把
> 你自己埋进了坟墓。（1073—1090 行）

这似乎是非常有道理的。但是墨涅拉俄斯的理论受到透克罗斯的强势反驳。而且，他的人格乃至行为，也受到透克罗斯的嘲弄与藐视。正像墨涅拉俄斯并不想说服，而将威胁与报复融入他的"理论"一样，透克罗斯主要表达的，是对墨涅拉俄斯兄弟的蔑视与

挑衅。① 而这仍然带着荷马英雄的基因。的确,透克罗斯并没有
一概否认权威,只是否认斯巴达国王墨涅拉俄斯有向撒拉弥斯王
(巴塞勒斯)埃阿斯下命令的权力而已。

透克罗斯先攻击的是墨涅拉俄斯的语气或态度,他的傲慢无
礼,其次质疑他对埃阿斯的统治权,认为这种命令是无效的:

> 请从头再说一遍。你说是你
> 把他带来这里作为阿开奥斯人战友的,
> 不是他自己作主航海来的?
> 你哪儿来的权利要求做他的统治者?
> 又哪儿来的权利要求做他
> 从本国带来的那些族人的王?
> 你是作为斯巴达国王来的,不是作为
> 我们的主人:你并没有权利统治他
> 就像他没有权利统治你一样。
> 你也是在别人统率下航海来这里的,
> 而不是作为全军统帅,因而也曾经统帅过埃阿斯的。
> 　你统治你自己的臣民去吧,
> 用傲慢的态度去申斥他们去吧!
> 　至于埃阿斯,无论是你,
> 唉,还是你那个做统帅的兄弟来禁止,
> 我都要履行应有的仪式建坟埋葬他,
> 不怕你口出威吓。

---

① "埃阿斯并没有臣服于阿特里代[阿提卡],他是自己的主人。透克罗斯把墨涅拉俄
斯称作'什么都不是'(1114 行)。墨涅拉俄斯拿透克罗斯的出生反唇相讥。他们相
互谩骂,愈演愈烈。"(马伊尔[梅耶]:《索福克勒斯的政治诗艺》,卢白羽译,载《索福
克勒斯和雅典启蒙》,刘小枫、陈少明主编,华夏出版社,2007 年,第 28 页。)

> 埃阿斯参加这次战争不是为了你的老婆，
>
> 像你手下那些可怜的仆人一样，
>
> 而是为了信守自己立下的誓言。
>
> 也不是为了你，因为他是一向
>
> 不把你这样不足道的人放在心上的。
>
> 因此，你去多带些传令官来，
>
> 还有那全军的最高统帅。对于你的吼声
>
> 我会不屑一顾，如果你还是现在这样。（1097－1118 行）

透克罗斯的态度使歌队长也觉得太生硬，更使墨涅拉俄斯觉得傲慢无礼。墨涅拉俄斯用弓箭手来指称透克罗斯。我们知道，在希腊战士中，弓箭手（如帕里斯）因为不是近距离搏击且有偷袭之嫌，被认为是低下的。帕里斯便一再遭到嘲笑（虽然著名的阿基琉斯死于其箭下）。

当墨涅拉俄斯说埃阿斯的败诉是评委会判的而不是自己判的时，透克罗斯还对表决的公正性提出质疑，说墨涅拉俄斯（自然还有阿伽门农）"能把许多最邪恶的欺骗打扮得冠冕堂皇"。（1137行）两个人争吵的结果是，墨涅拉俄斯重申不准埋葬埃阿斯，透克罗斯重申他将埋葬埃阿斯。最后两人以威胁与相互侮辱结束争吵：

> 墨涅拉俄斯：不和你争了。
>
> 如果人们知道，我有权力强制
>
> 却用语言谴责，那将使我丢脸。
>
> 透克罗斯：那么滚开！在这里听一个蠢人说空话，
>
> 对于我，将是一件更丢脸的事。（1158－1162
>
> 行）

接下来的退场中,透克罗斯和阿伽门农之间发生更猛烈的争吵。这位联军最高统帅(透克罗斯也承认他是最高统帅)一上场便破口大骂,侮辱透克罗斯的出身(他是特拉蒙和女俘所生,在雅典,自由人与女奴生的孩子没有公民权,属于奴隶),称自己是自由人,听不懂野蛮人的语言。他甚至认为透克罗斯没有资格和自己说话,要他找一个自由人代表自己说话。在阿伽门农的"演说"中,侮辱的成分大于说理的成分。也就是说,当表达仇恨情绪作为讲话重点时,他的"理由"不仅是偏颇的,也是不足信的。或者说,说理需要某种程度上的"平等"——纵然是上下级讲话,上级发布命令,如果他要对方理解并接受的话,便不能仅用训斥的语气说话。在这里,阿伽门农首要表达的,依然是愤怒和报复:

> 阿伽门农:我听人报告说,你用威胁的语言嘲弄我们。
> 你以为可以这么放肆而不受惩罚吗?
> 你,我是说你这个女俘生的儿子。
> 嘿,即使你是一个高贵母亲生养的,
> 出言傲慢、举止骄横已成习惯,
> 可如今,你,一个小人物,保护一个没用的
> 东西,
> 还发誓说我们无权统领阿开奥斯人或你
> 自己,
> 无论在陆上还是在海上,
> 而埃阿斯,依你说,是自己作为领袖出征的。
> 一个奴隶的嘴里说出这样的话,
> 是不是太不合你的身份了?
> 你为之这样大吹大捧的那个人算什么?
> 他的哪一次进攻,哪一次顶住
> 敌人的冲击,没有我和他在一起?

> 除了他，阿开奥斯就没有勇士了吗？（1226 -
> 1238 行）

阿伽门农继续着墨涅拉俄斯的"说辞"，而且是非常"在理"的
说辞：像埃阿斯兄弟这样的人，是以自己的成败或得失作为衡量
一切的标准的。只要结果不满意，便认为不公正，因此不仅辱骂参
加表决的人，还试图谋杀他们：

> 阿伽门农：如果行事像你这样就不会
> 　　　　　有任何法律秩序牢固地确立起来，
> 　　　　　如果我们容许挤掉合法的优胜者，
> 　　　　　把他们的荣誉地位让给失败者。
> 　　　　　不，这种做法必须制止。（1246 - 1250 行）

在训斥透克罗斯时，阿伽门农也为奥德修斯获奖进行辩护，称
战争的胜利需要的是智慧之人，而不光是壮汉；像埃阿斯那样的壮
牛，只要有一条鞭子让他照一定线路走就行了。（也可参见《伊利
亚特》中他对阿基琉斯的评论）阿伽门农要透克罗斯

> 阿伽门农：克制一点，想想你的出身，
> 　　　　　另外找一个自由人来，
> 　　　　　让他代表你和我们说话吧！
> 　　　　　你的话我不会听懂啦，我不通蛮族人的语言。
> 　　　　　（1259 - 1261 行）

由埃阿斯的部下组成的歌队这时插话，让他们两人都学得克
制一点。和墨涅拉俄斯一样，阿伽门农用了威胁与侮辱性的语言，
意在压制对方，显示自己的权威；不同的是，他这里加上了"文明"

(自由)的语言。在阿伽门农看来,透克罗斯的行径不仅表现他的奴隶特性,更是未开化的表现。站在他的角度,这种评论是有道理的。埃阿斯兄弟都表现出野蛮的、无可理喻的特征。在阿伽门农看来,甚至在索福克勒斯的一般观众看来,埃阿斯的举动无疑是不可接受的,整个悲剧以"埃阿斯的疯狂"作为题材(换句话说,在特洛亚战争的故事中,索福克勒斯选择希腊联军第二号英雄埃阿斯的"疯狂"作为主题),本身就深有喻意。这不仅是个人与社群的冲突,个人功绩和荣誉与集体秩序的冲突,从某种意义上,这也的确体现文明与野蛮、疯狂与理性的冲突。面对集体裁决,埃阿斯不是选择服从(这是不符合他的身份的),也不是选择上诉,而是选择极端的报复。拒绝接受失败或集体裁决,就像任何一次竞技比赛中不仅不服裁判的结果,甚至要把裁判和优胜者一起消灭,这本身就是非常丢脸与疯狂的。但是,索福克勒斯,作为悲剧作家,并没有把埃阿斯当作小丑来表现;他让我们在他的行动中不是体验荒谬,而是体现了某种崇高——人类的任何一种极端的痛苦中都存在着某种崇高。正是埃阿斯的不幸,他的充足的理由,冲淡了整个事件中的荒谬感。

　　面对阿伽门农对埃阿斯行为的(不怀好意的)叙述,透克罗斯在回顾了埃阿斯的英勇之后,回应阿伽门农对他出身的蔑视。他并没有否认自己的出身:"一个奴隶,蛮族母亲所生"(1289 行)。接着,他说:

> 不幸的人啊,你怎么能用这些话来骂我?
> 你忘记了吗? 你的祖父——老佩洛普斯
> 是一个出身弗律基亚的野蛮人?
> 你也忘了,你的生身父亲阿特柔斯
> 曾经给他兄弟举办过一次最渎神的
> 宴席,给他吃了自己孩子的肉?

　　而你自己，也是一个克里特女人生养的。

　　她的亲生父亲撞见她和一个蛮族奴隶通奸，

　　吩咐把她丢到海里喂不会说话的鱼类。

　　你自己出生如此低贱，还讥笑我的出身？（1290－1299
行）

　　相比之下，透克罗斯说，他和埃阿斯的共同父亲特拉蒙出身高
贵，作战勇敢；透克罗斯的母亲虽然是女奴，但却是一位公主，作为
特拉蒙的奖品。因此，他和埃阿斯的出身远比阿伽门农高贵。[①]
他对比自己与阿伽门农的出身（自己更高贵，自己的先人光辉而清
白，阿伽门农的先人则渎神、亲属相残），是为了强调像他这样高贵
出身的人，是不可能忍受亲人受辱的，因此他无论如何都要埋葬自
己的兄弟。对于阿伽门农的威胁（"如果你不能立即取得一定程度
的智慧，/我看，同样的看法很快就要应用到你身上。"（1155－1156
行），透克罗斯的回答是"如果你胆敢给我什么伤害，你就会立即希
望/宁可做一个懦夫，而不要对我证明你的勇敢。"（1314－1315
行）

　　看来阿伽门农也没有说服透克罗斯。他的命令看来也无法得
到执行。他们还处在特洛亚战场上；此外，阿伽门农面对的，并不

---

① 在希腊神话中，阿伽门农家族真是充满着罪恶。这是希腊人看待历史的方式。那些
处于权贵顶峰的人，让人追忆的，并不是他家族的荣耀与德性（中国文化中的德性在
希腊文化中几乎没有对等的词。这种德性有两个特征，第一是获得了"上天的顾
惜"，第二是显示出仁慈、谦让、克制的特性。因为第一点，他"注定"要代表上天统治
别人；因为第二点，他获得了同时代人的拥戴），而是罪恶与血腥。中国的传说（每个
朝代都一再更新的传说）让人联想当权者的德性，希腊的传说让人联想当权者的罪
恶（一般表现为渎神、谋杀、乱伦）。希腊古典时期对阿伽门农的家族的追忆与表现，
不是追忆他的荣耀与成功，而是强调他的受报复与惩罚。阿伽门农与俄狄浦斯家族
是两个古典时期被剧作家反复演绎的传说，其中俄狄浦斯的不幸比阿伽门农的不幸
更受到同情。

是安提戈涅，而是透克罗斯，与自己同属一个级别的战勇。因此，阿伽门农和透克罗斯之间，有的只是争吵而已。有作者说荷马笔下的英雄像乌合之众，没有政治秩序意识；①但是我们看到，索福克勒斯笔下的英雄，在争吵的激烈方面并不亚于荷马笔下的英雄。值得思考的反而是，随着民主制度的确立，这种争吵被强化了。

就像阿伽门农和阿基琉斯的争吵僵局需要某种调停，即向两边劝说一样，透克罗斯和阿伽门农的争吵，双方援引不同的理由对行动进行辩护而形成冲突，也需要调解。这次出场的，不是荷马笔下的涅斯托尔，而是奥德修斯，得益者本人。奥德修斯劝说的对象不是透克罗斯，而是阿伽门农。

这两个人之间的对话完全换了一种语气。在阿伽门农和透克罗斯的对话中，由于双方都想通过激怒对方来压倒对方，因而对话变成了相互辱骂。奥德修斯出场时透克罗斯正在回击阿伽门农，故阿伽门农向奥德修斯说透克罗斯辱骂了他。但奥德修斯说以辱骂回以辱骂是可以原谅的。而在现在的对话中，奥德修斯首先要确立一种相互理解与信任的气氛。因此在他具体说出意见之前，问阿伽门农他能不能既像朋友那样说出真话，又能保持他们彼此之间长期以来的合作（1328 - 1329 行）。这无疑是一种主动（或至少佯装）站在对方立场表达看法与消除敌意的做法。阿伽门农称他是最好的朋友。奥德修斯于是这样劝说阿伽门农：

奥德修斯：那么请听我说，看在诸神的分上，

① 芬利说，荷马时代是前政治的，《史诗》没有政治意义上的城邦的踪迹，因为政治的决定应该关注社会，政治应该有政府设置。（M. I. Finley, *Politics in the Ancient World*, Cambridge University Press, 1983, p. 9.）当然，著作家很容易在赫菲斯托斯为阿基琉斯制作的盾牌图案上发现城邦政治的踪迹。Robin Osborn 则称"荷马史诗是高度政治性的。《伊利亚特》就在城邦之间战争的独特背景中探讨首领之间的关系。"（Robin Osborn, *Homer's Society*, pp. 211 - 212.）

千万别如此无情无义，以致抛弃这个人不予
埋葬。
千万别让强权诱使你如此仇恨，以致践踏了
正义。
就我而言，他也曾是我在军中的最大的敌人，
从我赢得阿基琉斯的武器之日起。
尽管他这样敌视我，我也不想以侮辱报复
侮辱，
因而不承认，除了阿基琉斯外，
所有离开家园来到特洛亚城下的阿尔戈斯人中，
我没有看见过一个人比得上他。
因此，你也不能侮辱他。
否则，你就不是侵犯了他，
而是侵犯了神的法律。
一个勇士死了，伤害他是不正义的，
即使你恨他，也不能那么做。(1334 - 1347 行)

这些话显然是支持透克罗斯的，而且，在他的冷静的、善意的
劝说中，并不乏严厉。除了语气和缓以外，奥德修斯的立场是清楚
而坚定的。应该埋葬埃阿斯，给他应有的礼遇，而且应该控制自己
的仇恨。阿伽门农对此自然清楚，以致他发出"奥德修斯啊，你也
反对我，和他站在一边？"(1348 行)的疑问。①

---

① 奖品争夺中，奥德修斯虽然是胜利者，但奥德修斯仍然代表第三方的立场。他向双
方说服。强调双方应该有保留对看待自己的力量与优势，特别是承认自己的软弱与
局限——不仅是与神与自然相比的软弱；双方都应该审慎行事，强调任何一方与另
一方的依存(不应该把激烈的言辞看做是攻击)。奥德修斯是审慎美德的化身。(马
伊尔(Chritian Meier)："索福克勒斯的政治诗艺"，《索福克勒斯和雅典启蒙》，刘小
枫、陈少明主编，华夏出版社，2007 年，第 37 页。)

　　虽经奥德修斯,希腊联军中最有演说才能者的力劝,他列举埃
阿斯的勇敢,告诫阿伽门农不要冷酷无情,把朋友变成敌人;但是
阿伽门农并没有被说服。相反,阿伽门农抱怨奥德修斯反复无常,
称准许埋葬埃阿斯无异使自己成为懦夫。奥德修斯的说服因此并
不成功。阿伽门农和奥德修斯在埋葬埃阿斯问题上,各自以一种
无奈的(双方都觉得不满意的)方式结束:奥德修斯称要与透克罗
斯一道埋葬埃阿斯,给予其最大的礼遇;阿伽门农只是无奈地放任
(或无力阻止)他们这样做,把准许埋葬这件事情说成是奥德修斯
做的而不是自己做的。奥德修斯显然达到了目的,但是他显然引
起阿伽门农的不满,更没有化解阿伽门农对埃阿斯的仇恨:

> 阿伽门农:请你记住我的话:在别的事情上
> 　　　　　比这更高的要求我都会应允。
> 　　　　　但是这个人,无论是活着还是死了,
> 　　　　　我都恨他。不过这里呢,
> 　　　　　你愿意怎么办就怎么办吧。(1370－1374 行)

　　透克罗斯对阿伽门农的仇恨依旧。他向后者发出诅咒:

> 透克罗斯:愿父神——奥林波斯的主宰,
> 　　　　　好记性的复仇女神,以及行必果的正义女神,
> 　　　　　给那些恶人降下厄运,毁灭他们,
> 　　　　　全像他们想要抛尸侮辱这死者一样。(1390－
> 　　　　　1393 行)

　　值得一提的是,透克罗斯虽然感激奥德修斯,但仍然拒绝奥德
修斯与自己一起埋葬埃阿斯。显然,奥德修斯是埃阿斯的敌人,这
样做虽然奥德修斯愿意,但埃阿斯,按照透克罗斯的理解,想必不

愿意。这就是索福克勒斯表现出来的希腊文化中的合理性。透克罗斯拒绝奥德修斯，和阿伽门农不接受奥德修斯的建议一样，都体现出合理性，也体现希腊英雄的性格的一致性。

《安提戈涅》：神法与公民法的冲突

这种正义与正义的冲突，公民的法与神圣的法的冲突，在索福克勒斯的几乎同时上演的另一出悲剧《安提戈涅》中得到进一步的展示。从后世的研究者或者当时的一般人的角度，神法似乎是高于人法的，也就是说，纵然一个人犯下滔天罪行，但对他的处罚不能扩展到他的死后，因此他可以也应该得到家属的哀悼与合乎礼仪的埋葬。如果这样的话，索福克勒斯似乎创造了一个坏的、无视神法的专横的统治者，像阿伽门农兄弟，特别是克瑞翁那样的统治者，便是暴君。但是问题并不这样简单。阿伽门农、克瑞翁都认为自己在维持公正，有足够的理由制定与强化法律。

埃阿斯在雅典娜的报复下丧失理智，他虽然有屠杀希腊军队和统帅的意图，但是意图并没有实现。此外，他是萨拉弥斯的王，阿伽门农作为斯巴达的王对他并没有统治权（命令无效），他是希腊联军中第二号战勇；他是自杀而亡。如果对待这样的人，合乎礼仪的葬礼都是不允许的，那么，对于底比斯城的波吕涅克斯，公然率众攻打自己城邦的叛徒，底比斯城的合法的统治者克瑞翁应该是完全有权力与理由不许埋葬的。同样，对于犯下如此大过的哥哥（他不仅率众攻打城邦，还杀死保卫城邦的另一位哥哥），安提戈涅也许有足够的理由对其弃之不管。如果这样，就没有索福克勒斯笔下的安提戈涅的悲剧了。相反，安提戈涅要像对另一位兄长一样对待这位犯罪的哥哥，因此形成与克瑞翁的激烈冲突。在埃斯库罗斯那里，我们看到人间法对于宗教法的补充，在《埃阿斯》

中,我们看到人间法对于宗教法的让步。在《安提戈涅》中,我们将
要看到,城邦秩序的暴虐造成了毁灭。

俄狄浦斯传说是希腊悲剧作家经常用以探讨宗教与政治、日
常秩序与神的关系的题材。三大悲剧家都写过与此相关的剧本。
所有的悲剧都从俄狄浦斯父亲拉伊俄斯拐走珀罗普斯之子克律西
波斯开始。克律西普斯一离家就自杀了。珀罗普斯诅咒拉伊俄斯
将死于儿子之手。拉伊俄斯遂将刚出生的俄狄浦斯扔到山上。但
波吕波斯收留了他。孩子长大后知道自己是养子,遂到阿波罗神
庙求问。阿波罗没有回答他谁是他父亲,只是说他会杀父娶母。
惊恐之中的俄狄浦斯离家出走,向底比斯城方向走去。在路上他
和一个老者口角,误杀了老人;在城门口解答了斯芬克斯的谜语,
解救了底比斯城。底比斯人立他为王。他娶了王后。得知杀死的
老者正是自己生父即底比斯国王,娶的王后正是自己母亲以后,俄
狄浦斯刺瞎眼睛,一个人孤独地上山,与世隔绝。[①] 但他留下两个
儿子和两个女儿。

戏剧以安提戈涅和妹妹伊斯墨涅谈话开始。安提戈涅言她们
家的灾难正在按照预言发生:两位兄长将同一天彼此死在对方手
中。她称没有一种痛苦、灾祸、羞耻和侮辱自己不曾亲历过。克瑞
翁颁布命令,不允许任何人掩埋、哀悼波吕涅克斯。谁违抗谁就要
被乱石砸死。安提戈涅问妹妹愿不愿意与自己一道埋葬哥哥,她
认为克瑞翁"没有权利阻止我同我的亲人接近"(48 行)。

伊斯墨涅希望服从法令:她的家族已经太过不幸,只剩下姐
妹俩,因此不愿因违抗法律而遭处死;"首先,我们得记住我们生来
是女人,斗不过男子;其次,我们处在强者的控制下,只好服从这道
命令,甚至更严厉的命令。因此我祈求下界鬼神原谅我,既然受压

[①] 这里对俄狄浦斯故事的简单介绍,参考了《罗念生全集》第二卷 330－331 页注 1 和
注 2。

迫,我只好服从当权的人;不量力是不聪明的"(61-68行,罗念生译本,《罗念生全集》第二卷,第298页,下同)。

安提戈涅则决意埋葬哥哥。她愿意因为遵守神圣的天条而犯罪,且认为这是光荣之事。这也许就是希腊人的理解:神律与公民法并不总是一致的;神法也并不是总是高于公民法法,或公民法并不是无条件地服从于宗教法。① 它们有时候(但不总是)是冲突的。安提戈涅和克瑞翁遇到的恰恰就是冲突的情境。为了处理日常生活中的冲突,神法有时是严重不够的。对于克瑞翁来说,一个为国捐躯的人和一个进攻祖国的人如果接受同样的礼遇,这对于前者是明显不公平的。因此,他似乎有十足的理由禁止埋葬为害社会的人(就像埃阿斯的情况一样;不同之处在于,在这里,克瑞翁的合法的统治是确定的),而且,纵然他知道或有人明确告诉他这样做会触犯神,遭报应,但是他仍然会这么做。这是他的悲剧,或者是政治决定有时无法避免的悲剧。安提戈涅则是另外一个极端。她明知服从神律必须触犯城邦法和遭到惩罚,但是她比克瑞翁更明确地意识到自己的行动的后果。这便是争吵:双方各自讲自己的道理而且几乎只承认自己的道理,在行动上将自己的理由发挥到极致。②

当安提戈涅抱怨伊斯墨涅,称她拒绝埋葬哥哥有可能藐视天条时,后者回答说:她并不是藐视天条,只是无力与城邦对抗。

---

① 871-875行是宗教法与城邦法冲突主题的重要依据。歌队长对安提戈涅说:"虔敬诚然是一种宗教美德,但是,权力在当权者看来是无论如何都冒犯不得的。倔强的性格毁灭了你。"在世界其他文明中,更常见的现象是强调神法和公民法的一致性,论证后者源于前者。

② 关于从为承认而斗争以及导向相互承认的结果的分析,Patchen Markell,"Tragic Recognition: Action and Identity in Antigone and Aristotle," *Political Theory*, 31.1(2003): 6-38。

(78－79行)①这是非常合乎情理的。但是安提戈涅,就像希腊悲剧的其他英雄人物一样,往往是带着骄傲,带着挑衅来做某件明显是冒犯对方的事情。因此,当伊斯墨涅劝她偷偷埋葬哥哥(这显然是摆脱冲突的另一个办法。但是就像偷偷埋葬埃阿斯为透克罗斯拒绝一样,这个建议被安提戈捏拒绝),自己决不声张时,安提戈涅却让她尽管去告发自己,而且如果她不向大家说这件事,她反而会更恨她(84－85行)。伊斯墨涅虽然因为恐惧无力与安提戈涅站在一起(这与透克罗斯坚定站在埃阿斯一边不同),但她仍然认为安提戈涅的行为在亲人眼里显然真正可爱。

第一场,克瑞翁召集长老开会,克瑞翁与长老以及与看守者对话。埃特奥克勒斯和吕涅克斯兄弟一死,克瑞翁便因为与国王血统最近而继承王位。他除了公布他的政令外,显然还陈述了自己的"政治哲学":一个人只有在执过政、立过法并经受过国家灾难的考验,其品性、智慧方可被人们承认;城邦的统治者应该制定并坚决执行对共同体最有利的法令;统治者应该把共同体的利益置于家人和朋友之上;对为害国家的人要坚决予以惩治(174－190行)。从这些使城邦强大的原则出发,克瑞翁发出隆重厚葬埃特奥克勒斯、抛尸波吕涅克斯的决定。

歌队(由底比斯城的长老组成)对克瑞翁的讲话表示认可。歌队长称克瑞翁有权力照自己的意思发布命令,"处置死者和约束所有我们这些活着的人"(213－214行)。当克瑞翁吩咐他们不得袒

---

① 力量是史诗和悲剧中经常出现的词。史诗是英雄的个人力量,几乎是膂力的对决。悲剧中,我们看到个人力量之间,以及个人力量与群体力量间的对决。这是一个力量统治的社会(权力或群体的力量,不过是个人力量的延伸)。所以,埃阿斯、透克罗斯可以对抗阿伽门农,他们都是男人,而且是有力量的人。当透克罗斯决意要埋葬埃阿斯时,实际上阿伽门农和墨涅拉俄斯都畏惧了。因为透克罗斯仍然有毁灭他们的膂力。相比之下,安提戈涅姐妹的确是太弱小了。在安提戈涅那里,以强力对抗强力(阿基琉斯—阿伽门农;埃阿斯—阿伽门农)的勇气,让位于坦然接受惩罚的勇气。安提戈涅坦然受死甚至急于赴死的勇气,在全剧中是非常突出的。

护违反自己刚下的命令的人时，他们称"没有人会愚蠢得自己找死"（220行）①。在第一合唱歌结尾处，歌队表达了与克瑞翁同样的思想：凭机巧做坏事（即偷埋尸体）必然会给自己带来不幸；一个人若尊重法律与正义，便会享有权力，若犯下罪恶，就会被剥夺公民资格；而且对于这种人，他们甚至不屑于与他们同一锅里吃饭。

第二场，风把波吕涅克斯尸体吹露出来，安提戈涅再次用沙子将其掩盖，这时看守人出现，捉住安提戈涅并将其押至王宫。这样就发生了克瑞翁和安提戈涅的争吵。在上一场，借克瑞翁和歌队之口，索福克勒斯显示了命令的正当的一面。这是所有文明的社会，所有的常识都可以接受的推理：维护共同体利益的人应该受到嘉奖，损害共同体利益的人应该受到惩罚。在这一场，索福克勒斯借安提戈涅之口，显示违反命令的正当的一面。安提戈涅最重要的理由便是神法高于人法。克瑞翁问安提戈涅是否真地敢违反法令，安提戈涅回答说：

> 安提戈涅：我敢。因为向我宣布这法令的不是宙斯，那和下界神祇同住的正义女神也没有为凡人制定这样的法令；我不认为一个凡人下一道命令就能废除天神制定的永恒不变的不成文律条，它的存在不限于今日和昨日，而是永久的，也没有人知道它是什么时候出现的。
>
> 我不会因为害怕别人皱眉头而违背天条，以致在神面前受到惩罚。我知道我会死的——怎么会不知道呢？——即使你没有颁布那条命令；如果我在应活的岁月之前死去，我认为

---

① 这些情节有些评论家认为克瑞翁是合格的、维护正义的政治家的重要依据。当然，紧接着的克瑞翁和看守人的对话，看守人因害怕不敢说出实情（波吕克被人掩埋）同时一再声称与己无关，而克氏让他"滚开"时，我们又似乎感受到克氏的暴虐。特别地，克瑞翁对看守者说，若他们查不出谁掩埋了尸体，就要受到拷打时（244-243，307-309，408行），看守人说自己受到克氏的威胁。

是件好事;因为像我这样在无穷尽的灾难中过日子的人死了,
岂不是得到好处了吗?

　　所以我遭受这命运并没有什么痛苦;但是,如果让我哥哥
死后不得埋葬,我会痛苦到极点;可是像这样,我倒安心了。
如果在你看来我做的是傻事,也许我可以说那说我是傻子的
人倒是傻子。(450-470行)

　　安提戈涅因此继承了埃斯库罗斯的普罗米修斯的传统,公然
违抗命令,也完全知道其后果。安提戈涅不是要为两种法令各自
划定一个界限,而是要用一种法律废除另一种法律,也就是说,根
本否定人的法律,也就是克瑞翁为城邦制定的法律,在某个领域的
适用性。她感觉到自己处在一个争论的制高点上,占据着辩论的
优势。这是与普罗米修斯不同的。因此,安提戈涅甚至于不是来
为自己的辩护的,而是来否定法律的正当性,甚至来实施审判
的——判决克瑞翁的法令在对待死去亲人这个问题上的无效性。
正因为这种自恃,安提戈涅似乎认为,惩罚既会尽快结束自己的痛
苦,也会增加她的荣誉感。她自恃的正义性和她希望迅速结束生
命以结束自己及家族痛苦,这两件事件相加使她用挑衅的态度对
待克瑞翁。在这场著名的"对驳"(agon)中,正是安提戈涅首先采
取了攻击性的态度。她的表现显然使歌队长也觉得奇怪。
　　这场争论涉及三方:除了冲突的、各自坚持自己立场的克瑞
翁和安提戈涅外,还有中立的、双方都希望争取的第三方,即长老
(歌队)。克瑞翁向歌队长说:

　　这女孩子刚才违反公布的法令,已经举止放肆,事后,你
瞧,她还那么出言不逊,傲慢无礼,为做了这事而高兴,夸耀自
己的行为。如果她胜利了,不受惩罚,她就是个男子汉,我倒
不是。尽管她是我姐姐的孩子,比任何一个崇拜我家神庙的

> 人和我在血统上都近。她自己和她的妹妹都难逃最重的惩罚。（480－489 行）

在克瑞翁看来，安提戈涅是把罪行说成是美德的人，因此更为可恶。从克瑞翁的表现来看，他的激烈程度甚至不低于阿伽门农兄弟对待埃阿斯兄弟。他的逐渐强烈的敌意是遇到强烈敌意的结果。

这时，安提戈涅说出了非常知名的一句话。这是敌人之间情绪的典型表现：

> 你的话我一句也不爱听，但愿我永远不爱听；同样，我的话你也一定不爱听。（499－500 行）①

安提戈涅说她的行为将是最光荣的；如果不是因为胆怯，大家都会赞成自己的行为。这明显是争取听众的策略，也是试图将长老变成"我们"而与克瑞翁对立的试图。她顺带对王权进行了攻击："国王有权想说什么就说什么，想做什么就做什么，且不说许多别的特权。"（504－506 行）克瑞翁说，底比斯人中只有安提戈涅自己有这种想法。在 510－525 行的对白中，我们会感觉到，双方没有谁能说得动谁，甚至克瑞翁还居于辩论的优势。虽然同是兄弟，但一个进攻祖国，一个保卫祖国，应该有不同的安排，否则对正义的

---

① 关于敌人以及自己的人之内的人才是最大的敌人，西方文化对此表现得异常明显甚至自觉，参见 Patchen Markwell, "Tragic Recognition," *Political Theory*, 31. 1 (2003)：6－38。真正使人精疲力竭的，并不是外部的敌人，（对于雅典或斯巴达的将领而言，外部的敌人是他们获得荣誉的机会）而是与自己争夺控制或话语权的人。那些被内部的敌人击败的人（如地米斯托克利、亚西比德），在外部的敌人之间甚至活得更自在。就此而言，施米特的敌我论似乎是不准确的。在外部的斗争中，敌我是转变得很快的，敌人很快变成盟友的情况是常见的，倒是与自己争夺控制权的人，永远是威胁。真正的敌人永远是内部的。

一方必然是不公正的。在这种情况一下,安提戈涅只能说"不管怎么说,哈得斯要求葬礼"。可见,在人的或城邦的辩论层次上,安提戈涅无论如何说不服克瑞翁。①

第三场是克瑞翁父子的对话,可以看作是克瑞翁与安提戈涅争论的继续。现在,克瑞翁自然要说服海蒙站在自己一边,把安提戈涅视为坏人和敌人,站在城邦的正义一边,用理智战胜爱情。他的这段话也许可以算作是关于服从的"政治理论"的经典表达:

> 克瑞翁:只有善于治家的人才能成为城邦的真正领袖。若是有人犯罪,违反法令,或是想对有权的人发号令,他就得不到我的称赞。凡是城邦任命的人,人们必须对他事事顺从,不管事情大小,公正不公正;我相信这种人不仅是的被统治者,而且可视为好的统治者,会在战争的风暴中守着自己的岗位,成为一个既忠诚又勇敢的人。背叛是最大的祸害,它使城邦遭受毁灭,使家庭遭受破坏,使并肩作战的兵士败下阵来。只有服从才能挽救多数正直的人的性命。所以必须维持秩序,决不可以对一个女人让步。(660－678行)

令人吃惊的是,歌队长对克瑞翁的理论都持赞成态度。歌队长说:"你所说的话我们觉得很有道理,除非老年使我们得了痴呆症。"(681－682行)在整个剧作中,歌队长的态度似乎是雅典一般公众的体现:觉得争吵各方都有道理。

海蒙与克瑞翁的争论与前一场安提戈涅与克瑞翁的争论完全不同。海蒙开始时的委婉语气与安提戈涅的从头到尾的攻击性形成对比。他显然总体上并不赞成其父的行为;但在一开始,他采用

---

① 伊斯墨涅的变化令人吃惊。这时伊斯墨涅被押上场。与上一场力劝姐姐放弃不同,这场她竟然一上来就站在姐姐一边,希望共同承担责任,共同接受惩罚。

一种在希腊文化中很少出现的迂回曲折的表达。他不说安提戈涅也有道理，而是说别人也可能有智慧；他不说他同情安提戈涅，而转述私下里人们对安提戈涅的同情和称赞。当然，无论是歌队还是海蒙，都以不同的方式提出克瑞翁的独断的一面。歌队说他作为国王，可以对任何人，甚至对死者下命令；海蒙说人们都害怕克瑞翁皱眉，不敢说他不爱听的话。一方面，海蒙想劝其父改变态度，想一想为何那么多人同情安提戈涅；另一方面，或主要的，他想让其父放弃只有自己正确的独断想法。这是一种劝说。在夹带着索福克勒斯式格言的台词的结尾，海蒙总结道：

> 海蒙：请宽容点，歇歇你的怒气！如果我，一个年轻人，也可以发表自己的意见，那么我认为，一个人天生的全智全能，当然最好，否则的话，听听有益的劝告也是明智的。（719－723 行，张王译本）

在开头，海蒙说他不能也不愿说其父的话不对，在结尾，他实际上否定了其父的话。歌队长，作为中间立场，显然也开始赞同海蒙。他也用一种委婉的说法，两边劝说：

> 歌队长：国王啊，如果他的话有合理的成分，你应该听他的；海蒙啊，你也应该听父亲的，因为双方都有一定的道理。（724－725 行）

但克瑞翁显然没有被说服。他与儿子的对话逐渐变成了争吵：因为争吵，克瑞翁把他的专横的一面，也可以说是城邦统治者权威的一面充分展示了出来，而海蒙则完全改变了态度，他指责甚至教训起其父来了。更值得注意的是，双方的争吵，变成了关于权威来源的理论的探讨。①

　　克：那么，真的要让他们这么大年纪的人，来教我们这么大年纪的人怎样变聪明点吗？

　　海：我说的话没有什么不正当。虽然我年轻，但请多注意我的行为，别只注意我的年龄。

　　克：敬重犯法的人是正当的行为吗？

　　海：我不是要求敬重坏人。②

　　克：她不是沾染了那毛病吗？

　　海：底比斯全体人民都说"不"。

　　克：要底比斯平民规定我如何执政吗？

　　海：瞧你说这话不像个年轻人吗？

　　克：我必须按别人的意思统治这国土吗？

　　海：只属于一个人的城邦不是城邦。

　　克：城邦不被认为是统治者的城邦吗？

　　海：你可以在没人的地方独裁统治。

　　克：这孩子看来和那女人站在一起战斗。

　　海：除非你是女人；因为，事实上我是为了你。

　　克：可恶之极，你竟和你父亲斗嘴？

　　海：我看见你犯了错误，不公正。

　　克：我看重我的统治权，是犯错误吗？

　　海：你践踏了众神看重的东西，就是不尊重你的统治权。

---

① 克瑞翁这段台词显然是其专制、众叛亲离甚至走向毁灭的评论的最重要依据。

② 张竹明先生正确地注释说，海蒙避开安提戈涅犯法问题，强调她不是坏人。（译林版第 200 页注。）

(725－745 行)①

这段对话是克氏专横的重要依据。索福克勒斯也许强调的是
这种争吵的或者情绪化的语境，而不是克氏的专横。克氏在对驳
中的想法，和他在第三场开始时其观念的正面表达，是有差异的。
克氏指责其子完全站在安提戈涅一边，海蒙则坚决否认。他坚称
是为了克瑞翁、他自己和地下的众神。克瑞翁准确地说：站在众
神的立场，也就是站在安提戈涅的立场。海蒙指责其父独断专行，
不听劝说，因此并不智慧；他也坚称，一个城邦是全体人的城邦，考
虑一般人的意见的统治者才是合法的。他站在这个立场为安提戈
涅辩护。克瑞翁则认为作为统治者他有权下命令，甚至是任何命
令，他避开神法的合理性，而指责海蒙受女人，也就是自己的情感
的控制。②

克瑞翁显然受到海蒙的至少是同样激烈的反对。在盛怒之
下，他命令将安提戈涅立即处死。让她就死"在未婚夫的面前"。
在剧作的余下的篇章，安提戈涅自杀，海蒙自杀(他曾用刺刀刺向
前来释放安提戈涅的克瑞翁，克瑞翁逃脱，海蒙自杀)，克瑞翁的妻
子得知儿子自杀后自杀；克瑞翁感觉到了自己的愚蠢且后悔不及。

---

① 这句张译本和罗译本不同。罗译本译作"除非你是个女人"，而罗译本译作"除非你
是那女人"。"除非你是个女人"在希腊文化中是对一个男人的严重的羞辱，译作"除
非你是个女人"根据上下文，使人觉得海蒙向其父发出挑战(因为其父说他想和那女
人站在一起)；译作"除非你是那女人"，意思则是他和其父而不是安提戈涅站在一
起，因此与下半句是放在一起是不会引起费解的。

② 令人吃惊的是，歌队(长老)在第三场唱歌中，并没有指责克瑞翁，也没有说克氏的治
理理念导致毁灭，反而在哀叹爱情的力量，在海蒙这里，就是摧毁的力量。就此而
言，如果说歌队是一般观念(希腊悲剧的观念装置)的体现的话，这种观念却至少
没有站在克瑞翁的对立面。这与现代人的评论多少是不同的。事实上，歌队，作为
长老，却并没有站在更古老的神法的立场，争取它的优先性，反而是城邦秩序的支持
者。因此才有第四场一开始，超出法律的界限同情安提戈涅之语(804)。

　　这便是索福克勒斯通过安提戈涅与克瑞翁、海蒙与克瑞翁争吵为我们展示的神法与城邦法律、自然秩序与公民秩序的悲剧性冲突。克瑞翁虽然为自己的愚蠢后悔，但是他的行为仍然是合理的：对于为国捐躯的人和与城邦为敌的人，城邦必然应该有不同的安排。城邦必然在自己的范围内为好与坏、朋友和敌人划定明确的界限。但正是在这个特殊的情况下，城邦法律与宗教义务发生无法化解的冲突。因此，虽然导致了家族的集体性毁灭的结果，但克瑞翁行动的理由仍然是存在的。

　　当然，我们也可以发现《安提戈涅》的虚构的甚至虚假的成分。对于为国捐躯的人，城邦通过公共礼仪向其致敬，而对于为害国家的人，在公共方面对其予以足够的谴责后，仍然应该允许其家人按照宗教的礼仪对他进行安顿。这样在神法与人法之间仍然有界限。这肯定是希腊人的实践，在其他文明中也是能够发现的（至少在其常态）。但是索福克勒斯给雅典公民呈现的，并不是理由之间和解与划界，而是它们之间的冲突。而这似乎也正是希腊版本的政治理论的特征。所有理论都是各执一端；公民之间更多地显示出来的，不是和解、善意与合作，而是不断强化的敌意。敌意使争吵的双方更加强调自己的理由。悲剧是这种将对抗、反对与自我合理化坚持到底的文明的文化装置。和解、调和者没有发言权；没有更全面，也没有理想的中立；道理总是片面的。正因为这样，我们可以视柏拉图的对话为希腊戏剧的自然的组成部分。也正因为这样，我们完全可以说，亚里士多德式的政治理论几乎是希腊思想的太令人惊异的歧出部分。

第三章　阿里斯托芬

　　旧喜剧从其诞生时起就把批评雅典的政治人物、公共政策和雅典的社会风气作为特色。这是自然产生的过程,而不是出自某种设计。与悲剧一样,喜剧在酒神节上演并竞赛,但时间晚一些,因为悲剧比赛至少追溯到梭伦时代,一百多年后,公元前 487 年雅典才有酒神节上的喜剧比赛,公元前 441 年增加勒那亚节的喜剧比赛。[①] 与悲剧的神话与历史题材占优势相比,喜剧的现实题材比例大多了,至少就阿里斯托芬保存下来的作品而言。[②] 喜剧有两个因素很重要。一个是对驳,出场人物特别是其话语被夸张、变形,以致对话成为愚蠢的辩论;另一个是插曲,与情节无关,但可以体现诗人对任何事物的评论。[③]

---

① 希腊喜剧年表(440 - 405BC),见 Jeffrey Rusten, "Thucydides and Comedy", in *Brill's Companion to Thucydides*, eds. Antonios Rengakos, Antonis Tsakmakis, Brill, 2006, pp. 557 - 558。
② 阿里斯托芬研究:Victor Erenberg, *The People of Aristophanes : A Sociology of Old Attic Comedy*, 1951;Erich Segal, ed., *Oxford Readings in Aristophanes*, Oxford University press, 1996;Paul Cartledge, *Aristophanes and his theatre of the absurd*, Bristol Classical Press, 1990;Douglas Maurice MacDow, *Aristophanes and Athens*。中文学术界对这个问题的全面评述,见杨洋的博士论文《阿里斯托芬与雅典城邦》(复旦大学博士论文,2012 年)。
③ Zachary P. Biles, *Aristophanes and the Poetics of Competition*, Cambridge: Cambridge University Press, 2011.

喜剧：作为政治批评的装置

阿里斯托芬（前 446 – 385）生活与创作年代正值雅典民主盛期，各方人物群星灿烂。公元前 5 世纪 20 年代《骑士》上演的时候，智者活跃于雅典，索福克勒斯和欧里庇德斯处于创作盛期，苏格拉底开始了他对各种各样人物的盘问，希罗多德的著作可能已经完成，而修昔底德的著作应该处于写作之中。阿里斯托芬的若干喜剧，可以区分出两种结构。一种是表面的、虚构的但同时又在词源上与生活和历史事件相关的人物与情节；另一种便是被间接意指与讽喻的真实的历史人物与事件。《骑士》中，人物与事件几乎是直接对应的。雅典对提洛同盟的控制、战役中的雅典主要政治家与政治事件都受到喜剧化（即丑化）的表现。喜剧是作家对公共事务表达见解的工具。悲剧作家试图说服听众，让听众同情地理解悲剧冲突的一方或两方，理解双方的行动理由并作出自己的判断。相比之下，阿里斯托芬把喜剧作为抨击政治人物、评论政治事件与政策的工具，脸谱化的人物和荒唐的行为起到取笑公众人物、取悦听众的效果。就此而言，喜剧乃是政治自由的环境下的自由的技艺。①

阿里斯托芬的戏剧为我们提出另外一个（只有西方以外的人也许才会提出的问题）问题：一个诗人，或者共同体的随便哪个成员，能否怀有恶意地，甚至公然地丑化自己的共同体的生活、信念特别是它的所谓名人（而在名人当中，又特别是 strategos）？当然，

---

① Keith Sidwell, *Aristophanes the Democrat: the Politics of Satirical Comedy during the Peloponnesian War*, Cambridge: Cambridge University Press, 2009.

这不是雅典的问题。或者说，在雅典，这不是个问题。[①] 阿斯托芬可以在剧本中，在雅典的公民前尽情地，也可以说不怀好意地挖苦领袖人物，嘲笑雅典的司法实践（用我们熟悉的一个词：制度）。[②]当然，他肯定了也受到过攻击；克里昂等被他攻击的人也不停地想"将他绳之以法"。但是雅典的法庭显然没有一次判他有罪（有罪并不是监禁，而往往是交纳罚金）。

我们在分析史诗和悲剧时曾经指出，争吵的本质在于，双方无法说服对方，双方往往诉诸不同的原则或信念（doxe），为自己辩护而反驳对方，而把选边站的事情——这种受到惊吓的选择——留给观众。政治或城邦的事务，只不过为不同的行动选择之间的争论提供空间而已。当然，集体决定在任何共同体中都是必需的。但是争吵的政治的特点在于：克瑞翁尽管能够惩罚安提戈涅，但是他无法阻止安提戈涅对自己行为的大声辩护；他无法使自己的看法无条件地高于对方的看法，无法消灭安提戈涅行动的理由，而这种理由将会以不同的方式呈现出来。悲剧作家只在呈现（叙

[①] 在阿里斯托芬之前，前五世纪三十年代，旧喜剧就以攻击政治人物为特点。Teleclides、Cratinus（高龄活到约前 422 年）和 Hermippus 都攻击过伯里克利。当然，喜剧作家也相互攻击。Jeffrey Rusten, "Thucydides and Comedy," *Brill's Companion to Thucydides*, pp. 548 - 551.

[②] 传说叙拉古僭主狄奥尼索斯向柏拉图请教雅典城邦的运作方式时，柏拉图给了他一本阿里斯托芬的喜剧集，说雅典政治生活就像喜剧家说的那样。见 Victor Ehrenberg, "Sociology of Attic Comedy," *The People of Aristophanes*, 1962, p. 39. 阿里斯托芬"笔下的雅典是个邪恶之城，各种犯罪行为肆意猖獗，整座城市动荡不安。《鸟》揭露出千疮百孔的腐败政府；《马蜂》中的合法机构建立在贿赂之上；《云》中的教育和宗教加速了道德的败坏和迷信；《蛙》反映出衰落的文学与音乐标准，以及喜剧创造和欣赏的衰退；《吕斯特拉他》、《公民大会妇女》和《地母节妇女》中的雅典妇女几乎都放荡不羁。"阿里斯托芬共攻击了 112 个人物。"高尚的苏格拉底、伟大的悲剧家欧里庇得斯，以及很有创见的政治家伯里克利，都被划入了……无赖之列。""旧喜剧人的任务不就是辱骂自己的对手吗？"（胡克：《阿里斯托芬剧中的犯罪与罪犯》，黄微微译，刘小枫、陈少明编：《雅典民主的谐剧》，华夏出版社，2008年，第 56、68、67 页。）

述）。悲剧作家似乎永远让他的观众对事件和人物的行动理由持认真态度：固执己见必然导向毁灭。但是喜剧给我们的是另一个世界：英雄没有了，纵然是众神，也带有小丑的特点，更何况公众人物；那些理由，则是更加荒唐。因此，喜剧的世界，似乎是一个把崇高尽情消解的世界；透过喜剧来看，现实的世界荒唐可笑，不值得认真对待。而且，这个所有人都还原为一般人物或无赖的平庸世界，一个挖鼻屎、放臭屁的世界，是不值得认真对待的。

如果说阿里斯托的表面的嘲讽下面还有严肃的、深刻的政治哲学，他似乎还有另外一套观念，这种推理并没有多少说服力。诗人并没有故意说反话以使人思考。[1] 这往往怀着教育目的的，悲剧作家也许会这样做。[2] 对于阿里斯托芬来说，他也许不需要任何东西来为自己往往是恶意的讽刺进行辩护。他甚至不需要持有苏格拉底、伯里克利等人，也就是雅典一般人的信念。他纵然天生就厌恶雅典的民主同时又根本没有"更好"或更高的见解，也是可能的，而且是合理的。这就是雅典。与他同时代的另一个以质疑生活著称的人苏格拉底，就不同了。他多少是阿里斯托芬的真正的反论。他总是严肃的，他总是有着坚定的信念的，或者说，他对于这些问题总是有固定的答案的。没有一种态度，即苏格拉底式的批判-反思态度，与阿里斯托芬的嘲讽态度更加相反。但这两种

---

① 施特劳斯的著作《苏格拉底和阿里斯托芬》在政治思想史领域是必读书目，但在古典学院研究中引起的共鸣并不多。在施特劳斯看来，阿里斯托芬关注严肃的事情就像关心可笑的事情一样多。"作为诗人，他关心使城邦中的人变得善良与高贵；作为喜剧诗人，他关心隐蔽的邪恶，也就是说，通过嘲讽来剥夺邪恶对人的吸引力。"(Leo Strauss, *Socrates and Aristophanes*, University of Chicago Press, 1996, pp. 5－6) 因此，阿里斯托芬不仅有自己的政治哲学，而且他与柏拉图共享着同样的政治理念。他的喜剧与柏拉图的哲学形成雅典政治思想的两翼。根据施特劳斯的解释，阿里斯托芬远非苏格拉底的敌人，而在最深的层面属于苏格拉底的朋友。

② 在《蛙》(第五场)中，阿里斯托芬就虚构了埃斯库罗斯和欧里庇德斯关于什么样的戏剧是好戏剧的辩论。阿里斯托芬似乎同意，能够教育人民的戏剧是好戏剧。

态度无疑都是民主的雅典文化孕育出来的。奇怪的是,当柏拉图要把诗人逐出城邦时,他想到的是荷马式的诗人,其实他首先应该想到的,是阿里斯托芬式的诗人：对雅典的制度、其领袖人物冷嘲热讽,不仅不教育人反而对教育人的人进行挖苦的诗人。①

　　在喜剧作品中,除了被夸张的、有时候是荒谬化的理由间的竞争外,还加上另外一维,即诗人自己的一维。也就是说,诗人不仅让争论的双方各自陈述理由,有时候不得不自己表达看法；当然他知道,在雅典的日常生活中,他的看法本身,也是被反驳的,或者说只代表他自己而已。这就是为什么现实的题材占据重要位置的原因。此外,我们越是广义地理解政治,我们就越能广义地理解喜剧

---

① 学者们对于阿里斯托芬的政治观念的讨论,充满矛盾。在他对平民领袖、民主派加以讽刺时,人们觉得他是保守派、贵族派；当他对贵族的价值观也进行调侃时,人们觉得他是民主派。当代的评论家还认为,阿里斯托芬是重要的女权主义者。关于阿里斯托芬的政治观念,除了施特劳斯著作外,见 A. W. Gomme, "Aristophanes and Politics," in Erich Segal ed. , *Oxford Readings in Aristophanes*, Oxford University Press, 1996, pp. 29-41(原作发表于1938年；中译本黄薇薇译,《雅典民主的谐剧》,第2-24页)。但是这种情况仍然是可能的：他可以站在贵族的立场讽刺平民派,也可以反过来。诗人可能并没有自己的固定的好恶,纵然有,也可能并不重要。也就是说,作家可能只是带有困惑地显示雅典复杂的价值观念而已,能够做到这一点,就足够了。Gomme的看法与施特劳斯的看法正好相反,也许更有道理。Gomme问,阿里斯托芬有没有自己的政见呢,有,肯定有。政治见解和道德见解一样,是一个普通人都会有的,更不要说雅典这个自由的地方了,而且阿里斯托芬还是那个时代重要的知识分子。在问他的政见到底如何之前,Gomme说,"我们要问问自己：如果我们真的找到了他的个人政见,知道以后又有什么重要呢？比如,这对于理解他的剧本是必不可少的吗？对于我来说,这几乎全是传记的吸引力,与艺术家创造的人物不太相关。"(《雅典民主的谐剧》,第14页。)当然,正像有作者所说,阿里斯托芬的戏剧关注那个时代的所有重要问题,从战争与和平到妇女问题,可也可以从不同的角度进行研究。Keith Sidwell 认为阿里斯托芬代表民主派,与同时代的另一派争论(*Aristophanes the Democrat：The Politics of Satirical Comedy during the Peloponnesian War*, Cambridge University Press, 2009)；John Zumbrunen 分析阿里斯托芬剧作中两种民主观,竞争的和协商的紧张,《骑士》和《云》显示第一方面：普通的雅典人对试图支配他们的政治与文化精英的反抗(*Aristophanes Comedy and the Challenge of Democratic Citizenship*, University of Rochester Press, 2012)。

的范围。凡是在诗人自己看来，涉及到公众而不仅仅某个个人的一切事情或现象，都是"政治的"。因此，苏格拉底用其诡辩在城邦各个角落对公民特别是年轻人的盘问，在阿里斯托芬看来，是"政治的"。喜剧把诗人对公共事件的观察、公共人物乃至悲剧诗人、哲学家的评论等等，以一种歪曲、夸张与荒谬的方式呈现出来。《骑士》把皮洛斯战役中三位雅典将军的矛盾，对克里昂的诋毁与对悲剧作家欧里庇德斯的挖苦表现出来。以这种方式公开的、戏剧化的方式评论时事、抨击政策、诋毁政治人物（用现代人的说法，他们属于雅典的最高领导人①）的现象，除了继承雅典的政治生活方式的现代西方外，也许只有希腊才会发生。公元前 426 年，年轻诗人作《巴比伦人》，攻击 3 年前成为雅典最具影响力的政治家克里昂（是年克里昂的对手伯里克利去世），被后者以诽谤城邦罪起诉。诗人有没有受罚我们不清楚。在接下来的两部作品《阿卡奈

① 当然，"领袖人物"提法是典型的时代与文化误置。在雅典民主的盛期，甚至在希腊文中，我们找不到"领导人"、"最高领导"的对等的词。人数众多（十位）、极短的任期（一年），这些将军就是普通人（公元前 5 世纪，由十部落用抽签方式选出），他们做普通人的时间大大超过担任职务的时间。雅典文化使得公职人员与一般人之间有一种强迫的平等；承担公职就意味着被挑剔；权力被稀释（通过人数和任期）；一个人被选举担当某个职务，在一个短暂的时间内他感觉到在行使权力；极短的任期和竞争以及来自各方面的评论，使他痛切地感到权力（职位）与具体的人是根本不同的。他们也几乎无法发展官僚的群体利益。在它的典型时期，雅典的民主就是这样极具街头政治性质。在希腊文中，公共权力的实施或统治的词根是"掌舵"，在它的极盛期，雅典的领袖感到的更多是"随波逐流"，而不是"掌舵"。除了讨好阿里斯托芬所谓的难伺候、耳朵背、爱争吵的德莫斯，做他们的仆人外，他们似乎没有办法。从一个角度，这种政治几乎是一种暴民的、乱民的政治；从另一个角度，我们也会看到，这毕竟是一个高度政治化的（即生活在公共领域，在公共领域觉得到得实现，在私生活领域觉得没有价值）民族，虽然人民的混乱与随意与政治家的煽动与教唆（这也许就是阿里斯芬笔下的民主的，或者政治的偕剧）相得益彰，但是，低估他们的政治智慧是没有道理的。Johann P. Arnason, Kurt A. Raaflaub, Peter Wagner, eds. , *The Greek Polis and the Invention of Democracy: A Politico-cultural Transformation and Its Interpretations*, John Wiley & Sons, 2013.

人》(公元前 425 年)和《骑士》里，诗人变本加厉地继续对克里昂的政策(拒绝和谈)进行攻击。[1] 同时代另一位对克里昂进行攻击的，是历史学家也是将军之一修昔底德。

此外，在这种多值的、竞争的、平面化的政治生活中，与单值的、等级化的、内收的政治生活不同，我们会看到，奇怪的是，在喜剧作家的眼中，这个社会远离理想状态。被后世理想化的人物，如苏格拉底、伯里克利等人，与那些坏的人物，如克里昂，似乎并不好到哪里。[2] 这是一个从另一个角度诠释平等的社会；在这里，我们似乎连涅斯托尔那样劝说阿基琉斯要服从阿伽门农——因为他握有最高权力——的人都没有。相反，到处都是挑战阿伽门农式的人物，挑战他的也不需要是阿基琉斯或埃阿斯，甚至只是俄开俄波利斯，一个纯粹的乡下人，[3] 此外，更有诗人自己。我们知道，那

---

[1] 关于克里昂诉阿里斯托芬，见 Helene P. Foley, "Tragedy and Politics in Aristophanes' Acharnians," *The Journal of Hellenic Studies* 108(1988)：33 - 47。关于民主政治中普通公民对抗精英控制的潜力与局限，见 John Zumbrunnen, "Elite Domination and the Clever Citizen：Aristophanes' Archarnians and Knights," *Political Theory* 32.5(2004)：656 - 677。

[2] 希尔克：《阿里斯托芬的人物》，黄薇薇译，《雅典民主的谐剧》，72 - 97 页；关于阿里斯托芬及其同时代的喜剧作家对伯里克利的嘲讽或攻击，杨洋的博士论文《阿里斯托芬喜剧中的城邦》(复旦大学博士论文,2012 年)，20 - 21 页。

[3] Saxonhouse 说,民主的雅典或自由的雅典,是特尔西特斯随时可以在公民大会上站起来质疑阿伽门农而不担心奥德修斯杖击。(Arle W. Saxonhouse, *Free Speech and Democracy in Ancient Athens*, Cambridge University Press, 2006, p. 2.) Ober 说,"现在,'什么都不是的人,什么都不是的人的儿子'能够在公共事务中实在地发出声音——如果不是作为公民大会的正式发言者,也可以与他的什么都不是的同胞们在作为组投票人出席公民大会时,向胆敢致辞的精英人物扔鞋或发出嘘声。"(J. Ober, "Conditions for Athenian Democracy," in *The Making and Unmaking of Democracy：Lessons from History and World Politics*, eds. T. H. Rabb and E. N. Suleman, London：Routeldge, 2003, p. 6.)这种情况,在阿里斯托芬那里得到最经典的表达。Zumbrunnen 认为,在阿里斯托芬喜剧中,存在着一般公民的喜剧性情,以回应他们的公民身份受到精英和制度化规则的挑战。在伯罗奔尼撒战争机器梦魇中,"阿里斯托芬的喜剧发展、装备和期望在其观众中灌输一种喜剧性情,之中 （转下页）

些处于高位的人物,在这种文化或生活下,几乎只能忍受,或者,他只能作为一个普通人请求公权救济——控告诽谤自己的人,而正如历史向我们没有记载的,这种控告或者威胁,很少成功。

《骑士》: 耳背的"人民"和竞相讨好的"公仆"

《骑士》[1]和其他作品一样,公众人物一出场就是小丑形象。一开场便是德莫斯的两个家奴尼基阿斯(雅典将军之一)和德摩斯提尼(雅典将军之一,公元前 420 年曾在皮洛斯大败斯巴达人)与腊肠贩子的对话。前二者此时正在痛骂另外一个在主人前告状、讨好主人的家奴帕弗拉孔(讽指克里昂)。他们的对话表示出对主人的不满,对雅典政治的批评,特别是对帕弗拉孔的抨击。主子德莫斯,在他们看来,是个难侍候的小老头,爱争吵,耳朵背(即听不进劝告,讽指雅典公民群体)。[2]

在前面两个家奴眼中,德谟(人民)与他的仆人(官员)的关系,是这样的: 帕弗拉孔"最无赖,最喜欢诬告! 这个臭皮匠摸到了老头子的脾气,他奉承主人,摇尾乞怜,恭维他,花言巧语哄骗他"。(45 - 49 行)他抢了他们做好的大饼(讽皮洛斯战役)献给主人,不让别的仆人和其他人接近主人,还弄了一些神示,弄得老头子迷迷糊糊;他在仆人中要挟、威胁、索贿。

尼基阿斯和德摩斯提尼偷了帕弗拉孔的神示。神示说首先掌

(接上页)这种性情体现于喜剧的转达、澄清和喜剧式承认中。……普通公民必须对民主的竞争要求作出回应。"(John Zumbrunnen, *Aristophanic Comedy and the Challenge of Democratic Citizenship*, p. 123.)

[1] 《骑士》有两个译本,一个是罗念生译本(《罗念生全集》第四卷),一个是张竹明译本(《古希腊悲剧喜剧全集》第六卷,译林出版社,2006 年)。译文主要参考罗译本。

[2] Keith Sidwell, *Aristophanes the Democrat*, pp. 155 - 165; John Zumbrunnen, *Aristophanic Comedy and the Challenge of Democratic Citizenship*, pp. 81 - 98.

管城邦政事的是一个卖碎麻的小贩子(讽煽动家奥克拉特斯)，随后是卖家畜的小贩子(讽另一位煽动家、海军将领吕西克勒斯)，第三便是帕弗拉孔，"一个强盗、一个爱吵架的人"；可见掌管城邦事务的人一个比一个坏。神示称最后一个获胜的，是一个卖腊肠的。这时腊肠贩正好出场，于是尼基亚斯和德摩斯提尼便称他为城邦和他们俩的救星，他们向他说他现在虽是无名之辈，但不久便会成为城邦的"统治者"(159行)，

> 会变成全体人民的领袖，在市场、海港和公民大会上；你可以把议院踏在脚底下，把那些将军们'剪掉'；你可以捆人，囚人；还可以在主席餐厅里狎妓！(165-168行)

这便是阿里斯托芬笔下的雅典全盛期的政治领袖形象。他虽然是从"市场里训练出来的大胆坏蛋"(181行)，但会变成大人物，出卖雅典的一切。

三个人的对话，还显示雅典平民政治的特征。当腊肠贩说他出身下等人家，除了认几个字外并没有受到什么好的教育时，德摩斯提尼称出身下等人是他最好的政治资本(187行)，而如果受到好的教育就糟透了，

> 因为如今一个有教养的人、一个正人君子是不能够成为政治家的，只有那些无知的、卑鄙的人才能够呢。(191-193行)

这便是古典时期伟大的剧作家在有外邦人出席、上万人观看，由城邦出资且举办的戏剧比赛中，对他的城邦、伯里克利称做希腊人的学校的雅典政治生活与政治家的形象展示。只有非常具有自信心的文化，才会容许并容忍自己人对共同体生活的如此攻击。

可以比较伯里克利对雅典政治的概括,也可以比较阿里斯托芬与苏格拉底(两位同时代人)从不同侧面对雅典政治或公共生活的批评。我们知道,阿里斯托芬似乎赞同苏格拉底腐蚀青年的看法,但是,在对这个城邦进行苏格拉底式的"虻刺"方面,阿里斯托芬不亚于苏格拉底。苏格拉底与阿里斯托芬相比,只是太过认真,甚至缺少后者的幽默乃至"痞性"而已。

德摩斯提尼在回答腊肠贩如何才能统治人民时说:

> 就照你现在的做法做去:把一切政事都混在一起,切得细细的,要时常用一些小巧的、烹调得很好的甜言蜜语去哄骗人民,争取他们。凡是一个政客所必具的条件你都具备:粗野的声音、下贱的出生和市场的训练;凡是一个政治家所必需的你都不缺。(214－219 行)

这时帕弗拉孔进场,开始辱骂尼基亚斯和德摩斯提尼,说他们煽动卡尔克狄克人叛离雅典,并吓跑腊肠贩子。这便是开场。

从德摩斯提尼对腊肠贩子的回答中,我们看到这种政治家的想象与中国儒家的政治家想象有天壤之别。虽然被喜剧化了,但阿里斯托芬显然说出了雅典政治,也就是所谓民主的政治中政治家的首要品格或能力:演说的能力、平民出生、敢于叫卖自己的主张或推售自己。除了中间的特征外,其他两项对于民主政治来说仍然是重要的。相比之下,儒家的修齐平治,由内心向外扩展的道德至上性,处于根本的被遮蔽状态。在这方面,可以比较后一百多年后亚里士多德的看法。亚里士多德把德性(ethos)作为说服力的来源之一(《修辞术》1356a10－15),因为人们一般相信既有能力、总体说来也是高尚的人,所以在这方面有良好纪录的人更具说服力。这是一种不同的分类。也就是说,阿里斯托芬基本上没有说到内心的修养,亚里士多德把内心的修养从属于演说能力,而儒家学派，把言说的能力从政治道德中全部除去了。儒家的理论是一种根深蒂固的规范理论与理想化学说。其实，说话与沟通的能力，是政治人物的最重要的能力。这是个经验现象，中国与西方没有区别。除了中间那项以外，阿里斯托芬所说的能力，也是中国政治家在实践中可以体验的。但是这种实践和对这种实践的分析，被高度地压制着——为了保证政治的理想的、未开放的性质，对政治的分析，对政治生活中如何获得成功的经验研究，都被高度地压制着。

在进场中，德摩斯提尼、腊肠贩子、尼基亚斯三人先与帕弗拉孔混战，然后歌队（由 22 名骑士组成）长率领骑士参加混战。他们一边殴打帕弗拉孔，一边痛骂；帕弗拉孔向陪审老人求救；歌队长叫打得好，因为公款还没分配就被他侵吞了。

第一场（第一次对驳），①帕弗拉孔、腊肠贩在议会的相互辱骂与厮打，充满着各种下流的动作与语言。插曲以后，第二场，腊肠贩向德摩斯提尼等报道他和帕弗拉孔在议事会的辩论。腊肠贩赢得了辩论。透过阿里斯托芬喜剧，我们会发现，议会是煽动家哄骗群众、竞相许诺的地方；听众则几乎是听任摆布，一会儿倾向这位发言者，一会儿倾向另一发言者。腊肠贩报道了他和帕弗拉孔在议事会竞相讨好或争取议员的经过：当他刚进会场时，帕弗拉孔正在议会讲话，"整个议会被他用谎话的野草塞得满满的，议员们阴沉了脸，直皱眉头"；这时他大声向他们"报喜"，即"鲱鱼从来没有这么贱"；于是议员们立即变得和颜悦色，并且为了这个好消息

---

① 从 Zielinski 以来，对驳（agon）就被学术界视为受修辞术影响的喜剧化辩论（政治与法庭辩论的喜剧化呈现）的表现（Th. Zielinski, *Die Gliederung der Altaltichen Komodie*, Leipzig, 1885）。Murphy 认为在阿里斯托芬那里，这个词是在宽泛的（也就是日常用语的）而不是修辞术意义上使用的（Charles Murphy, "Aristophanes and the Art of Rhetoric," *Harvard Studies in Classical Philology*, 49(1938): 69 - 113; in pp. 79 - 80.）。

给腊肠贩戴上花冠，"热烈鼓掌，张着嘴巴巴望着我"（651 行）。但帕弗拉孔猜出议员们的心思，知道他们最喜欢听什么，就顺着腊肠贩的话往下说，建议因为这个好消息而向雅典娜献一百头牛。于是听众又偏向帕弗拉孔一边。腊肠贩"看见他［帕弗拉孔］用牛屎把我打败了，我就用两百头牛来压倒他"，还建议再加上一千头羊。于是议员们又转向他一边。腊肠贩的讲话引起议员们狂购鲱鱼，于是他乘机奔向市场，把所有的葱头收购下来，转卖给他们作为烹调的香料，并乘机把菜白也送给他们，以此讨得他喜欢。"受到奉承大家都称赞我，热烈地向我欢呼。我用一个奥波尔的葱头，和香荽叶把议院拉拢过来后就回来啦。"（680－683 行）阿里斯托芬就用这样一种非常荒诞的方式，在哈哈镜下折射雅典的议事会。帕弗拉孔和腊肠贩的较量，不过是两个人"欺诈本领"的较量。在议事会失败的帕弗拉孔建议他们再到德莫斯［人民］（公民大会）面前较量，因为他认为他可以控制德莫斯，而之所以如此，乃是因为他知道德莫斯喜欢吃什么。

　　第三场便是帕弗拉孔和腊肠贩在德莫斯面前的对驳。如果说前一场对驳是对大众领袖的讽刺，这场对驳便是对大众或民主政治下的大众的讽刺。① 帕弗拉孔和腊肠贩的争吵，似乎是竞相向

---

① 从阿里斯托芬的几乎所有丑化的作品——喜剧就是对人物与生活的"丑化"——中，我们似乎很难把握阿里斯托芬的政治理念或政治哲学。我们几乎无法把握他真正赞成什么或反对什么——这对于阿里斯托芬来说，也许并不是重要的。这也许正是民主或雅典制度的成功之处。它不训练这种政治下人们的公然的、教条式的认同。它培育的，似乎正是对这样一种生活的蔑视态度。它也似乎不需要讲话者对政治生活的本性有什么理解——它只鼓励人们把自己的想法、态度（这种想法与态度无疑正是这种政治培育出来的）尽情展示出来而已。从他对几乎没有重要人物以及不重要人物的丑化、攻击中，我们很难抽象出概念性的东西。一切崇高的、纯洁的、值得无条件称赞的事件或人物，都不存在，包括米斯托克利、伯里克利、苏格拉底、欧里庇德斯，更不要说克里昂了。胡克列举了被阿里斯托芬攻击的人物清单，见胡克：（LaRue Van Hook）："阿里斯托芬剧中的犯罪与犯罪"，黄薇薇译，载《雅典民主的谐剧》，第 56－71 页。

德莫斯表白"爱他"、"想服侍他"的竞争。这场较量对于腊肠贩是关键性的，因为大家都知道德莫斯信任、依赖帕弗拉孔，而根本不认识腊肠贩。两个人都说自己最爱德莫斯。

> 帕弗拉孔：德莫斯啊，哪里有一个公民比我更爱你？首先，我替你管家期间，曾经搜刮多少钱财放进你的宝库里。有一些人我逼着要，有一些人我掐着脖子敲，还有一些我就向他们讨，只要能够讨你喜欢，我不顾别人的背后议论。(773－777 行)

> 腊肠贩：德莫斯，这没有什么了不起，我也可以办到：只要把别人的面包抢来献给你就是了。且让我首先提醒你：这家伙并不爱你，他对你不怀好意，只不过想烤你的炭火罢了。你曾经为希腊在马拉松同波斯人拼过命，你的胜利受到我们的赞颂，可是你这样坐在这硬石头上，他却一点不管，也不像我这样缝一块垫子带给你。请起来，然后软软地坐在这上面，免得擦伤了你这两块在萨拉米斯打过仗的屁股。(778－785)

腊肠贩的讨好立即奏效：德莫斯立即认为他行为高贵，且够朋友，甚至说他是刺杀过僭主者的后人。在帕弗拉孔看来，腊肠贩不过是用小恩惠拉拢德莫斯，而在腊肠贩看来，帕弗拉孔的所有声称热爱、保护德莫斯的行为，都是想从他那儿得到好处并损害他。①

---

① 这场戏中，平行结构非常明显。腊肠贩说他讨好德莫斯，也让他统治全希腊，似乎是在说克里昂欺骗和引诱雅典人。德莫斯即雅典雅典人民。腊肠贩这样反驳他："真的，你哪里想叫德莫斯统治阿尔卡狄亚，只不过想大抓一把，接受盟邦的贿赂；在战争和乌烟瘴气之中，德莫斯看不清你的鬼把戏，贫穷、急需和津贴使得他傻张着嘴望着你。一旦他回到乡下去过和平生活，喝着麦皮粥恢复了力气，同他的橄榄渣饼子谈起心来，他就会明白你这津贴，其实相反，剥夺了他的幸福，他就会凶猛、气愤地冲到你面前，投一张票反对你。你心里明白，只好欺骗他，用一些有关你自己的神谕迷惑他。"(801－809 行)

腊肠贩于是获得德莫斯欢心。德莫斯觉得腊肠贩是个好公民且好久以来已经没有这样的好公民了。他决定解雇帕弗拉孔,雇佣腊肠贩。① 而在第一合唱歌中,阿里斯托芬显然已经不满足于通过剧情讽喻克里昂,而对他施以直接的攻击:

> 哪一天克里昂倒下去,这一天对于在场的人和远方来客[盟邦]便全都是一个最光明快乐的日子。……克里昂对于猪的音乐倒很有天赋,不能不令我惊叹,和他同学的少年们告诉我:他弹起琴来,只喜欢"多利亚"[与"贿赂"谐音]调,别的再也不想学。(973 – 990 行)

第五场是关于神示的争论。帕弗拉孔和腊肠贩各自抱出一大包神示。帕弗拉孔说他的神示涉及雅典、皮洛斯,以及德莫斯、帕弗拉孔等一切事情。腊肠贩的神示则关于雅典和豆羹,斯巴达和鲜鲭鱼以及市场上克扣份量的人。帕弗拉孔说他的神示出自阿波罗,让德莫斯保护他这条为他狂吠并能为他弄到津贴的狗;弄不到津贴,狗就活不成,因为很多乌鸦跟着它。腊肠贩则说他的神示是提醒德莫斯注意这条偷盗的三头狗,你吃饭的时候它摇着尾巴看着你,一旦你不小心它就会抢走你的肉。争论和前几次一样,总是帕弗拉孔输掉。

第二合唱歌是歌队和德莫斯的对话。歌队说德莫斯是个傻子;德莫斯则称自己不过是装傻,他明知帕弗拉孔之类是小偷,不过等到一定时候会让他们把所有东西都吐出来。在第六场中,两人依然竞相讨好。整个剧本说的都是这个内容:仆人竞相讨好主

---

① 关于政治家对人民的这种"色情化的"竞相讨好,参见 Andrew Scholtz, "Friends, Lovers, Flatterers: Demophilic Courtship in Aristophanes' knights," *Transactions of the American Philological Association* 134.2(2004): 263 – 293.

人，主人乐意被讨好，仆人有着自己的利益。腊肠贩最后获得胜利，德莫斯把自己托付给他，也把帕弗拉孔交给他处理。

这便是《骑士》。伯罗奔尼撒战争中上演的剧本。在一个政治领袖与普通公民只有短暂区别（短暂的担任公职）的文化中，用戏剧公开反对（这是不同于政治反对——反驳他的发言，投反对票——的反对）政治领袖（确切地说，公职人员）的戏剧。

《云》：传授骗术的思想所，正理与反理的对驳

《云》于公元前 423 年演出，这一年作者 23 岁。他已经于前二年在《阿卡奈人》（公元前 425）[①]和《骑士》（公元前 424）中攻击了那个时代最知名的担任公职的公众人物克里昂，现在他把攻击（在喜剧家手中，攻击的武器永远是丑化）的矛头指向苏格拉底，这个时期雅典的另一个公众人物。生于公元前 469 年的苏格拉底正值壮年。这个伟大人物在他去世以后的若干世纪里，在西方文化中，经历了不断的"圣化"过程。在耶稣之前，他是西方文化中唯一一个圣徒——一个人成为圣徒或大师的条件，是有一帮信奉者、追随者而不是质疑者；他们对他的人格的崇敬比对他思想的相信还要甚。如果说在阿里斯托芬反感、攻击最力的人当中，苏格拉底排在第二位，仅次于克里昂，现代人也许会感到奇怪甚至表示惋惜。[②] 但阿

---

① 黄薇薇编译：《〈阿卡奈人〉笺释》，华夏出版社，2012 年。尤其其附录部分的几篇论文，对研究阿里斯托芬喜剧与政治的关系，都是很重要的参考作品。

② "阿里斯托芬远非苏格拉底的敌人，而是苏格拉底的朋友，只不过他有点嫉妒苏格拉底的智慧——哪怕是青年苏格拉底的智慧。"（列奥·施特劳斯：《苏格拉底与阿里斯托芬》，李小均译，华夏出版社，2011 年，第 4 页）从广义的政治研究角度解释《云》的作品，也见 Martha Nussbaum, "Aristophanes and Socrates on Learning Practical Wisdom," in *Aristophanes：Essays in Interpretations* (Yale Classical （转下页）

里斯托芬并不感惋惜。在他这个喜剧作家眼里,这个带上哈哈镜的人眼里,没有圣徒也不可能有圣徒,甚至好人、高尚之人也只是理想世界才存在,现实世界有的只是利禄之徒。克里昂是坏蛋,煽动家、盗窃国库者、贪污犯(我们知道,这些词除了司法意义外,还有日常意义;就像任何一个社会的实际情况那样,人们表示对官员或某一个担任公职的人反感时,常常就会用这几个字评论他。这并不意味着真地要去告发他),苏格拉底,西方文化的千古圣人,不过就是小丑、饶舌者(市场上的饶舌者和议会中的煽动家都是民主社会的特有现象)乃至自大狂而已。① 苏格拉底和阿里斯托芬是相互补充的文化现象,某种程度上都起到文化意义上的提醒与反思作用。苏格拉底对于阿里斯托芬的讽刺所做出的反应,是一笑置之。这符合雅典人的性格。他一定知道,作为名人、公众人物,被别人耻笑、不赞同,是最正常不过的事情了。相反,如果一个剧作家,一个同时代人而能像后世的门徒对待宗师那样对待自己,苏格拉底也会觉得不正常也不可能。换句话说,如果苏格拉底的对话不是相互反驳,而是如现代教育中的答疑,那才是不正常的,乃至不可理解的。②

值得注意的是,苏格拉底在柏拉图对话中用来讽刺智者的那

(接上页)Studies);奥里根:《雅典谐剧与逻各斯》,黄薇薇译,华夏出版社,2010 年;尼柯尔斯:《苏格拉底与政治共同体》,王双洪译,华夏出版社,2007 年,第 10 - 39页。

① 在苏格拉底时代,苏格拉底有三个形象或两种对立的形象。前两种自然是柏拉图和色诺芬,他的两个得意门徒笔下的苏格拉底形象,后一个自然是阿里斯托芬笔下的苏格拉底。阿里斯托芬长柏拉图 10 岁,与苏格拉底相比,他们属于同龄人。当年的喜剧会对 20 多年以后的审判产生什么影响,两位门徒的作品是否有意回应阿里斯托芬的丑化,这是历史学家们争论不休的问题。在《申辩篇》中,苏格拉底本人即声称雅典人对他的恶感受阿里斯托芬的影响。见 Strauss, *Socrates and Aristophanes*,"Introduction"。

② "苏格拉底是我们心目中的英雄,他无畏地探求真理。为哲学献出了生命。"(尼柯尔斯:《苏格拉底与政治共同体》,第 1 页。)

些话或那些指控,在阿里斯托芬这里,都用到了苏格拉底身上。智者的态度,即相互驳斥的态度,原本是希腊文化的根本态度。我们不知道苏格拉底确切的信仰或围绕人生与公共问题的答案是什么——它们散落在他在各种场合与其他人的争论中,而且从他以后,对苏格拉底的答案是什么的争论,便贯穿着西方哲学史。无疑,苏格拉底有他的见解。但是我们知道,他把提问或探究放在第一位。他相信提问和探究可以发现答案,这是理性主义的核心教义。

《云》的出场人物:斯瑞斯阿得斯、其子斐狄庇得斯、开办思想所的苏格拉底及其门徒、坚持正题的逻辑与坚持反题的逻辑;放款人和证人。歌队是 24 个云神。①

开场部分,斯瑞斯阿得斯讲述自己的烦恼。除了雅典普通人的烦恼,即战争外,斯瑞斯阿得斯特别为儿子斐狄庇得斯的教育烦恼。斐狄庇得斯挥霍、浪费、沉迷赛马、借债;他的巨额欠债害苦了老人,使他夜里睡不着(而儿子和仆人则睡得很香,又打呼噜又放屁;儿子做梦都在赛马)。老人出生乡下,一直怀念乡土生活,有点吝啬;就像所有时代都能遇到的人一样,眼前不争气的儿子使他后悔自己的婚姻。似乎婚姻本身就是一种 agon:他生活节俭,妻子则乐于享受;他让儿子起名节俭,妻子则将其起名赛马。结果就产生了一个奇怪的名字"斐狄庇得斯"(节俭马)。从这里引出剧情似乎是非常合理的。老人得想办法教育这个年轻人:让他到就在边上的思想所学习。我们应该记住,老人的目的是让孩子改变生活,学习老人想让他学的东西。这是老人对思想所的看法:

> 斯:那儿居住的人彼此讨论,叫我们相信天体是一个闷

---

① 《云》有两个译本,一个是罗念生译本(《罗念生全集》第四卷),一个是张竹明译本(《古希腊悲剧喜剧全集》第六卷,译林出版社,2006 年)。译文主要参考罗译本。

灶,我们住在当中就像是木炭一样。只要你肯给钱,他们会教你辩论,不论有理无理,你都可以把官司打赢。(96-100行;从罗译本)

可见这位节俭的、向往乡村生活的人物,和《阿卡奈人》的主角狄开俄波利斯一样,也是个狡猾、精明之人。辩论的技艺就是不管有理无理都可以赢官司的技艺。在阿里斯芬的艺术世界,就像在希腊的生活世界一样,也许只有讲授辩论或争吵或强词夺理的思想所,却没有展开道德实验的思想所。阿里斯托芬,这个世俗文化中的世俗生活的表达者,极力避免对任何人物理想化。在世俗的眼光下,人人皆平庸,人人皆追求自己的利益;如果有可能或不被抑制,人人甚至希望损害别人。看来古怪的老人也不例外。老人对苏格拉底的描述可能已经属于丑化了,但儿子的看法更糟糕:

> 斐:我知道他们是些下贱的人。你说的是一些脸色苍白、光着脚丫子的无赖,苏格拉底和凯瑞丰一类的可怜虫。(102-104行,从张译本)

和智者一样,苏格拉底从事的是青年人教育的事情。但是这种"成人"(成人意味着有公民权,可以参加公民大会,可以议论、投票;当然,也得为城邦尽义务)教育,却都与说话或辩论有关。老人让儿子去学习的,正是这种技艺。但不是说正理的技艺,而是说歪理的技艺:

> 斐:听说他们有两种说理,一种是较好的说理,一种是较坏的说理,他讲授后一种,即较坏的说理,歪理说出理来取胜。如果你学得了这种歪的说理,我为你欠下的债务,就一个子也

不用还了。(113－119,张译本)①

因此孩子拒不入学。不是因为这是不高尚的技艺,而是因为他担心成为书生便不能赛马。父子俩争吵的结果是父亲作出让步。儿子不学,父亲就自己去学——虽然人老、记忆力差、理解力迟钝。

接下来的情节是老人进入思想所与苏格拉底门徒的对话,门徒向老人介绍苏格拉底的言行:他发明过测量蚤子跳跃高度的办法,提出蚊子从尾部发出声音的理论,②在观察月亮轨道时因张大嘴巴壁虎屎掉进嘴里从而思维被打断,甚至发明钓别人东西的钩子。当老人进入思想所内部时,发现天文与几何仪器、地图,也发现那些学徒不是在观察地下就是在观察天象(观察天象是弯下腰从两腿之间往上看)。最后他发现了坐在吊筐里的人物,即苏格拉底。老人奇怪苏格拉底为什么坐在吊筐中,苏格拉底回答说是在空中行走,思考太阳。在得知老人因为欠了别人的债,想学习歪理赖帐后,苏格拉底接收了他,答应把他训练成"讲话老练、世故、圆滑的人"(260行),并进行了古怪的入学典礼(戴上花冠,将面粉洒在头上)。③

---

① 正理即 kreitton logos(更强的逻辑),歪理即 hetton logos(更弱的逻辑)。来自普罗泰哥拉(活跃在当时的最著名的智者之一)。在普罗泰哥拉那里,这两个词只是纯粹的修辞术概念,即一种更有说服力、更强、更壮,另一种说服力较弱,处于放弃或无法反抗的地位。它们并无一般意义上的道德含义。更强的逻各斯是大多数人接受的,而更弱的逻各斯只有少数人接受。阿里斯托芬展示,这种弱的、少数人或敢于强词夺理的人的道理,如何战胜大多数人接受的道理。讨论见 Edward Schiappa, *Protagoras and Logos：A Study in Greek Philosophy and Rhetoric*, Columbia, SC：University of South Carolina Press, 1991, pp. 103－107;奥里根:《雅典谐剧与逻各斯》,第 47－51 页。
② 关于蚊子等行,既讽刺主题的琐屑碎,也讽刺论题的愚蠢,以及追求这种知识的愚蠢,见奥里根:《雅典谐剧与逻各斯》,第 60 页。
③ 关于阿里斯托芬笔下的雅典知识人, John Whitehorne, "Aristophanes' Representations of 'intellectuals'," Hermes 130. 1(2002)：28－35.

进场部分,苏格拉底与老人讨论云神。苏格拉底先向云神祈祷,云神(歌队)回应;苏格拉底问老人是否听见云神的声音中混有雷鸣,老人说听到了,但同时想放个屁对雷声进行回应;[①]当老人问及这些云神是何物时,苏格拉底回答说她们是天上的云,"我们的聪明才智、诡辩歪理以及欺诈奸邪全都由她们赋予"(317－318行)。苏格拉底是把云神作为辩论之神引入的。按照希腊人对神的想象,和别的神一样,这物些神不是道德神,而是特质神;和其他神一样,她们把"好"与"坏"的品质集于一身——对于神而言无所谓好坏,那只是人的定义;聪明才智、辩论歪理与欺诈全看你如何定义,胜家认为是聪明才智,败家或反方会认为是欺诈奸邪,生活或者辩论本身就是如此。没有一个完全中立的判断,所谓完全中立的判断,不过是支配话语权的努力。

听到云神的歌声,老人似乎受到了启蒙:"我的心神就像在飞腾,在寻找奥妙的言辞、精微的理论;想用鬼聪明来战胜鬼聪明,用反驳来驳倒对方的理由。"(319－321行)

在苏格拉底指给老人看云神的模样,老人也逐渐看清她们时,我们发现,所谓云神,不过是从山上慢慢漂下的一朵朵云彩;在一般人眼里是一朵朵云彩,在苏格拉底等人眼里,是女神。苏格拉底说:

[①] 苏格拉底与云神问答中,云神在高空看到雅典正进行秘密仪式。这也许是多年后苏格拉底引入"新神"的证据。苏格拉底对云神的崇拜,虽然与希腊的多神崇拜并不一致,但与希腊人崇拜宙斯等奥林波斯诸神毕竟不同。此外,虽然不乏夸张甚至虚构,但是阿里斯托芬肯定也在报道某个事实(以其特有的歪曲与夸张的方式报道,就像前两部作品一样);苏格拉底至少给人造成引入新神的印象。阿里斯托芬的喜剧故意使人对号入座。也就是说,作者、观众和被"戏弄"的人主公,都知道作者在说什么人或什么事。《云》中的政治与宗教,参见 M. C. Marianetti, *Religion and Politics in Aristophanes' Clouds*, Hildesheim, Zurich and New York: Olms-Wedmann, 1992。

苏：她们喂养着一些先知、诡辩家、天文学者、江湖郎中、畜着轻飘长发戴着碧玉戒指的花花公子和写作酒神颂的假诗人——这便是云神养着的游惰的人们，只因为他们善于歌颂云。(331 - 334)

第一场，苏格拉底、歌队长与老人关于神（以及关于雷、风、雨等自然现象）的问答。苏格拉底说云神是唯一的神，而其他的全是胡说；连宙斯也是没有的(365、367 行)，因为雷、雨、风都是云神所为，而不是宙斯所为。苏格拉底表达的是自然哲学家的想法；而一般希腊人自然认为宙斯是掌握雷电的神。就此而言，说苏格拉底怀疑或否定神，也有一定的道理。阿里斯托芬同情地表达苏格拉底从自然的角度对大众宗教的怀疑理由：当老人说宙斯通过雷与火惩罚发假誓言的人时，苏格拉底说："你这个大傻瓜，老腐朽！如果宙斯打那些赌假咒的人，他怎么不把最爱赌假咒的西蒙、克勒奥倪摩斯和特奥罗斯都烧死呢?"(398 - 400 行)这应该是一个有力的反驳。这种反驳与柏拉图《理想国》中色拉叙马霍斯对正义的辩论有异曲同工之妙。阿里斯托芬这部作品描写了智者时代从阿那克萨哥拉"太阳是燃烧的火球"开始的思想争论，也可以说是希腊思想的危机（这个词的词根即是"争吵"）。苏格拉底一定是在不同场合，对雅典人的一般信仰、政治信念等等，进行了广泛的质疑。这种质疑本身，不过就是将其拿出来讨论、辩论而已。

看样子老人被苏格拉底说服了。他提出的每一个问题苏格拉底都做出了令他满意的回答。这时云神队长说，老人可以成为雅典最有智慧的人，如果他能吃得了苦，特别是他"相信最聪明的人便是最美的人，他能够同人舌战，能够在法庭和议院里辩论成功"(417 - 419 行)的话。这时苏格拉底向他提出要求："今后除了我们所信仰的天空、云和舌头三者外，可不得再信仰什么旁的神。"(422 行)歌队长也答应老人从此以后，在议会里没有人能够在大发议论方面胜过老人。老人说他并不想在议会辩论表现卓越，而只想躲避官司，躲避债主而已。歌队长答应将满足他的要求，说在这里学习成功以后，在人间的名声就会响到天上，一个人就会快乐一生：打官司的人就会找上门来，求教如何控告别人、怎么答辩，从而获得丰厚的报酬。① 老人说只要自己能赖得了债，他就将自己献给苏格拉底等人，甚至不怕被别人称作骗子、胆大妄为之人、善辩之人、讼棍、狐狸、坏蛋、滑头鬼、马屁精、流氓等等，甚至把自己制成腊肠来孝敬这些人他也意愿。看来思想所以怀疑与辩论为教学内容，以赢得名声和财富（成功）为目标。思想所能够传授的"技艺"很高深，它对雅典人的一般观念造成了质疑与瓦解的后果（除了观察与辩论外，不再相信任何假定，包括不相信神话），虽然老人的要求非常朴素和简单：只想成功赖账。

第二场，苏格拉底和老人的教学。苏格拉底试图按照修辞术的课程内容，向他讲授音量（发声）和音律（节奏）。这是智者以降修辞术训练的常规内容。正如西塞罗所说，演说术包含许多学科的内容，从形式上，好的演说家应该在声音、语调、身体动作等方面有所训练。② 苏格拉底遇到的显然是一个糟糕的学生：不仅太健忘，学了后面忘了后面，而且太过功利：他的学习动机很简单：赖帐。因此，当苏档拉底问他是否学"音量"（发声）时，他说对音不感兴趣，只对"量"感兴趣，因为他欠别人一定量的债。看来把话讲得更美、更有吸引力、更讲究节奏等等，是老人不感兴趣的。所以当

---

① 这便是雅典的教育。雅典的公民教育是说话教育，即使人在议会和法庭中出类拔萃的教育。但是这种教育需要推理、反驳，需要把每一件事情的经过、背景思考透，而这意味着对共同体信念的某种程度的中立化的观察甚至瓦解。阿里斯托芬从喜剧的角度，也用夸大的方法，显示了教育与公民信念之间的矛盾。令人奇怪的，与《骑士》不同，这部作品有关苏格拉底的情节，几乎不带任何丑化与夸张的情节。
② 西塞罗：《论演说家》II. xvi, III. xx - xxi。

苏格拉底问他究竟想学什么时,他坦率地说:想学"歪理"(狡辩)①。苏格拉底先让他学习词语的性质等,然后让他躺在床上静思(想必这是掌握狡辩技艺的两个要素)。但老人躺在床上只想到

---

① 这自然是一个重要的争论,希腊文化中的从苏格拉底开始的重要的争论。从思想史的角度看,或者从我们一般接受的思想史的角度看,争论的一方,奇怪的是,是苏格拉底-柏拉图,他们把讲话分成两种,一种是说真话的、报道真理、揭示真相的讲话,苏格拉底认为这种话的最恰当的言说方式是"对话";另一种他们认为是意见,站在自己或仅站在自己的立场歪曲事实的讲话,这种言说方式是智者所讲授的"演说"或修辞术。但是苏格拉底的区分是勉强的。演说即说服,即辩论,它的原意与其说是说服不如是辩论,即对驳,而这正是苏格拉底对话所要求的。柏拉图的巨大的努力,就是把将苏格拉底与这种修辞术分开,将苏格拉底式的真知识、对真理的洞见,与智者的意见、强词夺理、哄骗区分开来。然而这种区分与反驳本身,却是典型的文化或生活所赋予的修辞现象。也就是说,苏格拉底和智者如果真正地对立的话,那么这种对立也是相互反驳。苏格拉底指控智者的那些缺陷,智者反过来也会用来指责苏格拉底;那种客观性本身不过是隐藏着的偏见而已。对修辞术的争论以及修辞术对于流行观念的瓦解力量,在罗马也有着重要的回声,历史学家已经为我们记录了这种罗马史上的文化的事件。但是修辞术对待流行观念不过揭示一个在日常实践中人人都在做的事情而已:一个人认为好的东西,另一个人会认为是不好的;一种做法一个人认为是公正的,另一个人可能认为是不公正的。这是希腊或任何一个社会每日每时都在产生的现象:几乎是任何一次判决,失败的人认为是不公正的,而胜利者认为是公正的,对于任何一个集体决定也几乎如此。这是竞争性的甚至可以说自由的文化自然产生的现象。希腊思想史的一个奇怪的事实是:苏格拉底比任何一个人都雄辩或成功地实践着修辞术,但是他却不认可修辞术;苏格拉底认为自己一生与之辩论或反对的,正是这种修辞术,而他的同时代人或这个比他年轻20岁的(与亚西比德等苏格拉底的追随者显然同龄)阿里斯托芬,却把他当作智者的典型。撇开中文意义上的"正理"与"歪理"(修辞术上最好是正题或反题,因为站在对手的立场讲话,或者从控辩双方的立场分别撰写演说词,正是修辞学训练的常规方法)的明显的贬义,也透露出希腊人,这个孕育着这种自由的技艺的民族,对这个技艺本身,也是有争论的。在这方面,阿里斯托芬和苏格拉底有相似之处。Murphy 在近80 年前就详尽讨论阿里斯托芬对修辞术的态度。他一方面反对修辞术,另一方面深受其影响。(Charles T. Murphy, "Aristophanes and the Art of Rhetoric," *Harvard Studies in Classical Philology*, Vol. 49(1938), pp. 69 - 113.)"除了批评以外,阿里斯托芬也经常使用这样个新技艺。旧阿提卡喜剧首先是观念的戏剧,一种喜剧化的冲突原则间的战斗,诗人也部分是个辩论家,在其尽可能有力和令人信服地呈现自己观念时,他不可能忽视任何可用的武器。"(p. 79.)

虫咬;苏格拉底让他把头蒙上(蒙头看来有酝酿思想的功效),看看能不能想出什么妙计讹诈他的债权人:

> 歌队:快把你的精力集中,让甜蜜的睡眠远离你的眼睛,让你的意识竭力活动,运用你的思想,观察世间的事物。如此此路不通,立刻就跳到另一种思想上去……(700-705行)[1]

被臭虫咬得不行的老人根本无法凝神思想;苏格拉底说:"快不要这么软弱,好好盖住你的头,你得想出一个诡计来骗人。"(727-728行)看来苏格拉底不是与世隔绝,而是如何教人行骗。他指导老人先想想他想做什么(老人回答他已经千万次告诉他,想赖人家钱),把这件事件正确地分析一下,从各方面细细地考虑一番(741-742行)。[2]

接下来,苏格拉底就和老人一起商量赖帐方法。从750行以后,苏格拉底与老人的关系似乎发生了变化:在苏格拉底的训练下,老人的思路似乎打开了。老人对理论或学理性问题没有兴趣,

---

[1] 对阿里斯托芬(主要是与苏格拉底的的关系)的研究,是施特劳斯学派的一个重要话题。尼柯尔斯对《理想国》的专题研究中,称从思想所到苏格拉底在吊蓝中观察天空,阿里斯托芬着力显示苏格拉底思想所的与世隔绝之处。(尼柯尔斯:《苏格拉底与政治共同体》,王双洪译,第5页)没有比这种看法更远离苏格拉底的实际与阿里斯托本人对苏格拉底的看法了。苏格拉底是可以出现在雅典几乎所有角落的一个盘问所有人的公众人物,而他更感兴趣的自然是道德问题。

[2] 苏格拉底在思想所的行为使人想起西塞罗笔下的罗马罗马演说家卡尔巴,在接到官司以后,他就把自己关在屋子里,研究案情,设计辩护方案。(Cicero, *Bruto*, xxii)阿里斯托芬笔下苏格拉底的实践与智者的实践有一致之处,当然这种情况在德谟斯提尼时代更加明显。当我们在修辞术的成长的角度思考苏格拉底时,我们就不会接受思想所是孤独的存在的说法。相反,阿里斯托芬把思想所的位置不是置于山上,也不是像柏拉图或亚里士多德那样放在某个与市场有距离的学园,而是放在老人屋子的旁边,也就是说,置于雅典生活的中心。既置于中心,同时又能自成一统,必要时把自己放在吊蓝或蒙在被子里——不是为了逃避生活,而是为了如何应对生活。这也许便是阿里斯托芬哈哈镜下的苏格拉底思想所。

但提到如何赖账，便思维活跃。现在由老人提出一个个方法，由苏格拉底进行评论和验证。老人想到了一个主意：雇用一个巫婆把月亮取下来关在一个盒子里，这样就不用还钱（因为利息是按月付的，月亮不在，计息也就停止）。苏格拉底表示赞同。但他又问及，如果法庭的书记员已经记下老人应交的罚款，他如何设法勾销。于是两人都在想这个明显很困难的问题。可见思想所不仅研究太阳、丈量土地、研究语音和跳蚤跳的高度，它还训练人们如何赖帐。苏格拉底没有对老人进行道德谴责，而是成为老人的共谋。老人想出用反光镜把书记员的判决词融化的方法。苏格拉底表示赞成。苏格拉底又提出另外一个问题。这个问题虽然几近荒谬，但也都是雅典的市民生活中迫切而又实在的问题："如果你处于被告的地位，没有理由，又没有证人，你怎么逃避这场控告呢？"（776－777 行）

老人想出一个荒唐的办法：在没有被告发之前就上吊死去，因为人死了便不再可能成为被告。他的这个办法自然引起苏格拉底大怒："胡说八道！滚蛋！我再也不教你了！"（783 行）

这似乎是一个很困难的问题。老人想不出办法了。阿里斯托芬的苏格拉底也想不出办法，只是骂老人而已。这时老人向歌队长（云神）请教。云神说老人已经属于无法学会之人，因此建议老人让自己的儿子来学习。这样老人就走出了思想所。在老人劝儿子来上学的对话中，阿里斯托芬显然在暗示苏格拉底是无神论者。[①]

儿子终于被劝来学习。但是他与苏格拉底一见面，就吵了起来。苏格拉底说他年纪太小，不适合吊在筐里；儿子说如果把苏格

---

① 关于苏格拉底的不信神，这次他不是毒害青年，而是毒害老年了。因为当老人的儿子向老人说"宙斯作证"时，老人说他是蠢材，这么小就信仰宙斯，而且思想陈腐。他告诉儿子根本就没有宙斯[818、821、828 行]。

拉底吊起来,倒像一件破衣衫。苏格拉底并没有在意孩子的不恭敬,而是像对待其父一样,对他的发音进行专家式的评价:"你听这个'吊了起来'!说得多么笨,嘴唇张得那么开。这种口才怎么学得好,怎么提得出证据,逃得了官司,怎么能够反驳人家,推翻对方的理由?"(871-875行)老人在夸赞儿子的聪明以后,请求苏格拉底教儿子正理和歪理;至少也要学会歪理。他并且请求苏格拉底,一定要让儿子学会用歪理驳倒任何正理。苏格拉底这次不是自己教授,而是让正理和歪理亲自对驳,让儿子观摩。这样就进入了第三场:正理与歪理的第一次对驳(agon)。

第三场,正理与歪理的对驳。正理称他要消灭歪理,歪理称它能战胜正理;前者称凭的是正义,后者称凭的是发明出来的思想。正理说只要我说出正义的话,就可以消灭歪理;歪理说"但是我将反驳你,完全把你推倒。我告诉你,根本就没有'正义'这东西"(900-901行)。在阿里斯托芬看来,这可能是苏格拉底(或智者)学说的真传。很明显,在前面一场中苏格拉底所谓的思想助产术(他似乎并不提供答案,只是诱导老人想出那些赖账的办法),可以用一句话概括(即歪理现在所说):没有正义这种东西。一方说有正义一方说没有;否认的一方问正义在哪里,肯定的一方说在天神哪里。这遇到了歪理的有力的反问:

　　歪理:如果真有正义的话,那么捆绑父亲的宙斯怎么没有被处死?(903-905行)

这是一个极其有力的反驳。而且,也只有在希腊这样一个思想是自由的地方,才可以有这样的疑问,不仅可以质疑,而且可以在所有自由人聚会的场所公开质疑;这种质疑的意义并不在于否定正义的存在,否定共同体的价值,而在于让这些价值处于被理性检查的位置。在别的社会,并不是这种疑问不存在,而是这种疑问不许被提出，更不容许以这种方式提出。从这些情节上我们看到，阿里斯托芬不仅取笑苏格拉底，而且同情地理解苏格拉底和智者，而且分享着他们对希腊或雅典价值观的反思。①

我们看到，阿里斯托芬不仅让歪理大声说话，而且让它堂而皇之地驳倒正理。在这方面，阿里斯托芬不愧是雅典文化的产物，他让歪理大声说话，就像埃斯库罗斯让克吕泰墨斯特拉和埃癸斯托斯，索福克勒斯让埃阿斯、安提戈涅大声说话一样。正理与歪理的对驳显示了雅典两种生活观念的争吵；这两种生活观念处于根本的相持状态；它们根本无法战胜对方（虽然在这一场的结尾正理宣布无法战胜歪理），因此处于根本的不可通约状态。阿里斯托芬没有办法解决这个问题，老人也没有办法解决这个问题。歪理以及它的实践者苏格拉底和思想所没有认错也不可能认错；老人没有能在 logos 的或理性的方式上解决问题。因此到最后，令人吃惊地，争吵以暴力的方式结束了——老人的儿子学习歪理显然比其父更加成功，他不单为老人赢了官司或赖掉了账（作者没有直接说，但从老人对儿子的称赞中我们可以推知），更是用同样"论辩方法"，让老人接受"儿子打老子是对的"的论证，也就是说，其合理性

---

① 可以比较中国典籍中知名的舜的传说。那是把孝道推到极端，把家族的关系作为政治关系的原型的文化。不管其父多么不仁，仅仅因为他是父亲，他生养了你，你就永远不得冒犯他。没有这一条，任何其他的德性都是不起作用的。舜的传说与奥林波斯诸神传说形成极端的反论。宙斯之父并没有虐待宙斯却遭到推翻；舜的父亲犯下杀人罪，这个孝子情愿不要天下而背着父亲逃亡。的确，我们应该承认这是两种相差太远的文化理想，在文化多元主义泛滥的今天，我们的确已经无法在这种冲突中作出判断——虽然我们在行动中早就做出了选择。当然，宙斯和舜一样无法对自己的行为做出令别人接受的论证或辩护。宙斯似乎只愿意重复一句话：我是最有力的，奥林波斯山上所有的神加起来也不足以与我为敌。这就是世界的秩序。我们也许说这不是一种正义的秩序，但却是希腊人觉得可以理解的秩序。在这样一个 agon 竞赛被泛化的文化中，奥林波斯山上的诸神和特洛伊战争中的英雄一样，地位取决于力量。阿基琉斯可以傲视所有英雄的那种逻辑，也是宙斯可以蔑视所有的天神（更何况人类）的逻辑。

是可以成立的。也许,在阿里斯托芬,这个老式的生活方式的称赞者(我们要记住,他比苏格拉底年轻 20 岁)看来,歪理在辩论上是驳不倒的,或者说,它甚至本身并没有什么不妥;唯一的不妥,或者,唯一可以用来反驳它的,是它的坏的实践后果——它让人变坏,是坏人的武器,如让人赖账,让人不信神,让人不顾及社会的基本秩序(不信神和儿子殴打父亲)。歪理与正理的对驳,与柏拉图《理想国》中色拉叙马霍斯对正义的反驳一样有说服力,同属希腊文献中对争吵的政治(观念)的雄辩展示。①

如果有正义,宙斯如何不因其捆绑父亲而被处死? 在歪理做了这样一个使正理哑口无言的反诘后,正理第一次逃跑:

> 正理:唉,这来势真凶,快给我一个痰盂!(906 - 907 行)

此后双方便处于谩骂状态,就像腊肠贩和帕弗拉孔经常由说理转入谩骂一样。歪理说正理是个不懂道理的笨老头,正理说歪理是无耻色鬼。"正理:全是因为你的缘故,年轻人再不愿进学堂,但雅典人总会知道,你教了傻瓜们什么。"(918 - 919)他抱怨现在歪理走运,而原来他是那么穷;他抱怨这个疯子(歪理)把生养他的都城的孩子带坏了。看来正理认为歪理大行其道,而自己却门庭冷落。为什么呢?"歪理:你这个老朽不配教他们。"(929)这句话无疑是修辞术大行其道的最好注释。对此,正理只能回答说:如果他们要得救,还得他来教。

到目前为止,还只是正理和歪理双方在较量。接下来是他们

---

① 无论是正理还是反理(歪理),阿里斯托芬是在雅典人日常用语中用这个词的;这两个词的确具有评价的含义的。雅典一般人或通行观念倾向于赞成正理而反对歪理。但是阿里斯托芬又表现了雅典人的另一种心态:如歌队所言:"双方都信赖那深沉的思想,美妙的言辞,且看哪一方的口才高明得多。如今双方智慧的冒险开始了,我们这两位朋友为此大起竞争。"(952 - 956 行)

如何争取斐狄庇得斯，看他愿意学正理还是歪理。这时候歌队长让正理把教训前一辈人的话说出来，歪理把他的新的教育也说出来，"他听了你们两人的辩论，才好挑选所要进的学堂。"（937－938）阿里斯托芬于是为我们展示智者时代两种教育观念的争论。

歌队长让正理先说，因为他曾经教给先辈人许多美好的德行。正理说：

> 正理：我要谈谈从前年轻人的教育是什么样的：那时代我很成功地传授正直的德行，人人知道节制。首先是学校里听不到孩子们的哭喊尖叫声；其次甚至大雪天，同区的学生都穿着单衣队伍整齐地，一同穿过大街前往乐师家里。他们在那里张开腿站着，学习唱歌，不是唱"远扬的战歌"，便是唱"毁灭城堡的可畏的雅典娜"，大家的声调都很和谐，这和谐原是由他们的祖先传下来的。如果有人发出颤动的音调，或者唱出滑稽的声音，……他一定会被人家打得半死不活，因为他破坏了音乐。这些孩子在健身场上伸腿坐着，没有做出怪样子给外人看见。……让也不许在正餐上抢一只生萝卜，也不许同长辈争吃茴香子和芹菜，更不专食美味侍肴，不许吃吃地笑，不许叉着腿。（961－983 行）

歪理说那是一个已经过期的时代。但正理辩护说："可是我曾经用那种教育教出了马拉松英雄，你如今却教年轻人很早就裹上了长袍。……因此，年轻人，你尽管大胆地挑选我——强有力的理论！"（985－990 行）正理培养出来的是马拉松时代的"好人"：有羞耻心、勇敢、遵守一般的社会规范，特别是孝敬父母；遵守正理的教诲，得益的最终是自己：一个身心都很健康的人。

> 正理：从今以后你知道讨厌市场，不进公共的澡堂里去；看见羞耻的事情就会脸红；如果有人嘲笑你，你立即就会冒

火;更知道孝敬父母,看见尊长前来便起身让座;不做一切可
耻的事情,在你的心里养成羞耻的观念;不要到舞女那里去,
怕的是你见了那些妓女,她们会用苹果来打你,那会打破你的
名誉;不要在口头上忤逆你的父亲,不要叫他作老朽,不要记住
你儿时的小冤仇,那时节他多么辛苦地养育你。(990-999行)

正理:你在健身场上过日子,会长得很健美丰润,不至于
像现在这样到市场上去谈天儿,开玩笑,不至于为了那诡诈的
小讼事叫人家带到法庭去。你可以陪着一些纯洁的青年友伴
到学园的橄榄林间去竞走,你们头上带着白芦的葱绿冠,时间
的金银花、"逍遥花"和白柠檬的芳香;正当阔叶树和榆树私语
时,你们好赏玩那春光。

只要你按照我的话去做,只要你留心这些事情,你的胸膛
永远阔大,你的皮肤永远光滑,你的肩膀很宽,舌头却很窄;如
果你追随他[歪理]去,你的胸腔很紧,舌头却很长,还有,你的
建议也会拖得很长很长;你会叫人家蒙蔽,把坏事看成好事,
把好事看成坏事;还会染上安提马科斯的淫荡的行为。
(1000-1023行)①

————————

① 虽然作品经过修饰(现在流行的《云》是这个剧本的第二个版本),但我们不得不同意
许多批评者的看法,阿里斯托芬是那个时代最伟大的诗人之一。他对自然的描写,
他把自然与心里统一起来的能力,他的抒情乃至力量,都达到很高的艺术水平。在
崇高理想的方面,他甚至不输于悲剧作家。相比之下,埃斯库罗斯和索福克勒斯甚
至都显古朴乃至贫乏。当然我们也可以感受到,在为正理辩护时,阿里斯托芬的确
似乎更有激情。"大家都同意把阿里斯托芬看作一个天才诗人。那些细心研究诗的
文字、节律和形式的学者称赞他很灵敏,善于变化,很能够运用那纯熟的技巧。……
那些爱好自然和爱好诗的幻想的人更拿他去比雪莱和莎士比亚。"(英译者序,引自
《罗念生全集》第四卷,230页)不过这位作者又评论说,"我们读了他的讽刺剧会发
生一种疾恶如仇的心理,使我们趋向那善的途径。悲剧的最大目的是替我们介绍英
雄,喜剧的功用却在使那些小心翼翼的人更生一层警戒的心。"(231页)我们却未必
都有同感。我们对经过阿里斯托芬丑化的三个公众人物(克里昂、苏格拉底和欧里
庇德斯),却未必产生极端的恶感。雅典的观众也未必认同他烧毁思想所的情节。

听完正理的诉说，以至于由云神（他们理应站在苏格拉底一边的）组成的歌队都由衷地赞叹道："你所磨练出来的智慧是那样崇高显耀！纯洁的美德从你的言谈里吐出了甜蜜的花香！"（1024行）看来苏格拉底们所崇拜的云神，也欣赏正理之辞。但云神毕竟处于裁判的角色中，因此他问歪理有何反驳。歌队长也敦促歪理快点说出自己的反驳来。

就像雅典生活的实际情况一样，道理永远都不只是一个。因此，正理的这些说辞虽然赢得云神的喝彩，但歪理快等得不及了；我们知道，这两种"道理"所尽力争取的斐狄庇得斯此时根本没有表态。

> 歪理：真的，我很早就气得出不了气了，恨不得用相反的见解来驳倒这一切。那些思想家总是把我当做歪曲的逻辑，正因为我首先发明了这种逻辑，能够在法庭上驳倒一切法令。我应用一些歪曲的理由，反能战胜正直的强者，这方术值得千万两黄金。[向斐狄庇得斯]请看我怎样驳倒他所夸奖的旧教育。他首先说不让你去洗热水澡。（1035－1044行）

歪理没有正面阐述，而是采取询问（质询）的方式，而这正是苏格拉底的方法。歪理首先问正理是否认为洗热水澡不好。当正理说热水澡使人胆小时，他立即说宙斯最勇敢的儿子赫拉克勒斯恰好是最喜洗热水澡的。关于演说术，正理显然是不以为然的，但歪理说荷马的涅斯托尔和奥德修斯都是演说家，且荷马自己也赞成人们到市场上去学习与练习口才；至于节欲，他认为并没有什么人就此得到过什么好处。我们看到，歪理列举的都是传说中的那些重要人物。他继而说：

> 歪理：年轻人，你想想节欲有什么意义，你不能享受一切的快乐：没有娈童、女人，没有酒，没有美食，没有笑，缺少了

这些乐趣,你的生命还有什么价值? 我还要从这儿谈到人性
里的情人问题:譬如说你偶然失足,同什么妇人发生了私情,
犯了奸淫的罪过,叫人家捉住了,那时候你倘若一句话都不会
说,可就糟了! 快同我交游,任意取乐,跳呀,笑呀,这世上并
没有什么可耻的事情。就是你不幸被人家捉奸捉住了,你可
以告诉那女人的丈夫,说他全然没有罪:你向他提起宙斯,说
神尚叫情欲和女人征服了,何况是你:你不过一个凡人,怎能
比得过神。(1071-1082 行)

经过对驳,正理虽然仍然称思想所的人为淫邪的人,但不仅承
认"我失败了!",而且要加入思想所学习(当然不可能是真心的)。
这时苏格拉底说话了,问老人是否让自己来训练儿子的口才。老
人于是把孩子托付于苏格拉底。苏格拉底也答应一定交还他一个
成功的辩论者(1112 行)。

第四场,斯瑞西阿得斯成功避债。新旧日(月末和月初是雅典
人追债的日子)又到了,债主即将追上门来。老人扛上一袋面粉来
找斐狄庇得斯。孩子已经学会歪理,苏格拉底保证他将赢得官司。
斯瑞斯阿得斯看到儿子就非常高兴;他以讽刺的口吻称赞儿子(这
是阿里斯托芬借老人之口对智者、对雅典人好辩的讽刺):

> 斯:我的孩子,我的儿! 我一看到你这苍白的颜色就很喜
> 欢! 你如今显出了那种抵赖和好辩的态度,你的唇边更带着本
> 地人的表情……我十分相信你害人的时候反能够装出被害的样
> 儿;你脸上并且带着一副地道的雅典人的神情。(1170-1177 行)

借助辩术,老人一口气赶走了两个债主,还取笑他们,对他们进行羞
辱。他使用的可以恰当地用中文"诡辩"这个词描述的方法,不过是
苏格拉底在一开始就告诉他的办法:关于"新旧日"不成立,既不能

是旧日也不能是新日，以及"公和面盆"和"母和面盆"的论辩。

在整个剧本中，阿里斯托芬似乎暗示，苏格拉底的那套诡辩（其实我们知道，"逻辑乙"即"歪理"所论证的那种新教育，苏格拉底并不赞成。按照希腊的"写实"传统——只有在这种传统中，亚里士多德才会提出他的著名的模仿说。这种说法与柏拉图只有细微的差别——阿里斯托芬并没有让苏格拉底来说出这套理论）在理论上是无法驳倒的。用现代人的说法，这仅仅是"价值"或"喜好"问题，而对于这个领域的问题，从来就是仁者见仁智者见智的。阿里斯托芬在教育乃至做人理想方面，与苏格拉底差异很小。他们都是马拉松时代那种美德的赞同者与实践者：在人生的各个领域，无论是体育的、公职的、还是论辩或哲学的、诗歌的，他们追求卓越；但是节制与享乐并没有大家都接受的高低之分；标准是因人而异的；在这个问题上，苏格拉底和阿里斯托芬一样，也许只能说，节制在保证躯体的健康与活力，保证灵魂追求"高尚"的事业方面，是有益于人的。这只是一个实践的或后果的问题。耽于感官享受与追求灵魂的深思状态，并无高低之分。如果问为什么，他们也许只能像现代人一样回答：人们在这个问题上就是不一致的，或者说，在涉及生活意义、好与坏的价值问题上，观念或意见本身，就是"互竞"或处于 agon 状态的。

第五、六场，虽然老人借助歪曲的逻辑成功避债，但是自己却遭殃了：儿子用同样的逻辑证明殴打父亲合理。第五场一开始就是老人被儿子追打，脑袋和下巴都被打了，高喊邻居救命。孩子不仅承认自己打了老子，而且说他"可以证明"他该打，不管用什么逻辑，他都能辩论过父亲。于是发生了父子间的对驳（第二次agon）。争吵是从一件小事开始的。似乎老人喜欢埃斯库罗斯，但儿子却认为那不叫诗人，只有欧里庇德斯的才是；当儿子读了欧里庇德斯剧本中不道德的情节时，老人骂出许多难听的话来。结果两人你一言他一语吵起来，最后儿子"扑了过来打我、踢我，于是他

扼着我的喉咙勒死我"(1375 - 1376 行)。老人挨打乃是因为他不
赞美欧里庇德斯,这个最聪明的诗人。我们看到,这只是阿里斯托
芬嘲弄欧里庇德斯的许多场合之一。儿子接着说出他打老子的更
有力的理由:他问老人从前有没有打过自己,老人说打过但那是
为他好,因为他犯了错;儿子说如果犯错误就该打,那么老人不仅
该打,而且应该被狠狠地打——因为既然老人经验多,就更不应该
犯错误,既然老人为了儿子好而打儿子,那么儿子也可以为了父亲
好而打父亲。老人最后承认,他和儿子享有同等的权利,如果自己
做错了事,就该挨打。最后,在证明打父亲合理而且已经打了以
后,儿子称他将像打自己的父亲一样去打自己的母亲。斐狄庇德
斯进而称他已经深为这种辩术着迷以至于不再迷恋赛马等事。而
老人这时却情愿让他赛马,因为赛马虽然花他的钱,还不至于使他
遭受皮肉之苦。可见歪理取得了完胜。

> 斐:我懂得了这种新的技巧和美妙的语言以后,能够藐
> 视那些既定的法律,这真是一件痛快事!记得从前我只爱玩
> 马的时候,我说不上三个字就要闹笑话;可是如今他改变了我
> 的生活,叫我去留心巧妙的思想和语言,我相信我可以证明儿
> 子应该打父亲。(1398 - 1407 行)

退场。老人抱怨云神,说一切都是由他们引起。歌队长说一
切由你想做坏事引起。[1] 老人进而抱怨云神为什么不及早阻拦

---

[1] James L. Kastely, "'The Clouds': Aristophanic Comedy and Democratic Education," *Rhetoric Society Quarterly* 27. 4(1997):25 - 46. 作者认为《云》夸张地再现了雅典关于修辞术的争论。"普通公民对诡辩话语的暴力反应表明,智者和民主教育中的修辞术需要根据对这种聪明但坏的话语之潜在的暴力反应来重新检查,也需要根据修辞术 logos 竟然无法使其实践者抵消 bia(暴力)结果这种事实进行重新检查。"(p. 25)

他。云神与他说，他们总是这样对待每一个想做坏事的(在本剧中，坏事即"赖账")的人。让他们表面上获得好处，实际上毁了自己；让他们到最后才知道应该敬畏神明。老人这时希望与他儿子一起去找苏格拉底们算帐，"快同我去结果了可恶的开瑞丰和苏格拉底，全是他们欺骗了你和我"(1464－1465行)。但儿子不答应。不仅如此，当老人说你至少应该尊敬宙斯时，儿子却回答说你这老朽，"根本没有宙斯"(1468行)。

老人这时几乎气得神经错乱。他把所有的怒气都发到苏格拉底身上。"全是苏格拉底的胡说八道害得我发狂。请你〔赫耳墨斯〕告诉我，到底是到法庭上去告他呢，还是怎么办。对了，你叫我不要去告他，马上去把那空谈者的家烧毁。"(1480－85行)于是老人和仆人一起，去思想所放火并追打苏格拉底及开瑞丰。

《云》便以这种极端的方式结束。思想的暴力或力量遇到了身体的暴力。在这里，阿里斯托芬也再现了希腊的一个基本的争论，即修辞术的争论。他把这种争论喜剧化了。修辞术或辩论术所起的作用，当然，不一定是西塞罗在四百年以后所说的那种作用；修辞术有吸引力，实践它的快感不仅可以为自己免除债务(从社会公平的角度或者从债权人的角度，这已经算一种"恶")，还可以显示自己的才能——辩才正如斐迪庇德斯所说，和赛马一样，是一种arete。修辞术可以证明法律规定的无效，等等。但是，另一方面，修辞术还可以证明儿子可以打老子。这是内含于这种技艺或任何一种技艺的双面性。只要这种技艺存在，它就既可以用来为好人讨回公道，也可以为坏人逃避义务服务。而且，它的好与坏的特征，在希腊和当代一样，仍然看你站在什么角度。善与恶并未被绝然分开。关于修辞术或煽动术的滥用，古代和近代一直存在着争论。但是依然无法回避的问题是：阿里斯托芬眼中的克里昂，修昔底德笔下的亚西比德等等，是滥用修辞术的典型。但是站在这两个人的立场，他们不可能接受这样一种滥用或不当使用的标签(克里昂对雅典民主和演说术泛滥的批评众所周知,详见第五章)。就当代而言,我们如何说,邱吉尔的辩才是修辞术正当运用,而希特勒的辩才就是它的滥用? 中立地说,恰好不存在中立判断的可能性。对于纳粹,对于当代的各种被称做邪教的宗教实践,都存在着同样的问题。我们认为我们是站在它们的绝对对立的立场的,我们是正义的,追求的是善业;但是只要在理性的辩论的立场上,我们的立场立即就会下降为多数人的立场。因为我们认为纳粹和邪教追求的是极坏的事情,但他们却认为追求的是极好的事情。这其实不是善与恶的冲突,而是善观念的冲突——不过是双方都用善指称自己的价值而用恶指称对方的价值而已。

第四章　希罗多德

"雅典人这次有说服与强制两位强大的神来帮助他们……"

——8.110(中译本 605)

历史：通过探究进行辩论

如果竞选、演出、体育竞技都是发生在公共领域的城邦事务，它们只是种类的不同，但同时体现希腊人对卓越的追求(这三样东西，几乎同等程度地出现于希腊城邦，也可以说将希腊与修昔底德所说的野蛮人区别开来)的话，那么历史这个知识或写作门类算什么呢？它与史诗、戏剧都不一样。历史不是在公共场所(剧场、会议、体育场、宗教庆典)对着公众阅读的；当然也不存在对历史著作胜负高低的评判。体育竞技和公共演出异常发达，却没有公共的修史机构，这与中国的情况太不一样了。在希腊，历史著述似乎仅仅是史家个人的事情，因为在公共空间(审议机构和法庭；剧场；体育竞技场)没有为它留下位置。它也不是司马迁式史学家"藏之名山传之后世"的热情的产物，因为这种在私域中私下的写作，在希腊这个在竞争的环境下寻求当下承认(所有的活动都与"竞赛"相关，而竞赛，便有规则、观众与评委)，在希腊这个言辞的或口头表达的国度，是几乎无法理解的。"后世"是虚无，是不存在。因此，历史不可能为后世写作（当然，希腊化时代及以后除外）。这与中国的情况又不同。那么历史有什么用途呢？回答是，它是在私人聚会时供朗读用的。

在希腊，希罗多德用 histories［探究］这个词作为书名。探究为什么会发生？因为好奇。希腊人就像对自然有好奇心一样，对交汇于希腊世界的各个人群（甚至包括希腊城邦本身），他们的来源、风俗、重要的事件与人物有好奇心，因此将它们收集并报道出来。这就是历史。历史著作是作者某种看法的展示；它也是作者与别的作者辩论的延续（最著名的例证便是遍历《历史》全书的纠正史诗与传闻错误报道的努力，以及修昔底德对荷马和希罗多德的批评）。更重要的是，历史学家用其著作与公众辩论。① 就此而言，希罗多德和修昔底德的历史书写和《凯撒战记》有相似之处。希罗多德意在纠正希腊人对外邦人或对希腊人自己经历与风俗的错误看法，试图提供准确的知识；在修昔底德那里，历史著述是公共政策辩论的延续（隐含的辩论），体现著述者对某件事情的整体的看法。修氏的著作一个令人奇怪的地方在于，他说在这场战争刚开始的时候他的著述就开始了，而他自己似乎没有活到战争的结束（公元前 403 年）。他不是在回顾或反省的意义上撰写历史的，他不是在一个历史单元结束后对这个单元进行的思考；相反他在这个还在继续的历史单元中写作。这就意味着他想通过写作进行辩论。色诺芬（修昔底德的下一代）的《回忆苏格拉底》、柏拉图的《申辩篇》等，就是潜在地与法庭乃至雅典通行看法的辩论——试图提供一种不同于法庭指控的苏格拉底的形象。教育与学园的

---

① 历史学家不仅报道、叙述，他还试图证明什么。这就建立了历史与修辞（说服的技艺）的关联。"在一定程度上，历史艺术几乎可以等同于演讲艺术，后者同样可以是解释性的、有说服力和有说教作用的。"（唐纳德·R·凯利：《多面的历史：从希罗多德到赫尔德的历史探询》，陈恒、宋立宏译，三联书店，2000，第 15 页。）

兴起推动了历史研究。历史写作与智者运动几乎同时产生。智者对演说术的培训是以公共生活或政治生活为核心的；对于政治生活，教育是支援性或准备或预备性的，但教育活动本身不是公共事务。在下一世纪的学园活动中（当智者有一个相对固定的场所，有相对系统的教育计划时，学园就产生了），无论柏拉图还是伊索格拉底，都不把历史作为课程（历史只是材料，并不是单独的学科），但历史（人类生活）、推理（生活与自然的本质）和表达（修辞）仍然形成他们所有著作的构成因素。在伊索格拉底那里，历史的意识和内容加上雅典的意识形态，构成他的那些演说辞范文写作的主要材料。在亚里士多德之前，所有的知识产品都是"言说"和辩论取向的，希罗多德、修昔底德、伊索格拉底、柏拉图都是如此。他们的作品是多声部的。亚里士多德是个最重要的例外。他把"看"或"观察"居于知识产品的核心。在他之前，公共生活或政治居于知识生产的核心，知识产品是关于政治，也是为了政治的。从亚里士多德开始，现代意义上的知识居于知识生产的中心了。

希罗多德出于小亚，应该受爱奥尼亚智力遗产的影响，其家乡在希波战争中站在波斯一边。他公元前445年左右移居雅典，与索福克勒斯相熟。一般认为这时他已经开始了《历史》的构思与写作，直到公元前420年左右才完成。20年代智者也开始云集雅典，普罗泰哥拉、普罗狄科、阿那克萨哥拉正在招揽学生，修昔底德开始构思，苏格拉底进入盛期，阿里斯托芬正在为名声而努力。希罗多德因此加入雅典的启蒙，从而成为一个"探索—解释者"，而不仅仅是个年代纪作者或古物学者。① 此时雅典处于盛期，雅典与

---

① 希罗多德研究进展，见以下诸本文集：C. Dewald and J. Marincola, "A Selective Introduction to Herodotean Studies," in Deborah Boedeker, ed. *Herodotus and the Invention of History*, Arethusa special volume, 20 (1987)：9 - 40, revision edition in C. Dewald and J. Marincola ed., *The Cambridge Companion to Herodotus*, Cambridge University Press, 2006；Nino Luraghi, ed. *The Historian's*　（转下页）

斯巴达矛盾开始尖锐。历史和悲剧都是史诗的后裔,"没有强有力的言辞,重大事件无法被呈现与体验"。[1] 希罗多德写作的是当代史;民族与文化的冲撞是其主题;所有伟大人物都几乎以悲剧结局,文化又何尝不是:亚洲与欧洲的冲突,以波斯的失败而结束。[2] 他对萨拉米斯的叙述与埃斯库罗斯是不同的。争吵或不和"太政治化"了,其复杂性超出悲剧作家的想象。"如果没有相互反对的辩论,最好的选择是不可能出现的。"(《历史》7.10a.1)

　　希罗多德把产生于古希腊争论政治的观察中形成的洞察力,运用于他研究的所有地方,因此把希腊政治的特点普遍化了,这既造成对东方历史的系统的虚构和误读(错误解释),也显示了历史,作为人的活动(言辞—行动)领域的根本的对话特征。这似乎是矛盾的。也就是说,历史事件中的人物总面临着多种选择,这样,对于每一种行动方案(如前进还是撤退;是屠城还是宽恕),都会有不同的选择。每一种选择都会有自己的理由。任何一个社会,在最具体的行动方案上,都在极其有限的范围对一部分的言论持开放态度。这是一个经验的现象。但是各种方案的论证与言说方式,理由的展示方式,是不同的。普罗泰哥拉说,antilogia nomos(对立的话语统治一切);希罗多德把只有在希腊才会有的那种言说方式,运用于非希腊的世界了。

　　(接上页)*Craft in the Age of Herodotus*,Oxford University Press,2007。目前最权威的英文评注,David Asheri,Alan Lloyd,Aldo Corcella,Oswyn Murray,Alfonso Moreno,*A Commentary on Herodotus*,Books I–IV,Oxford University Press,2007。在这之前权威的评注 W. W. How and J. Wells,*A Commentary on Herodotus*,Oxford University Press,1912,repr. 1928。中译本:王以铸译,商务印书馆,2005 年;徐松岩译注,中信出版社,2013 年。译文据王译本,译名略有改变。

[1] Jasper Griffin,"Herodotus and Tragedy," in Dewald and Marincola ed.,*The Cambridge Companion to Herodotuus*,Cambridge University Press,2006,p. 46

[2] 希罗多德被称太偏爱野蛮人,E. Hall,*Inventing the Barbarian*,*Greek Self-Definition through Tragedy*,Oxford University Press,1989。

希罗多德和稍晚一点的修昔底德一样，写作于悲剧时代。《历史》通过埃斯库罗斯的《波斯人》，继承着荷马的文化态度。① 在荷马那里，希腊联军和特洛亚一样，为自己的正义事业而战。交战双方对正义有不同的理解，或者，各自侧重正义的那些为自己的行为辩护的含义。这是善与善、正义与正义的冲突，而不是正义与非正义、善与恶的冲突。希罗多德对希腊世界和非希腊世界的处理，与一个多世纪以后伊索格拉底是不同的。在希腊和波斯之间，没有高居于两者之上的绝对正义，就像在波斯以及东方的政治制度与希腊的各种政治制度之间，没有绝对的高下之分一样。奇怪的是，无论是荷马，还是埃斯库罗斯或希罗多德，甚至整个古典时期的希腊文化，竟然没有人认为这是一个问题。希罗多德以赞颂的态度对待交战双方，希腊人和外邦人。② 这与荷马有惊人的一致性。在开篇，他就称：他发表他的研究的目的，"是为

---

① 关于希罗多德与史诗的关系，A. Momigliano, "Greek Historiography," *History and Practice* 17(1978)：1 - 28；John Marincola, "Herodotus and the Poetry of the Past," in Dewald and Marincola ed.，*The Cambridge Companion to Herodotus*, Cambridge University Press, 2006, pp. 13 - 28. 希罗多德和悲剧的关系，见 O. K. Armayor, "The Homeric Influence on Herodotus' Story of the Labyrinth," *CB* 54：68 - 72；Jasper Griffin, "Herodotus and Tragedy," in Dewald and Marincola ed.，*The Cambridge Companion to Herodotus*, Cambridge：Cambridge University Press, 2006, pp. 46 - 59；《历史》与埃斯库罗斯的《波斯人》，Christopher Pelling, "Aeschylus' Persae and History," in C. Pelling ed.，*Greek Tragedy and the Historian*, Oxford：Oxford University Press, 1997, pp. 1 - 19.

② "希罗多德并未写'胜利者'的历史。波斯人没有被描述成邪恶帝国的软弱且卑劣统治者，他们与那些道德与生理上优良的希腊人不相上下。"（Michael Flower, "Herodotus and Persia," in Dewald and Marincola 2006, p. 275.）相关讨论，见 F. Hartog, *The Mirror of Herodotus. An Essay on the Interpretation of the Other*, Berkeley：University of California Press, 1988；E. Hall, "Asia Unmanned：Images of Victory in Classical Athens," in J. Rich and G. Shipley, eds.，*War and Society in the Greek World*, Routledge, 1993, pp. 108 - 33；P. A. Cartledge, *The Greeks. A Portrait of Self and Others*, Oxford：Oxford University Press, 2002.

了保存人类的功业,使之不致由于年深日久而被人遗忘,为了使希腊人和异邦人的那些值得赞叹的丰功伟绩不致失去它们的光彩".① (1.0)

　　比较希罗多德的历史叙述和被称作人类历史上第一部万民法、人权法的《居鲁士石柱》的内容,我们仍然能够发现希腊文化培育的历史观,与广义的东方的历史的巨大差异。像所有犹太的、近东的、印度的、中国的关于征服的记载一样,居鲁士石柱对居鲁士对巴比伦的征服的记载,体现着同一种精神:代表绝对真理、绝对的善,或上帝(马都克)的一方,对完全错误、失去存在价值的另一方的彻底消灭。②

———————————

① 历史属于记忆女神九缪斯之一,其作用是保持让荣誉保持在记忆之中。真实、真理(aleitheia)的词根是 leitheia,遗忘,字面意思是"不遗忘"。历史研究(historia),因此,在于"调查"、"探究"功绩,使它们处于记忆之中(不被遗忘)。不被遗忘并不是记录在纸上或石头上,不被遗忘的典型做法,是像史诗和戏剧一样,处于被当众朗读状态。荣誉存在于被"言说"之中,存在于口口相传之中。亚里士多德:回忆是一个追索的过程。(《论记忆与回忆》453a5 - 10)在口头相传中进行集体的对荣誉的回忆,或追索,即是历史(historia)。韦尔南说:不朽或永恒通过两种方式,即诗人的吟唱和墓碑,保留在集体的记忆中,"集体记忆是确保个人的威望在其光荣逝去之前得以保存的机制。"(Jean-Perrie Vernant, *The Greeks*, Chicago:The Chicago University Press, 1995, p. 20.)

② 居鲁士征服巴比伦,在铭文中被记载为受到巴比伦人最高神马都克的指引,而波斯人自己信奉琐罗亚斯德教,其至上神为阿胡拉马兹达(智慧和光明之神)。《石柱》的精神是非希腊的:宇宙充满光明之神与黑暗之神的战斗,而最终光明之神将战胜黑暗之神。"我是居鲁士,世界的王,伟大的王,合法的王,巴比伦的王,苏美尔和阿卡德的王,四方的王……我把居于该处的偶像送回底格里斯河彼岸的圣城。虽然这些地方的圣所久已陷于荒凉,我却为它们设立永久的居所。我召集所有居民,把原居地归还给他们。"(居鲁士铭文,见 http://www. iranchamber. com/history/cyrus/cyrus_charter. php♯sthash. XaziCC1r. dpuf)虽然居鲁士被称为古代世界最重要的文化多元主义者,他让被征服者各安其所,特别地,他竟然没有强迫他所征服的民族放弃自己的信仰,还让他们各自保留自己的信仰(与冈比西斯形成巨大对比),但是他仍然视自己受到了最高神的唯一眷顾,他的征服是实现最高神的旨意。

克洛伊索斯对居鲁士的劝说

希罗多德对波斯宫廷的辩论，进行了细致的描述（也可以说是虚构）。① 它们组成这部著作的情节生动的部分。历史记述的不过就是言辞与行动，或广义的人的行动而已。这种情况也同样存在于中国史书中。② 在《历史》的诸多由对话组成的言辞中，波斯人的对话占据绝大多数的篇幅。在"叙述"（确切的说法是虚构）这些对话时，希罗多德用了大量的引用，类似于记录；相反，对于希腊人中发生的辩论，则有更多的是概述。③ 所以我们无法看到梭伦的长篇大论。④

---

① 关于古代西方历史中的言辞的一般论述，Charles William Fornara, *The Nature of History in Ancient Greece and Rome*, University of California Press, 1983, pp. 142 -168；William F. Hansen, *Anthology of Popular Greek Literature*, Indiana University Press, 1998；John Marincola, "Speeches in Classical Historiography," *Blackwell Companion to Greek and Roman Historiography*, Blackwell Publishing, 2007, pp. 118 – 132. 关于希罗多德，Mabel Lang, *Herodotean Narrative and Discourses*, Cambridge University Press, 1984；Christopher Pelling, "Speech and Narrative in the Histories," in Dewald and Marincola 2006。

② 在这方面，古代的历史著述与现代的历史著述有着巨大的差异。19 世纪以后的历史学，受社会学与经济学或政治学的影响，大量的篇幅用于描述某一个时代的经济发展状况以及社会与政治结构，我们习惯上认为这是对某个时代的确切的理解或知识。这也引导着我们对作为史料的这些古代著作的读法。我们几乎只阅读古代作家一带而过或暗示的东西。我们的任务是通过这些材料重建那个时代的社会构造。

③ J. A. S. Evans, "Oral Tradition in Herodotus," in his *Herodotus, Explorer of the Past*, Princeton：Princeton University Press, 1991, pp. 89 – 146；William A. Johnson, "Oral Performance and the Composition of Herodotus' Histories," *GRBS* 35(1995)：229 – 254.

④ 梭伦和克洛伊索斯关于幸福的对话(1. 29 – 32)，无疑是整个著作第一个现场描述。那是关于人生的讨论，可能更适合于作者本人（当然也可以说是雅典人的一般信念），而不是梭伦。梭伦与克洛伊索斯的讨论，Christopher Pelling, "Speech and Narrative in the Histories," in *The Cambridge Companion to Herodotus*, （转下页）

克洛伊索斯是吕底亚国王,离奇故事主角巨吉斯的孙子,《历史》(特别是第一卷)的主角之一。[①]《历史》的开篇即是吕底亚纪,克洛伊索斯是吕底亚扩张的决定性人物,在他统治之下,吕亚人统治了小亚细亚的大部分。正是在他权力顶峰时期,梭伦来访,发生了两人之间的著名对话。自以为幸福的克洛伊索斯问梭伦谁最幸福,梭伦提到了好几个人但没有提到克洛伊索斯。在困惑的克洛伊索斯问梭伦何不认为自己是幸福的时候,梭伦说:克氏虽然有财富和权力,但晚年不幸,因为两个儿子中一个是残疾,另一个儿子则将被尖器刺死(后来在打猎中被误杀),而且幸福是对一个人人生整个旅途的判断,那必须等其死后。(1.32-33)在希罗多德笔下,克洛伊索斯虽然征服许多地方,但他信神、慷慨,富有怜悯(katolkteiseu)之心,宽恕了误杀其子且处于其保护之下的人。他因为误解了神托而向居鲁士率领的波斯人征战。结果吕底亚被征服,克洛伊索斯被俘(公元前547年)。他自称是居鲁士的奴隶,居鲁士则把他当作忠实的谋士。[②] 按照克洛伊索斯自己的说法,他和居鲁士成了这样的关系:"既然诸神使我变成了你的奴隶,那么如果我看到什么对你有利的事情而把它告诉你,那将是我分内应做之事。"(1.89.1)而居鲁士也称不管他要什么,都可以提出。(1.90.1)居鲁士的贤明与"霸业"与克洛伊索斯的劝说是有关的,而且,这位后期牢记梭伦谈话的前国王,除了谨慎与信神外,也许没

(接上页)Cambridge University Press, 2006, pp. 104-106;希罗多德对梭伦的评价,Norma Thompson, "Most Favored Status in Herodotus and Thucydides: Recasting the Athenian Tyrannicides through Solon and Pericles," S. Salkever, ed., *The Cambridge Companion to Ancient Greek Political Thought*, Cambridge University Press, 2009, pp. 65-95。

① D. Konstan, "The Stories in Herodotus' Histories, Book I," *Helios* 10(1983): 1-22.

② 显然,从被俘之后不久吕底亚反叛,克洛伊索斯一直处于恐惧状态,害怕吕底亚人的反叛为自己带来杀身之祸而言,他更像是人质,而不是幕僚。

有别的东西可以贡献给居鲁士。① 在刚比西斯时，克洛伊索斯因为像居鲁士时代那样劝说而遭不满和杀害。②

克洛伊索斯的第一个进谏便是劝攻陷自己都城的波斯人停止杀戮和抢劫。他看到波斯士兵都在忙碌，便问居鲁士他们在干什么。居鲁士说"他们正在掠夺你的城市并拿走你的财物。"克氏说那已经不是自己的财富，而是居鲁士的，因此他们是在掠夺居鲁士的财富。这显然是个机智的劝说。（1.88）他的第二个建议也是有关吕底亚的，当吕底亚人反叛，居鲁士打算把他们全部变卖为奴时，克洛伊索斯建议改变他们生活方式，不许他们保存任何武器，只教他们孩子弹琴和经商。（1.155）

克洛伊索斯的第三个建议是在居鲁士生前最后一战征服玛撒盖塔伊人（约发生于公元前530年）之前。这时波斯已经建立庞大帝国，巴比伦也已遭毁灭。这时候居鲁士遇到的是玛撒盖塔伊人的女王托米丽司。波斯人和玛撒盖塔伊人只隔阿拉克塞斯河。女王先是劝说居鲁士放弃攻击自己，因为他们应该彼此满足于自己的统治，"满足于和平地治理你自己的王国并容忍我们治理我们所统治的人们"（1.206），这才是真正对成鲁士有利的。她知道居鲁士不会听从建议，就提出两个选择，一是自己后退三日的路程，留下战场，双方准备好再开战，即把战场放到己方土地；或者居鲁士向后退三日的路程，把战场放到对方土地上。值得注意的并不是这种建议，而是其开端：以有利，用常识（一般信念）来支撑自己的建议。在听到托米丽司的建议后，居鲁士召集波斯的领袖人物商

① 阮芬：《神谕与希罗多德式叙事——以吕底亚故事为例》，《世界历史》，2013年第2期。
② 对克洛伊索斯言辞的分析，Christopher Pelling, "Educating Croesus：Talking and Learning in Herodotus' Lydian logos," *Classical Antiquity*, Vol. 25 No. 1（2006）141-177；Peter Stahl, "Learning through suffering? Croesus' conversations in the history of Herodotus," in *Studies in the Greek Historians：in Memory of Adam Parry*, ed. Donald Kagan, Cambridge University Press, 2009.

量对策。所有的人都赞同要托米丽司渡过河来，在波斯领土上作战。这时候，按照希罗多德的记载，克洛伊索斯表示相反的意见。值得注意的并不是克洛伊索斯的见解多么高明（事实证明它导致了失败的结局），而是他完全按照雅典人在公民大会上讲话的"套路"，先从抽象议论开始。按照一百多年以后亚里士多德的概括，他展示了 ethos 作为说服的根源，即诉诸一般意见。显然，作为人质、谋士和廷臣，克洛伊索斯的人格并不足以作为根据。但是，在几乎所有对居鲁士的建议之中，克洛伊索斯都把自己的不幸作为说服的要素。不幸作为说服的要素，可以起到警示作用，起到强化谨慎、克制等行事方式的效果。

哦，国王啊，我在以前便向你说过，既然宙斯大神把我交到你的手里，那我将要尽我力之所及使你避免我所看到的逼临在王家之上的任何凶险之事。我自己身受的非常痛苦的灾祸已经使我得到了很大的教训。如果你自以为你并非凡人而你的军队又是天兵天将的话，那你毫无疑问可以不把我的忠告放到眼里。如果你觉得自己是一个凡人，而你统治的还是凡人的时候，那么首先你要记住，人间的万事万物都是在车轮上面的，车轮的转动是决不允许一个人永远幸福的。现在，谈到目前的这件事情，我的意见是和你的其他顾问的看法相反的。因为倘若你同意你的敌人进入你的国土，那你要冒着多大的危险！如果你打了败仗的话，那你的帝国也就完了。可以肯定，如果玛撒盖塔伊人战胜的话，他们不会撤回本国，而是要向你的帝国的所有地区进军。如果是你得到胜利的话，那么你的战果就不会像你渡河作战时的战果那样大，因为到那边之后，你是可以乘胜直追的。当然，如果在你自己的土地上他们把你打败的话，他们会因你的损失而同样取得巨大战果的。如果在河的对岸你把托米丽司的军队打垮，那你就立刻便可以冲击她帝国的要害了。……如果居鲁士向一个妇人屈服并从她的领土之上退下来，那实在是一件不能容忍的可耻的事情。(1.207.1-5)

在接下来的劝说中，克洛伊索斯还建议渡过河对岸后，波斯士兵用酒肉引诱玛撒盖塔伊人：弱兵做好酒肉后稍战即退，让对方享用菜肴，然后乘他们酒醉再杀回来。这也许是世界史上最奇怪的"计谋"之一，如果希罗多德的记载正确的话。根据希罗多德的记载，这一招果然奏效，居鲁士胜利并俘虏玛撒盖塔伊人的王子。但是在接下来的战斗中，居鲁士大军受到女王的抵抗，居鲁士战死。

值得注意的并不是克洛伊索斯的具体建议，而是他提建议的方式。就具体建议而言，河两边作战都可以作为选项。在自己这边作战，胜则有使对方无路可退，败则退到自己的领土并获得支援；在河对岸作战，胜则有可以长驱直入，直击要害，但如果失败，则面临没有退路的境况。就希罗多德记载的情况而言，居鲁士可能恰恰作出了错误的选择。但是具体的战斗偶然的因素（运气）太多了。绝对优势的兵力也不能保证胜利。波斯人屡次遇到这样的情况。值得注意的是这种劝说的方式。第一，克洛伊索斯以一种平等的，甚至可以说是教训的口吻向居鲁士进言，这种语气没有奴隶和主子谈话的味道；第二，"有利"和可行依然是这类讲话的核心，但是围绕着有利和可行的，除了这里显然被忽略的双方力量、后勤的对比外，就是关于一般道理的陈述，且在具体的建议提出之前，作了一番关于人生的，即关于正义、公平、敬神、有利的论述。这是审议型演说的一般特征。也就是说，这种带有雅典人在公民大会上发表讲话的固定程式，被用于波斯朝的阵前辩论了。① 雅

---

① 在希罗多德那里，波斯人同样持希腊人的"自由"话语："〔居鲁士〕使被人奴役的波斯人变成了自由的人，使臣服别人的波斯人变成了统治一切的人。"(1.210)

典人或所有人可以接受的一般道理可以作为具体行为的依据,可以用来为某一特殊的行动辩护,这样使得行为可以理解,才是人的行为。而在人的行为中,一个最常见也是最容易被忽视的情况,竟然是世事无常:人不可能永远获得幸福,人是运气的玩物。看起来,这种抽象议论与选择在什么地方作战、如何排列阵形没有任何关联,因此之故,克洛伊索斯的议论也可以说是不得要领的。但是正是它显示了希腊人的行事特征。

总的说来,克洛伊索斯的言说(logoi),虽然把有利作为劝说的主要规则,但主要还是一种关于人生的言说。他对居鲁士的劝导,主要是基于自己的不幸而做出的提醒:这就是要敬神,提醒命运无常和人的力量的弱小与人的脆弱性。这种人有极端有限的意识,是悲剧时代希腊思想的基本构成部分。因为神和人被安排在根本不同的存在领域,人不可能成为不朽的神,这种有限的意识被加剧了。克洛伊索斯的劝说,因此以谨慎为行为的核心。这需要节制暴力,对失败者宽大处理,尊重被征服者的习惯。这是统治者的德性而不是臣民的德性。

作为 rhetoric 总门类下的 historia,总体带有劝说的特征。克洛伊索斯和居鲁士的关系的叙事,显示了希罗多德对居鲁士的称赞态度。这种态度一直影响到色诺芬的《居鲁士的教育》。希腊人理想化地看待异邦人的这位最杰出的政治人物。宽容、倾听、开明是理想化的居鲁士的特征。看不到阴谋、政变、谋杀,波斯的政治生活甚至这种生活中的暴力,也像希腊政治一样,被暴露在光天化日之下。这是把政治公开的特征赋予波斯了。为了突出居鲁士的贤明的特征,显示他和克洛伊索斯的理想君臣关系,在居鲁士即将渡河之前,居鲁士还打算把刚比西斯托付给克洛伊索斯,"严厉地命令刚比西斯尊敬和厚待克洛伊索斯"(1.208)。

与居鲁士的贤明、克制相比,刚比西斯则残暴,是坏国王的典型。希罗多德持一种自然的态度,希腊的社会有坏人、坏的国王,非希腊的社会亦有好的、类似于居鲁士那样的贤王。[①] 在希罗多德眼中，刚比西斯是个疯狂的人，他渎神（烧毁神像），嘲弄宗教习俗（如戳杀埃及人的圣牛），残暴（如活埋 12 名犯很小过失的知名人士）。[②] 希罗多德多处用疯狂来描述刚比西斯，以至于他认为刚比西斯根本就是神经失常的人。（3.29；3.33；3.34；3.37；3.38；3.61）面对这样的君王，可以想知克洛伊索斯会有什么遭遇。希罗多德记载当克洛伊索斯看到刚比西斯的这些行径，认为应该向他进谏时，发生了这种对话：

> 克洛伊索斯："主公，不要太放纵你那年少的盛气和激情吧，克服和管制一下自己吧。谨慎是一件好事，预见则是真正的智慧。但你怎么样呢？你为了一些微不足道的过错而杀死了你的国人，而且被你杀死的还有男孩子。如果你总是这样做的话，那你便要当心波斯人会背叛你了。"
>
> 刚比西斯："你也竟敢来向我进谏吗？你在治理你自己的国家时是一个满有办法的国王，你又向我父亲提供很好的忠告；而在玛撒盖塔伊人愿意渡河到我们的国土来的时候，你却嘱告他渡过阿克拉塞斯河去攻打他们；因此，你由于错误地治理你的国家而招来了灭亡，又由于错误地说服了居鲁士而毁了居鲁士。老实说，你会后悔的，我早就等着找过借口来收拾你了。"说着刚比西斯便拿起弓箭来要把他射死。但是克洛

---

① Truesdell S. Brown, "Herodotus' Portrait of Cambyses," *Historia*, 31. 4(1982): 387 – 403.

② 希罗多德对冈比西斯的记载与乌加霍列森尼（公元前 525 年左右埃及总督）铭文刚好相反。在这上铭文中，冈比西斯对埃及的统治似乎并没有变化，他仍然尊重埃及人的信仰，像埃及的每一位国王那样统治，是埃及神灵的守卫者。"上埃及和下埃及之王冈比西斯来到塞斯。国王陛下亲自来到奈斯神庙。就像每一位国王所做的那样，国王陛下在神灵面前进行祭拜。"(Statue Inscription of Udjahorresne 11 – 17，引自莫里斯和鲫威尔：《希腊人》，第 239 页。)

伊索斯跳了起来而逃跑了。(3.36.1－4)

　　这是也许只有索福克勒斯笔下的人物才有的直率。对于刚比西斯来说,他不仅要表达对克洛伊索斯建议的拒绝,更要表达他对他的愤怒与侮辱的情绪。

　　这是希罗多德的记述中另一种对话类型。这种类型,我们在修昔底德笔下可以看到其继续。一方仗着力量,没有节制,这样就处于行动的冒险之中;另一方则一直呼吁克制,并且时时提醒命运的无常。这是提醒,在人类的事务中,偶然因素太重要了,它有时比人的作用更加重要。① 黑海中的风暴比希腊海军对波斯的打击还有要大,就像近一个世纪以后西西里的情况一样。

大流士宫廷内的宪法争论

　　希罗多德的宪法辩论和伪托亚里士多德《亚历山大修辞术术》一样,是空间倒置的作品。就像居鲁士表现出希腊人的贤明那样,辩论情节是想象的结果。② 希罗多德对撒美迪斯的继位和大流士

① 正是地米斯托克利,这位最老辣的政治家,才感到人的局限性和具体战斗的极端不确定性。这是一个精明(狡猾)、冷静(谨慎)的政治家。在第八卷波斯人撒退雅典人准备追击时,他说击退"像云霞一样大"的敌人,是希腊人的幸运,"取得这场胜利的并不是我们,而是诸神和天上的英雄们。"(8.109,第604页)
② 对宪法辩论的详细研究,P. T. Brannan, "Herodotus and History: The Constitutional Debate Proceeding Darius' Accession," *Tradition* 19 (1963), pp. 427－438; Christopher Pelling, "Speech and Action: Herodotus' Debates on the Constitutions," *PCPhS* 48 (2002): 123－158; David E. Hahm, "The Mixed Constitution in Greek Thought", in R. Balot, ed., *A Companion to Greek and Roman Political Thought*, Oxford University Press, 2009, pp. 178－198; C. Sydnor Roy, "The Constitutional Debate: Herodotus' Exploration of Good Government," *Histos* 6(2012): 298－320。

复位的记载，与大流士铭文基本一致。但他对大流士宫廷的宪法之争的叙述，则显然是奇怪的"发明"。希罗多德还特地强调辩论真实发生了。① 波斯贵族欧塔涅斯女儿嫁刚比西斯，司美尔迪斯篡权后，继承了刚比西斯的家室，也因此娶了这个人的儿女。欧塔涅斯怀疑司美尔迪斯是假冒的，因为他继位后从不召见知名人物。除了欧塔涅斯外，还有六位波斯贵族参与复辟。刚比西斯的侄子大流士也参与到其中。他显然是血统离刚比西斯最近的一位，因此，如果事情成功，最得益的，自然是他。在七人准备行动之前，按照希罗多德的记载，他们进行了宪法辩论。这是政治共同体中类似于"中兴"或"复辟"时的再创制。它与第一卷中戴奥凯斯的米底人政治共同体的起源的故事一起，形成创制的故事。②

夺回王位和消灭玛哥斯僧人的行动进行了五天。希罗多德对这个事件的叙述非常生动，像现代小说。复辟者们终于稳定了局势，他们坐下来讨论局势。

> [他们]在会上所发表的意见，在某些希腊人看来是不可信的；但毫无疑问这些意见是发表了。欧塔涅斯的意见是主张全体波斯人参与管理国家。他说："我以为我们必须停止使一个人进行独裁的统治[不再拥有君主]，因为这既不是一

---

① 就像文中大量的对话都可能是虚构一样，许多场景除非是现场，是不可能被记录下来的。这当然给所有"记言"或语类的史书的可信性，打上了一个巨大的问号。讨论为什么虚构，意图是什么，其实也没有太多的意义。说希罗多德或修昔底德通过虚构这些对话，表达自己的观念或参与当时的思想争论，也没有说明问题。这里不是细节问题，而是整体的不可能性。

② 文明或城邦的起源，是辩论而不是征服的结果。这也许属于古代西方最根深蒂固的假定（只有近代人才将其视为征服的结果）。希罗多德无疑是这种看法的重要源头之一。他对雅典城邦的建立，对梭伦的记载，直接影响伊索格拉底，而在西塞罗那里得到完整的表述。说到底，这是他们对自己的日常、公共生活的反思。荷马的记载也值得考察。

件快活的事,又不是一件好事。你们已经看到刚比西斯骄傲自满(暴力)到什么程度,①而你们也尝过了玛哥斯僧的那种旁若无人的滋味。当一个人愿意怎样做就怎样做而自己对所做的事情又可以毫不负责的时候,那么这种独裁的统治又有什么好处呢?把这种权力给世界上最优秀的人,他也会脱离他的正常心情的。他具有的特权产生了骄傲,而人们的嫉妒心又是一件很自然的事情。这双重的原因便是他身上产生一切恶事的根源;他之所以做出许多恶事来,有些是由于骄傲自满,有些则有是由于嫉妒。嫉妒本来一个具有独裁权力的君主,既然可以随心所欲地得到一切东西,那他应当是不会嫉妒任何人的了;但是在他和国人打交道时,情况却恰恰相反。他嫉妒他的臣民中最有道德的人们,希望他们快死,却欢迎那些最下贱卑劣的人们,并且比任何人都愿意听信谗言。此外,一个国王又是一个最难对付的人。如果你只是适当的尊敬他,他就会不高兴,说你侍奉他不够尽心竭力;如果你真的的话,他又要骂你巧言令色。然而我说他最大的害处还不在这里;他把父祖相传的大法(νόμαιος)任意改变,他强奸妇女,他可以把人民不加审判而任意诛杀。不过,相反的,人民的统治(πλῆθος)的优点首先在于它的最美好的声名,那就是,在法律面前人人平等。其次,那样也不会产生一个国王所易犯的任何错误。一切职位都抽签决定,任职的人对他们任上做的一

① 从这句话中,我们也可以感觉到希罗多德,这位朴素的多元主义或相对主义者,对雅典式民主的偏好。他对刚比西斯在埃及的暴行进行细致的描述,与对居鲁士的描述大不相同。居鲁士尊重被征服的民族的生活习惯,而刚比西斯则有恰好相反。他践踏被征服民族的习俗(如刺伤埃及圣牛)时,并不是出于治理的需要(即统一于波斯的生活方式也许可能利于统治),而完全出于自己的疯狂(根据他的叙述,现代人认为刚比西斯得了癫痫)。如果说他对刚比西斯的整个叙述,带有对塔涅斯观点的论证的意思,也能说得通。当然,如果从居鲁士的言行中,也许可以推论出他仍然赞成一人统治。只要贤明,一人统治也是选择。

切负责,而一切意见均交由人民大众加以裁决。因此,我的意见是,我们废掉独裁政治并增加人民权力,因为一切事情是必须取决于公众的。"(3.80.1-6)

在政变的始作俑者欧塔涅斯看来,废除一个人的统治,代之以多数人的统治是合适的。这种安排之所以值得推荐,主要是出于经验的考虑。一个不被搁置或反对的权威是不负责任的,这种权威容易滋生专横;而多数的统治正好有三种好处:平等;职位由抽签决定;对官员进行审查。然而,当希罗多德将这种雅典意义上的民主的安排与下面的寡头制的安排与君主制的安排相并列,让三个不同的人各陈其利弊时,它或任何一种安排的绝对合理的论辩力量就受到了消解。就此而言,希罗多德宁可在申辩:在创制,或共同体的成立或危机时刻,任何一种安排都是可能的,都是有其利弊得失的。而这也许是公元前5世纪末雅典知识界的重要反思。三种政治安排在希腊都有典型的范例。值得注意的是,希罗多德并没有把波斯的绝对专制主义,甚至刚比西斯式的专制主义,与希腊的君主制分开来。他自然也没有像近两个世纪以后的亚里士多德那样,把僭主制作为君主制的反常形式。

美伽比佐斯第二个发言:

我同意欧塔涅斯所说的全部反对一个人统治的意见。但是当他主张把权力给予民众的时候,他的见解就不是最好的见解了。没有比不好对付的群众更愚蠢和横暴无礼了。把我们自己从一个暴君的横暴无礼的统治之下拯救出来,却又用它来换取那肆无忌惮的人民大众的专擅,那是不能容忍的事情。不管暴君做什么事情,他还是明明知道这件事情才做的;但是人民大众连这一点都做不到而完全是盲目的;你想民众既然不知道、他们自己也不能看到什么是最好的最妥

当的,而是直向前冲,像一条泛滥的河那样盲目向前奔流,
那他们怎么能懂得他们所做的是什么呢? 只有希望波斯变
坏的人才拥护民治;还是让我们选一批最优秀的人物,把政
权交给他们罢。我们自己也可以参加这一批人物;而既然
我们有一批最优秀的人物,那我们就可以作出最高明的决
定了。(3.81.1-3)

　　应该说,欧塔涅斯和美伽比佐斯关于民主制和寡头即贵族制
的优劣点的讨论,是非常充分的。后世的柏拉图、亚里士多德的讨
论都没有超过这里的辩论。对各种政体的优劣的讨论,显然也是
那个时代雅典公民大会的辩论和悲剧中常有的内容。这是一个对
所有的"制度"、"祖制"、"习惯"、"法律"等等可以公开讨论、分析的
文化。作为辩论的起点的,是欧塔涅斯对一人人统治的批评,在这
种情况下,如果再有对一个人统治的有说服力的辩护,似乎是奇怪
的。但是第三个发言的大流士不仅对一个人统治进行了长篇的辩
护,而且受到另外四个人的赞成。在希罗多德的笔下,大流士就像
希腊的甚至雅典的政治家一样,展示平等的、具有非凡分析能力的
论辩才能。在他进行辩论的时候,他似乎把自己的巨大的地位优
势(往往用于强制与命令)完全忘记了。大流士说:

　　　　我以为在谈到民治的时候,美伽比佐斯的话是有道理的,
　　但在谈寡头之治的时候,他的话便不能这样看了。现在的选
　　择既然是在这三者之间,而这三者,即民治、寡头之治和独裁
　　之治中的每一种既然都指着它最好的一种而言,则我的意见,
　　是认为独裁之治要比其他两种好得多。没有什么能够比一个
　　优秀的人物的统治更好的了。他既然有与他本人相适应的判
　　断力,因此他能完美无缺地统治人民,同时为了对付敌人而拟
　　定的计划也可以隐藏得最严密。然而若实施寡头之治,则有

许多人虽然都愿意给国家做好事情，但这种愿意却常常在他们之间产生激烈的敌对情绪，因为每一个人都想在所有人当中为首领，都想使自己的意见占上风，这结果便引起激烈的倾轧，相互之间的倾轧产生派系，派系产生流血事件，而流血事件的结果仍然是独裁之治；因此可以看出，这种统治方式乃是最好的统治方式。再者，民众的统治必定会产生恶意，而在公共事务中产生恶意的时候，坏人们便不会因敌对而分裂，而是因巩固的友谊而联合起来；因为那些对大众做坏事的人是会狼狈为奸地行动的。这种情况会继续下去，直到某个人为民众的利益起来进行斗争并制止了这样的坏事。于是他便成了人民崇拜的偶像，①而既然成了人民崇拜的对象，也便成了他们的独裁的君主；在这样的情况下也可以证明独裁之治是最好的统治方法。但是，总而言之，请告诉我，我们的自由（ἡ ἐλευθερίη）是从什么地方来的？是谁赐与的——是民众，是寡头，还是一个单独的统治者？因而我认为，既然一个人的统治能给我们自由，那么我们便应当保留这种统治方法；再说，我们也不应当废弃我们祖先的优良法制；那样做是不好的。（3.82.1—5）

令人惊异的，是希罗多德下面的两点叙述。第一，不是作为按照血统最接近王位的大流士的当然继承王位，而是他和除了欧塔涅斯以外的几个人的关于王位的竞赛，其实是马的竞赛：第二天六个人策马到市郊相会，而谁的马最先嘶叫，谁便获胜且登上王位。第二，既然欧塔涅斯的建议得不到采纳，他说，他既不想统治又不想被统治，因此他们中不管谁登上王位，都为他的家族留一块

---

① 可以比较第一卷对戴奥凯斯的叙述（1.96—100）。他无疑就是因为民众的崇拜而登上一个人统治的王位的。

特殊的领地：他的子孙不受他们中任何一位支配。按希罗多德的说法，其他六个人同意了他的条件。"直到今天，在波斯只有他一个家庭仍然是自由的，他们虽然遵守波斯的法律，却只有在自愿的情况下才服从国王的支配。"(3.83)最不可能开放的王位继承问题，竟然受到这样处理，非常类似于后世西方学者的自然状态假说。登上王位几乎凭的是运气，而不是自己的能力，虽然大流士的谋士做了手脚，让大流士的马最先发出嘶叫。这种令人惊异的叙述，却与苏格拉底对雅典民主的评论具有一致性。苏格拉底说雅典人根据抽签而不是根据一个人的能力与德性决定职位。与这种极端荒唐的历史虚构相反的，自然是中国和波斯对王位继承的看法。儒家把这种继承简单地归结为"内圣外王"，只有在道德上达到最高境界的人（又分为修、齐、平、治诸阶段），才能获得人们心悦诚服有服从，而对于这样贤明的君王，他理应比所有的人都更有远见，更能把握所有的形势的特点，因此他的讲话是"圣旨"，是不可能被反驳的。关于波斯人对王位的看法，在居鲁士铭文或大流士铭文中都能看到经典的表现。王位或王权直接出自至高无上的天神阿胡拉马兹达；阿胡拉马兹达是至上的神，他让居鲁士执行自己的意志兰，也保证全世界的人民与国王"匍匐在他的脚下，吻他的脚"。相比之下，希罗多德的宪法辩论和赛马情节，却充分体现古典民主时代雅典人对历史的想象。①

---

① Hahm 和 Roy 认为，希罗多德宪法辩论的叙述体现了最早的混合政体理论，他关注的并不是政体的纯粹形式，而是建立一种能够做出好的决策又稳定的政体。David E. Hahm, "The Mixed Constitution in Greek Thought," in R. Balot, ed., *A Companion to Greek and Roman Political Thought*, Oxford University Press, 2009, pp. 178 - 198; C. Sydnor Roy, "The Constitutional Debate: Herodotus' Exploration of Good Government," *Histos* 6(2012): 298 - 320.

克谢尔克谢斯出征希腊前的辩论

希罗多德对波斯宫廷政治辩论的第二个更加绘声绘色的"发明"，是克谢尔克谢斯出征希腊前夕(前 486 年)，大流士死后第二年，马拉松战役后第 4 年的辩论。以前半个多世纪的基本情况是这样的：前 546 -前 545 年，居鲁士征服吕底亚和小亚细亚的希腊人，然后向东扩张。大流士继承了这种扩张政策，在前六世纪末完成了对包括埃及、中亚等东方地区的征服。随后，大流士开始向西方扩张，在征服色雷斯以后，与希腊的冲突再起。在波斯人向东扩张时，小亚细亚的希腊人就开始酝酿反叛。前 499 年反抗爆发，雅典是主要支持者(小亚细亚的城邦多为雅典后裔)。2 年后雅典军队烧毁撒迪斯城，这对于波斯统治是个极大的挑衅。大流士进攻希腊。前 490 年的马拉松战役波斯惨遭失败。这两件事情是大流士时代希腊波斯关系的重大事件，也是波斯帝国从居鲁士以来遭受的最大的挫折与羞辱。"惩罚叛乱者"和毁灭雅典也可以说是大流士留给克谢尔克谢斯的最大遗愿。这是这次辩论的背景。[①]

希罗多德对辩论的呈现令人想起荷马和埃斯库罗斯。[②] 这是典型的希腊式的处理：他没有站在希腊的立场谴责波斯的入侵，也没有证明波斯的不正义的战争必然带来毁灭。这种观念是希腊

[①] Christopher Pelling, "*Speech and Narrative*," in *The Cambridge Companionto Herodotus*, eds. Dewald and Marincola, Cambridge University Press, 2006, pp. 108 - 110.

[②] 希罗多德对希波战争的叙述，与荷马的叙述太有一致性了。双方都为了各自的正义而战，波斯是为了报仇与惩罚背叛(任何一种叛乱都是对双方原有的同意与双方都接受的秩序的侵犯)，希腊人则有充分体现他们的为自由而战的精神(7.135)。但是就像特洛亚和希腊联军中出现的情况一样，波斯一方和希腊一方，仍然充满着争吵与辩论，波斯的联军和希腊的联军及其统帅一样，几乎是各鬼胎。

人缺乏的。居于荷马、埃斯库罗斯和与他们一脉相承的希罗多德的事件叙述核心的，可能是这样一些从没被明言的观念：战争双方都在为自己的正义而战，都有各自充足的理由；双方在各自阵营内的辩论（被集中叙述的，是波斯宫廷的辩论），便是这些理由的充分表达（这是一个充分表达了的文化传统）；由于并没有高居一切的绝对正义观，诸神在人们似乎迫切需要发声的时候反而沉默了（或者这只是人间的正义，而不是神的正义）；于是，面对即将到来的冲突，双方的决策层展示了极端的焦虑与恐惧；克谢尔克谢斯的梦境①，阿尔塔巴诺斯体会了神意不可违后的绝望，以及克谢尔克谢斯与阿尔巴塔诺斯立场的改变与互换（克谢尔克谢斯开始时坚决要求出征，阿尔塔巴诺斯坚决反对；克谢尔克谢斯犹豫和后退；阿尔塔巴诺斯勉强接受出征策略），所有这些都浸透着希腊悲剧的精神。这场辩论是《历史》中篇幅最长、生动异常同时也是刻画深刻的辩论。②

　　第一个发言的自然是克谢尔克谢斯。他要向他的统帅们说明为什么要出征希腊，特别地，他并不是简单地下达命令，向他们通报自己的决定，而是与他们商量，甚至等待他们反驳的（会商σύλλογος、听取意见和宣布看法）。他的发言口气使人想起阿伽门

---

① 令人惊奇的是，希罗多德的著作中有那么多的梦境的叙述（几乎与神谕一样多），而且多发生在重大的战事或重要的事情之前（克洛伊索斯进攻米底亚人之前；每一次波斯王位更迭的时候）。这与史诗和悲剧诸多作品有相同之处。这个把一切都展示于理性的阳光下进行表达与分析、反驳的文化，却同时又如此沉溺于梦境的叙述，多少令人意外。当然，另一个令人吃惊的事情是，他几乎没有报导希腊人的梦境。我们在什么地方都看不到梭伦、庇斯特拉图、地米斯托克利的类似于东方国王们的梦境。

② Christopher Pelling, "Thucydides' Archidamus and Herodotus' Artabanus," in M. A. Flower and M. Toher, eds., *Geogica*: *Greek Studies in Honour of Geoge Cawkwell* (BICS Suppl., 38[1991]), pp. 120 – 142; Christopher Pelling, "Speech and Narrative," in *The Cambridge Companion to Herodotus*, eds., Dewald and Marincola, Cambridge University Press, 2006, pp. 108 – 110.

农，也使人想起雅典公民大会的例行辩论。

克谢尔克谢斯首先解释为什么征服希腊？为了赢得荣誉和报复。这与希腊联军出征特洛亚同出一辙。他说，居鲁士和大流士已经为波斯争得巨大的荣耀，如何在这方面不落入其先王后面，他想到了出征，而且出征希腊是深思熟虑的结果：

> 在我深思熟虑之后就觉得，我们不仅可以赢得声名，而且可以处到了一块在质和量方面都不次于我们的土地，这块土地比我们现有的土地还要肥沃；这样我们既满足了自己的需要，又达到了报复的目的。(7.8α)

除了出征目的外，他还提出了他的战术设想，即在赫勒斯滂海峡上架桥。关于报复：

> 你们已经看到，父王大流士是曾经想讨伐这些人的。但是他死了，他已经无法来亲自惩罚他们了；而我却要为他和全体波斯人报仇，不把雅典攻克和烧毁决不罢休，以惩罚雅典人对父王和我本人无端犯下的罪行。首先，他们和我们的奴隶米利都人阿里斯塔哥拉斯来到撒尔迪斯，焚烧了那里的圣林和圣殿；其次，当我们的……军队登上他们的海岸时，他们是怎样对待我们，我想这是你们大家都清楚的。(7.8β)

关于征服的结果，除了报仇外，克谢尔克谢斯认为就是从未有过的荣耀："把波斯的领土与苍天接壤"，于是"没有一座人间城市、人间的民族能和我们相对抗"，"那些对我们犯了罪的和没有犯罪的人就同样不能逃脱我们加到身上的奴役"(7.8γ)。这无疑是极具吸引力的提议。因此在最后，克谢尔克谢斯对与会者提出这样的带有强制意味的要求：

　　当我宣布你们前来的期限时,你们每一个人必须立即前来,不许有勉强的情绪。凡是率领着拥有最优良的装备的军队前来的人,我将要给他在国内被认为是最尊荣的礼品。上述事情必须做到。但是你们谁也不要认为这是我擅自决定的,我把这事向你们大家提出,有意见的人我是希望他能够提出来的。(7.8δ)

　　这样,克谢尔克谢斯就完成了他的论证。除了结尾的强硬语气可能和波斯宫廷的话语相关外,整个讲话的顺序,与亚里士多德所说的审议性讲话没有任何区别。第二个发言的是玛尔多纽斯。他只是附和了克谢尔克谢斯的讲话,论证出征的必要性(惩罚罪行)和可行性(克谢尔克谢斯是最杰出的人物,波斯军队是世界上最优秀的战士),特别加上了对克谢尔克谢斯的称赞和对雅典人的贬低。他特别提出了希腊人的"顽固和愚蠢",因为他们总是在最平坦的地方作战。(7.9)和克谢尔克谢斯的讲话一样,玛尔多纽斯讲话的所有部分都围绕着一点展开:应该出征希腊,所有的内容都起到正面的证明作用。虽然希罗多德称玛尔多纽斯只是"把克谢尔克谢斯的意见说得更加动听了"(7.10),但这应该是讲话者的真实意思的表达,而不是纯粹为了讨好或纯粹因为克谢尔克谢斯的压力。① 这时候阿尔巴塔诺斯发言了。他坦率地反对出征。因

---

① 希罗多德对东方君主权力的理解非常有限,或者无法理解。他也许只能止于这样的想象:听了玛尔多纽斯的讲话,"其他波斯人保持了沉默,不敢发表与已经提出的建议相反的任何看法。"(7.10)或者,只能从克谢尔克谢斯的略带强制的语气的叙述中体会一点他对波斯君王的理解。在第九卷,玛尔多纽斯显示出了自己的勇敢和智慧。他是主战派,直到撒拉米司海战失败,他还建议克谢尔克谢斯整顿军队再战。在克谢尔克谢斯坚持要退兵(按照希罗多德的说法,当他回到亚细亚时,几乎就剩下一个人了)的情况下,他要求挑选30万大军与希腊人战,直至奴役全希腊,把全希腊作为礼物送给克谢尔克谢斯。玛尔多纽斯在克谢尔克谢斯退回后还占领过雅典,雅典人第二次退回海上。在最后的战役中玛尔多纽斯为一个斯巴达士兵所杀,战死沙场。

为他第三发言，或紧接着正面建议者发言，因此他的反对策略，主要围绕反驳进行，这就像发生在雅典公民大会上的辩论的一般情况一样。

首先，阿尔塔巴诺斯非常委婉、文雅与富有智慧地表达了他即将表达的反对意见。他从"讲道理"开始。纵然克谢尔克谢斯不赞同他的具体意见，但必然不会不赞同他提出来的简单道理：

> 如果大家不发表相互反对的意见，那就不可能选择较好的意见，而是必须遵从已发表出来的意见；但是，如果有反对的意见，那就能够选择较好的意见了。甚至黄金的成色单从它本身都不能加以鉴别，但是黄金和黄金如果都在试金石上摩擦，那我们便可以把成色较好的黄金鉴别出来。(7.10α)

阿尔塔巴诺斯反驳克谢尔克谢斯和玛尔多纽斯关于希腊人的看法，从而指出进攻的危险性。他认为希腊人非常勇敢、优秀，不是一个可以被征服的民族。这样对敌人的赞誉，而不是丑化，正是荷马的特征。相比之下，不管是周人对商人的讨伐，还是居鲁士对东方诸族的征服，在自己的记载中，都充满着对敌人的丑化、矮化甚至谩骂。他说他当初劝大流士不要攻打西徐亚人，但没有被听从，波斯失去许多勇武之士；现在克谢尔克谢斯却要去攻打"远比西徐亚人更优秀的人们，海陆两方面都极其勇敢的人物"(7.10α)。他主要反驳玛尔多纽斯对希腊人看法，在这里，奇怪的是，他从希腊的特征的描述，变成了对他们的辩护：

> [玛尔多纽斯]，我看你还是不要再胡说关于希腊人的事情了，他们是决不应该受到诽谤的。正是由于你诽谤了希腊人，这才唆使国王进行了这次出征。我认为你在这里拼命张罗，目的不过如此。情况并不是你想象的那样。诽谤是一件

极坏的事情。因为在诽谤中,关系到两个人:一个是做坏事的人,一个是受害者。……(7.10η)

　　紧接着的是关于诽谤如何伤害两个人,被诽谤的人如何受到双重诽谤的议论。这种议论虽然有点突兀,但仍然表现希腊人对公共事务的理解:指责一个人必须当面对质,也就是体现着公开性。

　　阿尔塔巴诺斯重点反驳了克谢尔克谢斯海峡架桥的想法。这是从可行性方面进行的反驳。他说如果希腊人在海战中获得胜利,他们就会尽力毁掉桥梁。他提醒克谢尔克谢斯大流士架桥进攻西徐亚人惨遭失败的先例,认为这是一个非常危险的战术,而且强调这不是他一个人的想法。他甚至推测波斯人可能在陆战和海战上都遭到失败。经过可行性分析,阿尔塔巴诺斯认为克谢尔克谢斯的决策是没有必要的,没有经过深思熟虑的,因此坦率建议听从劝告,解散这个集会:

　　　　在没有这个必要的时候,你还是不要作冒任何这样的危险的打算,而是听从我的劝告吧。现在你先把这个集会解散;然后,在你自己先把这件事情考虑好以后,什么时候你愿意,你都可以宣布你认为是最有利的办法。因为在我看来,一个经过深思熟虑的计划乃是最有利的。(7.10γ)

　　这样,阿尔塔巴诺斯就完成了对克谢尔克谢斯计划的完全的、带有教训意味的反驳。他的讲话只在一开始显示出一点恭敬,后来的内容似乎并不是在进谏,而更像是一个长者、更有智慧者对年轻人的教训或教导。[①] 在阿尔塔巴诺斯看来,出征希腊是没有必

---

① 我们也许想到伊尹放太甲的神话。但阿尔塔巴诺斯显然缺少伊尹的那种 (转下页)

要的，不可行的，根本就是缺少考虑的。在重大的集体行动中，最应该避免的，便是考虑不周，这往往导致灾难。为了加强自己的论证，阿尔塔巴诺斯还对克谢尔克谢斯进行了恐吓：

> 你已经看到，神怎样用雷霆打击那些比一般动物要高大的动物，也不许它们作威作福，可是那些小东西却不会使他发怒。而且你还会看到，他的雷箭怎样总是投掷到最高的建筑物和树木上去：因为不允许过分高大的东西存在，这乃是上天的意旨。因此，一支人数众多的大军却会毁在一支人数较少的军队的手里，因为神由于嫉妒心而在他们中间散布恐慌情绪或是把雷霆打下来，结果，他们就丝毫不值得地毁掉了。原来神除了他自己之外，是不允许任何人妄自尊大的。(7.10ε)

阿尔塔巴诺斯的反驳演说自然受到克谢尔克谢斯的猛烈回击。这种进攻与回击与特洛亚的英雄们、与索福克勒斯笔下的人物的进攻与回击体现同一特质。遇强则有强，遇弱则弱；善意对待善意；对挑衅者报以回击，对协商者抱以协商。这也许是从荷马直到希罗多德希腊作家所暴露的、广泛存在于人的交往过程中的修辞性态度。波斯的王廷上演着雅典式的政治争论。① 克谢尔克谢

(接上页)绝对的权威，那种对被劝说者的控制。《尚书》中的对话永远是"两值"的，纵然是非常日常、经验性的事情，也分成两个，一个绝对正确，一个绝对错误。这里没有。甚至只有可行性和必要性的争论，选择是开放的。

① 就像希腊艺术中的一般情况一样，情绪一直存在于辩论之中。反驳者温和、平和时，回应也相对温和、平和。对比第一卷波斯人和斯巴达人的强硬争吵（这一般被视为希罗多德站在民主派一边的证据）：斯巴达派人去警告居鲁士，不要进攻伊奥尼亚人，否则他们不会袖手旁观。居鲁士轻蔑地对使者说："我从来没有害怕过这样一些人：他们在城市的中央设置一块地方，大家集合到这个地方来相互发誓却又相互欺骗。如果我好好地活着而不是死掉的话，那么我相信这些人将会谈论他（转下页）

斯回应说：

> 阿尔塔巴诺斯，亏了你是我父亲的兄弟；否则你将会因为
> 这些蠢话而受到应得的惩罚。可是，对于你这种怯懦的、没有
> 骨气的表现，我要使你受到这样的耻辱，那就是，不允许你和
> 我的军队去征讨希腊，而是和妇女们一道留在这里。而我自
> 己没有你的帮助，仍然会完成我方才所说的一切。……他们
> 不仅烧了撒尔迪斯，还进攻亚细亚。因此，不管从哪一方面
> 讲，撤退都是不可能的。……或是把我们的一切归希腊人统
> 治，或是把希腊人的一切归我们统治。在我们的争论里，折中
> 的道路是没有的。我们的荣誉感要求我们应当报复我们身受
> 的一切灾害。……(7.11.1-3)

这是宫廷会议上的情况。克谢尔克谢斯似乎拒绝了阿尔塔巴诺斯
的所有建议。会议结束后，希罗多德记载说，克谢尔克谢斯却因为
阿尔塔巴诺斯的建议而感到不安。他犹豫了，但这时梦里一个高
大的男人阻止他改变主意。他的欲望变作梦境施加压力，阿尔塔
巴诺斯则是另一个方向的压力。做了这种梦以后，他又把先前的
人召集起来，决定改变主意。他表示接受阿尔塔巴诺斯的建议，并
且坦率地表示歉意：

> "波斯人啊，请你们原谅我突然改变主意罢，因为我在考
> 虑问题的时候还未充分发挥自己的智慧，而那些劝我做我前

(接上页)们自己的灾难，而不必再多管伊奥尼亚人的事情了。"(1.152-153)希罗多
德也许借居鲁士的口，对希腊进行了嘲弄，因为他叙述说，面对伊奥尼亚人的求助，
斯巴达人一方面拒绝他们，一方面又派船只去支援他们(发誓和欺骗)，又派人去警
告居鲁士。

面所提到的那件事情的,又是一直没有离开我的身边的人们。在我听到阿尔塔巴诺斯意见的时候,由于我这年轻人的血气方刚,那时我诚然是立即发起火来,乃至讲出了对年长者不应该讲的和鲁莽无礼的言词。不过现在我认识到了我的过错,我愿意采纳他的意见,请你们安安静静地呆着罢。"波斯人听了这话不胜喜欢,他们向他礼拜致意了。(7.13.2)①

我们也可以把克谢尔克谢斯梦中出现的那个人作为出征辩论中的第四个发言者。他在整个辩论中的地位相当于阿伽门农特洛亚城前退兵梦中的宙斯。在克谢尔克谢斯改变主意后,他又在其梦境中出现了。在所有讲话者中,他显然最具权威性。这样,整个辩论就分类两派。建议出征的一派和反对出征的一派。在第一天辩论中,出征的意见占上风,反对出征的阿尔塔巴诺斯受到克谢尔克谢斯斥责;第二天辩论,克谢尔克谢斯改变主意。这时,梦中的人又出现了,向克谢尔克谢斯发出警告:

> 大流士的儿子啊,你已经在波斯人面前公然打消了你征讨希腊的意图了。你丝毫不把我的话放在心上,就好像你从来没有听到这话似的。现在我就确确实实地告诉你,如果你不立刻率军出征,你就会招致这样的结果:在短期内你虽然变得强大,可是很快地你就会衰微下去。(7.14)

惊恐万状的克谢尔克谢斯只能再找阿尔塔巴诺斯商议,并把他的

---

① 这个情节是希罗多德模仿荷马的一个明显的例证。这非常类似于《伊利亚特》第二卷(2.141-154),阿加门农佯装准备退兵。在此之前他也梦见神。甚至克谢尔克谢斯宫廷的贵族们的反应也像特洛亚城前希腊的勇士们一样,听到主帅说退兵,都心中欢喜,只不过没有像希腊联军那样冲向河边自己的船上而已。

梦境告诉后者。处于两种对立的建议中的克谢尔克谢斯已经无所适从。他竟然作出这样的决定,让阿尔塔巴诺斯穿上自己的衣服并睡在自己的床上,以体验同样的梦境。在被迫接受这个建议或命令之前,阿尔塔巴诺斯与他又作了一次长谈。这可以看作是他前面谈话的总结,而且主要是起到分析形势的作用:

> 至于我本人,我感到痛心的与其说是你的粗言暴语,不如说这样一种情况:两种意见罢在波斯人的面前,一种意见是想助长他们的傲慢情绪,另一个意见是克服他们的这种傲慢情绪,并向他们指明,在已有的东西之外贪求更多的东西,是一件多么坏的事情。在这两种意见中,你却选择了对你本人以及对波斯人最危险的一个意见。
>
> 因此,你现在既然改变了主意,选择了比较贤明的决定,你却说当你愿意放弃征讨希腊的想法的时候,有某一位神派来的梦中人屡次到你这,不许你放弃这种出征。可是我的孩子,这样的事情决不会是上天的旨意。在我的梦里跑来跑去的幻影是什么东西呢,让我这个年纪要比你大得多的人教给你罢。梦里游荡在人们身边的那些梦中人,大多数是人们在白天所想的那些东西;而近日里,我们一直是拼命忙着这次出征的。(7.16αβ)

阿尔塔巴诺斯的这种类似于智者或希波克拉底的看法,或自然主义对梦的解释,却没有起到效果。因为当阿尔塔巴诺斯真地穿上克谢尔克谢斯的衣服睡在克谢尔克谢斯的床上时,这位梦中人如期出现,并向阿尔塔巴诺斯发出警告,让他不要干扰注定要发生事情,否则必遭惩罚。阿尔塔巴诺斯因此也改变了自己的看法,认为诸神注定了希腊的毁灭。

这便是克谢尔克谢斯出征希腊的辩论。这个记述了希腊世界最重大的事件的过程和结果的人，对辩论的过程进行了细致的叙述。克谢尔克谢斯出征是失败的。这是个确定的事实，对希腊世界影响深远的事实。这甚至是人的因素无法彻底解释的。希罗多德并没有说波斯人的贪婪、傲慢导致了失败，因为克谢尔克谢斯已经接受了阿尔塔巴诺斯的建议。后者也对人性的弱点进行了深入的分析。人的力量阻止不了的天意。奇怪的是，这里没有任何抽象正义的议论。希罗多德没有说傲慢、逆天必然导致毁灭。命运和天意与道德，即人的愿望，几乎是无关的。他在多段的讲话中，只呈现复杂的决策中的复杂的因素。神意注定波斯的失败，我们在辩论和随后的过程中可能得出这种结论。但这却是没有任何教益的结论。这只是一个令人惊奇和恐惧的自然事实而已。神并不是站在希腊一边惩罚波斯，也不是相反。也许波斯人曲解了神意（他们惩罚与复仇的愿望强化了这种曲解），但是希罗多德显然留下了一个严重的问题：纵然像阿尔塔巴诺斯这样贤明的人真地正确地理解了神意，知道梦中的神说的是反话，那么征服就会不存在了吗？从梦境与两个人的惊恐中看出，纵然如此，他们也要走向毁灭。于是，在第一种场合，神意没有道德，在第二个场合，命运没有道德意味。①

希腊联军领导权辩论与地米斯托克利的欺骗

《历史》把大量的辩论篇幅花在波斯人身上（居鲁士和克洛伊索斯；克谢尔克谢斯和阿尔塔巴诺斯；克谢尔克谢斯和戴玛拉托斯），而对希腊的辩论着笔很少。这未免令人惊奇。在涉及希腊人的政策辩论时，他多用概述，而不是描述或记录的方法。此外，虽

---

① Emily Barawanath 在 *Motivation and Narrative in Herodotus* (Oxford University Press, 2008, pp. 240 - 288)对出征话语进行了细致的分析。作者认为这些话语重在呈现克谢尔克谢斯出征的动机，同时呈现对事件的不同解释。

然希罗多德,作为写作于雅典的外邦人,可能同情希腊人的事业,但是令人吃惊的是,他对希腊的著名政治领袖,却可以说没有好感。他甚至可以说总是在丑化他们。一个正义的事业竟然由那些邪恶的人来领导,他们追求荣誉,追求在集体决策中的话语权,也追求财富,唯一缺少的,也许就是中国人所说的仁德。与政治领袖几乎是中文意义上的卑鄙小人相适应,希腊参加战斗的各邦,完全可以算得上是乌合之众。机会主义和争夺领导权是希罗多德给我们描绘的他们的形象。小邦要么立即投降,向波斯人贡献上水和土,要么处于观望状态,看雅典—斯巴达为领袖的希腊联军和波斯大军哪一方优胜便随时倒向哪一方;大邦则坦率提出指挥权的要求。而在他们的所有演说中,公然索要和欺骗竟然是可以概括出来的主要特征。这对于一个中立的阅读者而言,未免是一个大跌眼镜的现象。但是要说希罗多德对希腊心存恶意,有意丑化政治领袖们,并不是事实。历史(historia),这个词的原始意义,是探究或研究,就包含着按照事物的本来面目描述事物的意思。就此而言,亚里士多德是历史家的后裔,而不是哲学家的后裔。

面对波斯大军的入侵,斯巴达和雅典是自然的领导者。他们开始派使节到各个城邦游说,希望他们加入抗击波斯的行列。希罗多德详细叙述了三个城邦的反应:阿尔戈斯、西西里和贴撒利人。

在叙述向各地派出使节之前,希罗多德这样叙述希腊人集合到一起:

> 所有那些愿意希腊今后会好起来的希腊人于是集合到一起,相互商议并相互保证了信谊,在这以后他们就议决首先结束他们之间的一切不和与相互间的战争,不管它们是由什么引起的。……他们以为,既然全部希腊都同样受到危险,他们便希望全体希腊血统的民族结成一体并为了一个共同的目标

同心奋斗。(7.145)

阿尔戈斯在伯罗奔尼撒东北部,希腊世界的心脏部位,荷马笔下的阿伽门农、狄奥墨德斯的故乡。因为靠近斯巴达,与斯巴达处于不停的战争状态就是非常自然的事情。按照希罗多德的记载,就在 14 年前,他们就被斯巴达军队杀死 6000 人。关于阿尔戈斯人对使节的反应,希罗多德提供多种说法(在遇到事件有不同的叙述而他又难以确定哪一种是确切的情况下,他都采取这种做法,即把不同的说法都记录下来)。有一种说法(阿尔戈斯人的说法)是:"如果阿尔戈斯人能够和拉凯戴孟人缔结三十年的和约并取得联军的一半的统帅权,那他们是愿意答应对他们的请求的。他们说,尽管他们有正当的权利来要求统帅全部军队,但他们却愿意满足于一半的统帅权。"(7.148)另一种说法是,阿尔戈斯之所以提出统帅权的问题,是因为事先得到克谢尔克谢斯要求他们严守中立、保持与波斯的友谊的建议。明知统帅权不可能得到还提出来,就有了拒绝结盟的借口。希罗多德说还有一种说法是波斯人根本就是阿尔戈斯人请来为他们报斯巴达的仇的。(7.149－152)总之,结盟的要求被阿尔戈斯拒绝了。令人吃惊的是,希罗多德并不认为阿尔戈斯人的行为是卑劣的。(7.152)

到西西里的使节和西西里的僭主盖隆进行了对话。前者说:

拉凯戴孟人和他们的同盟者派我们前来取得你的帮助以抗击异邦人;我们以为你毫无疑问已经知道波斯人正在向希腊进攻,……他表面上说是向雅典进攻,但实际上他却把整个希腊都收归他的治下。不过你是强大的,你既统治着西西里,那你就等于统治了希腊的不算小的部分。因此我们请求你,帮助想使希腊自由的那些人并且和他们协力同心维护这一自由。如果把所有希腊人都团结在一起,那就是很大的一支军队,这支军队就可以抗击侵略我们的敌人。如果我们当中有人背叛公共利益,再有人不肯来帮助我们,则希腊人当中可靠的部分便不过是少数,这样全部希腊土地就有遭亡国之祸的危险了。不要以为如果波斯打败了我们并把我们征服,他会不向你进攻。这种情况希望你在事先很好地想一想。你帮助了我们,也就是帮助了你自己。一个周密的计划通常是会产生好的结果的。(7.157)

这位使节非常熟悉希腊演说那一套伎俩。纵然是请求帮助,建议采取某个共同行动,也要首先说明这个行动对请求对象是非常有利的,甚至可以说自己是来提供帮助而不是来请求帮助的。他们把自己的紧迫与困境放在一边了。此外,他们毫不吝啬地把西西里称为希腊的一部分,在"我们"与"他们"、希腊与异邦人之间作出清晰的划分,就像与阿尔戈斯的对话一样。最后就是全体希腊人集体自由的说辞。

从盖隆的回答来看,希腊人既不懂什么民族大义,也不懂什么在共同灾难之前要尽弃前嫌的说辞,更不懂什么情面。他非常猛烈地回击了使节的说辞:

希腊人,你们完全为了自己的打算才胆敢到我这里来要求我参加你们抗击异邦人的联盟。可是你们怎么样呢?当我和迦太基人不和,请求你们与我协力对付异邦军的时候,……当我答应协助解放那些会给你们带来巨大利益和收益的商埠的时候,你们既不到这里来帮我,也不来为多里欧司的被害复仇。正是由于你们的所作所为,所有这些地方才都陷入到异邦人的铁蹄之下。尽管如此,我的事业却仍然得到好转,我的国家也比先前昌盛了。可是目前战争临到你们头上,你们想到我盖隆了。(7.158)

　　盖隆自然知道自己现在的价值。他断然否认使节关于"我们"和"他们"的区分，认为西西里是西西里，希腊是希腊；痛快淋漓地回击希腊人的机会主义。这种当面撕下伪装的做法，的确，似乎只有希腊人的辩论中才会出现的。这种回击是为了获得论辩的优势，为下文的索要或讨价还价打下伏笔。于是他话锋一转：

> 虽然你们这样蔑视我，不把我放在眼里，我却不学你们的样子；我还是准备送出二百只三段桨船、两万重装步兵、两千骑兵、两千弓箭手、两千弩兵和两千轻骑兵去帮助你们。此外我还要担负希腊全军的粮食，直到战争结果的时候。不过我答应这些话却有一个条件，即我要担任抗击异邦人希腊军队的统帅和司令官。否则的话，我自己不去，也不派别的人去。(7.158)

　　原来如此慷慨的允诺却只有一个目的：所有军队的指挥权。这种要求受到来自斯巴达使节的拒绝："这种要求我们把统帅权交到你手建议，不要再提了。如果你愿意帮助希腊的话，你知道你就必得受拉凯戴孟人的领导。可是如果你放不下身份接受领导的话，我看就不必帮助我们了。"(7.159)盖隆无疑提出了一个极其敏感与严重的问题。虽然在辩论中各方都表现出寡廉鲜耻，各方都非常熟悉如何把自己的热切要求隐藏在漂亮的言辞下、如何痛快淋漓地揭穿别人的说辞，熟悉如何获得辩论的优势。但是我们仍然必须承认，这种讨价还价，的确构成"人的世界"的常态。进入并且扮演好历史的角色，正在于熟悉这种说辞。变化的是说辞，不变的是利益或权力意志。领导权是实力的体现，有一份实力，就应该或必然获得一份领导权或集体决策的发言权。希罗多德不过是把人类的这种一般情况通过一个个案表现出来而已。完全的领导权得不到，盖隆退了一步：

　　既然你们都这样计较统帅权问题,那我比你们更加计较,也是完全合理的,因为我的陆军比你们的多好多倍,而我的船只也比你们的多得多。不过,既然你们十分不喜欢我的建议,那么我愿意在前面的条件的某一点上对你们让步。我以为可以这样:你们统率陆军,我来统率水师;如果你们喜欢水师的话,那我也愿意统率陆军。你们必须同意这样做,否则你们就回去,不必跟我缔结这样的同盟了。(7.160)

　　这就损害了雅典人。从雅典人讲话中推知,雅典人显然认为他们统帅海军是自然而然的。因此在斯巴达人未回复盖隆之前,雅典人抢先回应说,他们是来要求一支军队而不是来要求一个统帅的;对于统率海军的要求,雅典人说纵然斯巴达人同意,他们也不可能同意,"因为这部分的统率权是属于我们的,除非拉凯戴孟人愿意把这部分的统率权也担当起来。……如果我们雅典人竟把我们的统帅权让给叙拉古人的话,那我们就枉为拥有最大海上力量的希腊人了"(7.161)。

　　这无疑是个艰苦的、最终失败了的谈判。当希腊人表现出根本不想分享领导权的时候,谈判自然破裂。这时候盖隆让使者们立刻离开,说他们已经失去希腊军队中最好的部分了。希罗多德记载说,希腊人走后不久,盖隆就派人带足礼物去希腊观战,如果波斯赢,就准备献给波斯,希腊赢则把东西带回(7.163)。

　　地米斯托克利自然是这次希波战争雅典方的主角。地米斯托克利第一次出场是劝告雅典人不要把拉利昂矿山的收入按人分配,而是用它来修造战船,与另一个城邦埃吉那作战。(7.144)雅典海上力量的扩张与他的影响是分不开的。当波斯军队迫近的时候,他更是主张海上作战,必要时全体雅典人退到海上。在与温泉关平行的阿尔铁米西昂的海战中,面对波斯海军的绝对优势,许多希腊人商量逃离,其中甚至包括海战总指挥、斯巴达人优利比亚戴斯。离得最近的城邦埃乌波亚请求这个统帅等他们的家属撤退以后海军再离开但被拒绝。他们就只好找雅典海军的负责人地米斯托克利，送他30塔兰特白银（这是个巨大的数目）。地米斯托克利于是把其中的5塔兰特送给优利比亚德斯，3塔兰特送给科林斯海军负责人阿迪曼托斯，而其余的人钱自己私吞了下来。"这两个人都给礼物收买了，埃乌波亚人达到了他们的愿望，地米斯托克利则自己发了一笔财。他把其余的钱私吞了起来，没有一个人知道，但是得到其中一部分人人则有以为这笔钱是雅典人为了说服他们才作为礼金送来的。"（8.5）这就是希罗多德笔下希波战争中希腊英雄的私德，比特洛亚战争时期的那些英雄们更加卑鄙。这是发生在公元前480年8月阿尔铁米西昂海战发生的事情。[①]

虽然海战和温泉关战斗很顽强，但希腊的联军没有抵抗得了波斯的进攻。紧接着，雅典被占领，卫城被焚烧，雅典人退守到船上。"当撒拉米司的希腊人得悉雅典卫城所发生的事件时，他们如此惊恐，以致他们中的某些将领不等他们所讨论的问题有个结果，就冲到船上扬帆远逃了。"（8.56）雅典失陷后，是在撒拉米司抵抗还是退到科林斯地峡抵抗，希腊将军们又发生了争执。地米斯托克利建议前者（许多人已经逃跑，在一次会议上，一个从会议上逃跑的雅典人使地米斯托克利接受了退守科林斯地峡的建议。因为这个人认为，如果不守撒拉米司而退地峡，则伯罗奔尼撒以外的水师必然各自逃命，或逃到自己的城邦，希腊必然灭亡），优利比亚戴斯和阿迪曼托斯坚持后者。这三位拿了埃乌波亚钱财的将领，在将领集会上开始相互诋毁。希罗多德详细地叙述了这次辩论。正像一般的战术选择的讨论一样，这种辩论主要围绕有利和可行性

---

① Wolfgang Blösel, "The Herodotean Picture of Themistocles: A Mirror of the Fifth-century Athens", in Nino Luraghi ed., *The Historian's Craft in the Age of Herodotus*, pp. 179 - 197.

进行。地米斯托克利论证在撒拉米司战斗比退到科林斯地峡战斗更有利。从战斗条件上看，波斯船多，希腊船少；在开阔海域战斗船多必然占优势，而在狭窄的地方战斗，船多优势发挥不出来。因此应该把地点选择在撒拉米司附近海域，因为这个地方海峡较窄面。特别地，阿提卡许多城邦的人把家室安顿在撒拉米司，所以的有的水师都会尽力保卫这个地方。此外，撒拉米司和埃吉纳、墨伽拉形成伯罗奔尼撒的屏障，在这个地方挡住波斯军队，便可以保证伯罗奔尼撒的安全。(8.60)按照地米斯托克利的看法，这无疑是使整个希腊水师团结起来不致鸟兽散的办法。按照审议演说的一般规则，地米斯托克利故意掩盖这种选择对自己有利的事实，而强调对对方有利。

地米斯托克利的"长篇演说"受到阿迪曼托斯的反驳。在他"迫不急待"地发言之前，就遭到后者的讽刺：口令之前就开跑是要挨棒子的。地米斯托克利则回答说延迟的人是拿不到桂冠的。(8.59)阿迪曼托斯没有正面反驳地米斯托克利的建议，而是否认地米斯托克利的提建议资格，因为既然雅典已经被占领，雅典这个城邦就已经不存在了。他说地米斯托克利得先有一个城邦作为后援然后再来商量事情。

> 于是地米斯托克利就发表了长篇演说，痛斥阿迪曼托斯以及科林斯人，让他们明白只要雅典人拥有200只满载乘员的船只，雅典的城邦就存在，而且拥有比他们的领土还有大的国土。(8.61)

回击过阿迪曼托斯后，地米斯托克利主要要说服优利比亚戴斯。他这次用激将法：如果优利比亚戴斯还是男人的话，就应该留下来作战；如果不留下来，希腊必然完蛋；而希腊本土完蛋雅典人可以乘船到意大利他们的殖民地去。优利比亚斯于是改变了主意。

地米斯托克利成功说服了此人。希罗多德作了这样的评论：

> 他之所以这样做在我看来主要是因为他害怕：如果他率领他的船只到地峡去，雅典人就会离开他们；如果雅典人离开水师的话，其他部分便不可能是敌人的对手。(8.63)

但不久之后，不满和议论又出现了。科林斯和斯巴达人还是希望到地峡防守，不值得为已经被占领的城邦而战。雅典、埃吉纳、墨伽拉人则仍然坚持在原地战斗。将领们"于是又举行一次会议，会上对于和先前同样的事情辩论了很久"。(8.74)看来这个乌合之众、一盘散沙的希腊联军，是不可能把整体利益放在第一位的，而且关于整体利益，如果有这个概念的话，他们也是充满着争论的。所谓"民族大义"之类的东西，他们的辩论词汇中根本就不存在。在他们的辩论中于，恐惧和自己城邦的利益作为未被明说的部分起决定作用；而希腊的存亡和别的城邦的利益，则成为说辞。所有的选择都有理由，但选择是冲突的。在这种情况下，地米斯托克利认为再在会议上争论已经不可能有结果。他于是想出了一个通敌的方法：偷偷派一个心腹去波斯水师，告诉他们希腊水师正准备从撒拉米司逃跑，如果包围他们，波斯人就会获得极高的荣誉；他还不忘让传话的人强调，他是一个希望波斯获胜的希腊将领。也就是说，为了达到他的目的，地米斯托克利可以采取一切办法：先是劝说希腊人留下来，劝说不行，就借助波斯人力量让他们不得不留下来。而在波斯人对希腊人包围已经形成时，希腊将领们还在争论去还是留。当希腊人不得不留下作战时，希罗多德记载说，地米斯托克利做了一次"比任何人都精彩的演说。他的演说的要旨是将一个人本质和天性中好的东西和坏的东西进行对比，而劝告他们选择其中好的东西。"(8.82)

在希罗多德的笔下，地米斯托克利大概是和克谢尔克谢斯差不

多的人物,与居鲁士、大流士这些波斯的贤君无法相比,与雅典的梭
伦、阿里斯提德更不能相比。他认为梭伦可能是雅典最贤明、有智
慧的人,而阿里斯提德,地米斯托克利的政敌,则是"最优秀和最正
直的人"(8.79)。在希罗多德眼中,统治者的贤明与他的群体采用的
什么政体无关。现代的民主主义的意识形态远离这位历史学家。
但是从地米斯托克利那里,我们仍然可以看到奥德修斯的影子。狡
猾、欺骗、为达目的不择手段,用计谋和口才既为自己也为共同体获
得荣誉与利益。从地米斯托克利的表现中可以看到,人民是可以哄
骗且常常被哄骗的。这与正心诚意的说教没有任何共同之处。

作为修辞关系的波斯与希腊

现在,让我们来总体考察一下希罗多德笔下的作为辩论或修
辞关系的波斯与希腊。我们一直强调,用平等的、尊重的甚至欣赏
的态度再现确"他者",同等程度地呈现对立双方行动的根源或者
合理性,因此同等程度地对它们的行为进行辩护,这种处理两个对
立共同体关系的方式,是希腊特有的。不是别的,正是给失败者和
敌人以同等的发言机会这种叙事本身,构成了辩护。这种处理方
式不同于《尚书》中周朝对商朝的征服的叙述,也不同于居鲁士铭
文对波斯与东方关系的叙述;既不同于《旧约》,不同于《吉尔伽美
什史诗》,也不同于《罗摩衍那》,甚至也不同于一直影响着我们的
18-19世纪的进步历史观。①

---

① Hans-Joachim Gehrke, "Myth, History, and Collective Identity: Uses of the Past in Ancient Greece and Beyond," In Luraghi 2007; Rosaria Vignolo Munson, *Telling Wonders: Ethnographic and Political Discourse in the Work of Herodotus*. Ann Arbor: University of Michigan Press, 2005; Rosaria Vignolo Munson, *Black Doves Speak: Herodotus and the Languages of Barbarians*, Center for Hellenic Studies 9, Cambridge MA: Harvard University Press, 2005.

波斯为了报仇而战，也为了荣耀——为统治全世界而战；希腊为了自由而战——自由即自治，即按自己的方式生活，即不是处于受奴役状态。波斯是一个人统治，雅典是民主政治，希腊也有不少城邦是一个人统治，此外还有多个人统治。现代的政治概念——一个人统治或少数人统治就是专制（一个人统治 monarchy 和专制 tyranny 也没有现代人给予的道德含义。现代人倾向于将其等同），就是政治上极恶的，因此应该废除的，应该让位于多数人统治即民主的①——不适用于希罗多德，因此，波斯不会因为扩展它的政治制度而具有话语上的优先性，希腊也没有因为抗击入侵、保卫自由或民主而具有话语上的优先性。一个人的统治或者多个人的或人民的统治，都不具有神所规定的至上性，神既不站在这一边也不站在另一边，也就是说，波斯和希腊也可能都执行了神意或违反了神意，但这并不等于说神站在他们一边。于是，在鲁居士、大流士、克谢尔克谢斯的征伐大军的上面，在希罗多德的叙述中，没有一个至上神或"万军之师"在指挥与保佑。同样的情况也适合于希腊。这和"万军之师"的马都克、耶和华、上天、梵天都不同。这就是希腊人的历史观念。站在波斯一边，被征服的希腊人反叛，意味着打破某种先在的同意，意味着对波斯人的侵犯，而站在其一边且作为其母邦的希腊特别是雅典，应该和他们一样受到惩罚。当这些反叛的城市竟然焚烧神殿、烧毁城市时，他们应该受到的惩罚就更大。作为出征的最充足的理由即是如此。波斯只要一直强调这

---

① 当然，这个问题涉及到现代或者 17 世纪以来最大或最激烈的政治理论争论。一派可以称为民主派，只有人民主权的政治才是在理论上可以说得通的，才是具有道德正当性的，当它与自由主义，把权利的保护作为政治秩序的基础，一种版本的自由主义相结合时，它的力量是巨大的。另一派可以称作共和主义，它的根源是古代的混合政体理论。权力应该受到制约；权力的安排应该顾及一个共同体的利益分布；秩序是政治秩序的基础，比权利更加基本；政治秩序主要是守成的，而不是创新或革命的；政治的秩序必然有一个与传统对应的部分；共和主义也与自由主义结合的倾向。在 19 世纪，西方，民主主义和它的反对派，形成政治理论的重要风景线。

个理由,在任何辩论中一直强调这个理由就行了。它必然无视或忽视其他因素,特别是对自己的行动不利的因素。对于希腊人来说,抗击侵略,使自己不受奴役,不变成奴隶,也就是保卫自由,保卫整个希腊的生活方式(被征服,处于奴役状态意味着任何善都将不存在),在整个论辩中必然处于中心地位。所有对对方的蔑视,对自己的称赞,都围绕着这种论辩开始。波斯人不是说自己执行至高无上的神意对希腊实施制裁;希腊人也不是说自己执行至高无上的神意对波斯实施打击。神在整个人的冲突中,几乎只通过地震、雷霆、暴风雨、瘟疫这些人们无法预知和逃脱的自然因素表现出来,也就是通过命运表现出来。胜了的人自己会认为符合神意,但是就像克洛伊索斯和阿尔塔巴诺斯(特别是希腊的出征途中,7.46-53)在与他们的主公的对话中反复论述的那样,幸运不可能永远眷顾某一个人。与东方的神意高于一切、出征永远代表着替天行道,胜利者的一方拥有所有的话语权,失败者的一方因为违反神的指令而失去存在的价值因此也不可能有抵抗的合理性的历史观(以及现代变种)相比,克制、虔信、容忍,这种消极的道德,竟然是希罗多德历史叙述的基调(梭伦、克洛伊索斯、阿尔塔巴诺斯)。

希罗多德的历史叙述给我们的另外一个深刻印象是,敌人观念在希腊人当中是如此地淡漠。他们根本没有投降观念,也不认为这是可耻的。这对于中国史家是难以理解的。在波斯大军压境时,各个城邦要么为指挥权而争吵,在得不到指挥权时便按兵不动;要么处于观望状态,随时准备投靠获胜的一方。如果认为雅典在冲突中是中流砥柱,从没有动摇过抗击入侵,永远为希腊的文明与自由而战,这也是一厢情愿的看法。只要联系一百年以后雅典人的所作所为,我们就可以看到机会主义或现实主义一样存在于雅典。为什么这一次雅典和斯巴达没有动摇?波斯是冲着他们来的。他们的确处于生死存亡之中。而在公元前四世纪德谟斯提尼那个时代,只要允许,雅典是不拒与波斯结盟的(斯巴达也一样)。

第五章　修昔底德

　　修昔底德是我们考察的第二位历史学家。修昔底德深化了政治争论的主题，把争吵或辩论的场景真正置于希腊的政治中心（各种正式集会），而不像希罗多德那样，置于虚构的波斯宫廷。除了因场所（使言辞更贴切于言说的背景）、叙述（对风格的考究）与分析（意在展示言辞对行动的双重作用；言辞既显示行动的动机与理由，也故意掩盖行动的真实意图）而被重构的言辞以外，修昔底德还记录了若干演说。因此，似乎只有修昔底德，才真正把我们带到希腊政治辩论的现场。①

　　修昔底德是阿里斯托芬前一代人，苏格拉底的同辈人。阿里斯托芬展示了两种争吵。第一种是作者本人运用讽刺、挖苦的方法直接参加争吵或当时的社会辩论。在有些作品中，作者直接展

---

① 修昔底德无疑是古典学研究、政治思想史、修辞术和国际关系研究等诸多领域研究汇聚的人物，在古典作家中显然是研究最充分的。近一个世纪也许没有另外一个古典作家像他那样受到来自不同学科的学者这么热烈的讨论。修昔底德研究的广度和深度，在这本《指南》中可见一斑：Antonios Rengakos and Antonis Tsakmakis eds., *Brill's Companion to Thucydides*, Leiden • Boston, 2006（共 968 页）。专门论述修昔底德演说的著作：斯塔特编：《修昔底德笔下的演说》，王涛等译，华夏出版社，2012 年（原书出版于 1973 年，是那个时代研究修昔底德演说的不同作者诸篇重要文章的汇编）；欧文：《修昔底德笔下的人性》，戴智恒译，华夏出版社，2015 年（原书出版于 1994 年，对伯里克利演说、密提林辩论、斯巴达演说、狄里昂辩论、弥罗斯辩论、赫摩克拉斯演说等进行详细的分析）。

示自己对某个公众人物、某个社会现象与某项政策的不满。在这个意义上,作者直接与克列翁、苏格拉底、欧里庇德斯这些被他刻意丑化的人物,以及与雅典的好战政策等进行辩论。第二种是作者展现、虚构或模仿的政治争吵。在修昔底德那里,第一种情况少了,重点是第二种情况。修昔底德所展示的,是希腊城邦之间的,特别是雅典城邦内的政治生活的常态,即围绕公共政策的争吵。城邦间的战争和城邦内部的党争,只是这种争吵的延续或者是它的极端形式。特别地,修昔底德展示或重建了这种争吵的技艺——演说。他写作于智者的修辞术课程在雅典广受欢迎的时代,他的文本以后便成为雅典公民在练习辩论时的范文,下世纪的最知名演说家德谟斯提尼据说便可以大段大段背诵《伯罗奔尼撒战争史》。与他以后的修辞术研究者不同,修昔底没有把说话作为一种现象来分析,而只是呈现这种说话本身;他很少分析政治的逻辑,只是呈现政治生活本身。作为历史学家,他叙述与呈现,除了极少段落的分析外,将分析的工作体现于他撰写的大量演说词。①

行动与言辞

修昔底德著作是对伯罗奔尼撒战争进程的直截了当的叙述和分析:除了导引和必要的背景介绍(所谓"考古学")和事件勾连外,通篇就是对辩论(战争决定的辩论)、战争准备、战斗场景和结果的叙述。从一方面看,他按照编年的顺序呈现"战争"中的一系列重要的行动,包括装备、战术、伤亡和善后,特别是战争的结果和

---

① "作者直接分析与解释的段落在修昔底德那里是很少的。"(David Cartwright, *A Historical Commentary on Thucydides*, Ann Abor, MI: University of Michigan Press, 1997, p. 5.)

总的后果，因此他的书可以说就是"战记"；言辞既是行动的组成部分，也对行动进行诠释。另一方面，也可以把整个文本看作是言辞的记录：从直接记录的言辞到经作者概括的言辞，行为的叙述几乎只提供理解言辞的背景。① 特别地，修昔底德没有像现代作家那样提供社会结构、政治结构的一般叙述；他可能假定读者是他同时代的希腊人特别是雅典人，对常规性和结构性的东西，如公民大会的组成与如何召开、程序是什么、现代人所说的官员有哪些等等，全部熟烂于心，不需要赘言。这与亚里士多德《雅典政制》对公民大会进场、投票细节的精确描述形成对比。

像中国古代很多历史著作一样，修昔底德的著作几乎是由言论组成的。直接的演说便占全书的六分之一。中国古代史书的言论由各种劝谏组成，修昔底德的言论却由各种演说或辩论组成。葬礼演说和战前动员演说属于独立言辞，如伯里克利的著名演说（2.35－46），西尼阿斯和吉利普斯的战前演说（7.61－68）；更重要的是下文即将讨论的各种各样辩论。因此整个著作可以看作是辩论的呈现：什么样的行动系列导致什么样的辩论，辩论导致什么样的行动，最终呈现什么样的复杂的文本织体和事件系列。②

施特劳斯对修昔底德笔下的行动与言辞的分析，可以作为我

---

① 最重要的是两个例子。第一个，如果没有第一卷漫长的叙述，我们无法理解雅典和斯巴达争吵的背景，也无法理解第一组辩论的中各方的言辞。第二个例子，如果没有分散在几处的对于普拉提亚、底比斯、斯巴达、雅典关系的近半个多世纪的交代，我们便无法理解普拉提亚辩论中三方的言辞。

② 修昔底德的演说与叙事，"口头交流描绘值得记录的重要行动，用直接演说或间接叙述报道这些行动的可能性，因而深化了其中的各种议题，并为读者提供了解释事件的手段。"（William C. West III, "The Speeches in Thucydides: a description and listing," *The Speeches in Thucydides*, Charlotte, North Carolina: The University of North Carolina Press, 1973, pp. 3‑4.）

们分析的引导。① 在"修昔底德：政治史学的意义"中,施特劳斯开篇便称：

> 西方传统今日受到前所未有的威胁。因为如今它不仅受到来自外部的威胁,还受到来自内部的威胁。它正处于分崩离析之中。我们之中那些信任西方传统的人,我们西方人——我们 Sapadniks,如陀斯妥耶夫斯基和其友人称呼俄国人中的西方人那样——因此必须在西方传统的旗帜下联合起来。……我们必须以一种西方的方式来维护西方的原则。②

施特劳斯的评论是令人厌恶的。他说西方传统由希腊和希伯来两源头而来(这是常识),但这两个传统中很少思想家像他那样近乎偏执。我们只听说保卫财产或领土这样一种非常具体的东西,却未见声称要保护传统与观念。以哪种方式维护呢？希腊人有两种方式,一种是辩论的方式,另一种是修昔底德描述的战斗的方式。施特劳斯暗示是第二种方式吗？这种方式并不是为所谓的传统而战,而是为利益、权力、支配力而战。在这里,所谓传统,不过指的是一种特别的生活与思考方式而已。希腊被人们称赞的,也就是这种方式。除了当代以外,历史上也许并没有人为生活方式而战,只有为最具体的利益而战。罗马人征服不是为了推广自己的生活方式或消灭别人生活方式。当然,战斗是 agon 的一种方

---

① 施特劳斯论修昔底德有三篇文章,第一篇是"修昔底德：政治史学的含义"(原文 Thomas Pangle, ed., *The Rebirth of Classical Political Rationalism*, Chicago, 1989, pp. 72 - 102. 中译本：刘小凤、陈少明编：《修昔底德的春秋笔法》,彭磊译,华夏出版社,2007 年),第二篇是"城邦与人"(《政治哲学史》第二章,中译本：李天然等译,河北人民出版社,1993 年),第三篇是《修昔底德的中的诸神》。

② 施特劳斯："修昔底德：政治史学的含义",刘小凤、陈少明编：《修昔底德的春秋笔法》,彭磊译,华夏出版社,2007,第 2 页。

式,在战争中获胜,是集体 arete 的重要展示。根本不需要多大智力,人们就可以从希腊人的生活态度中,这个 agon 式生活中,推理出战争的原则。修昔底德对战争的描述,与荷马的巨大的差异在于：荷马那里,战争的破坏性、灾难性被英雄们获取荣誉的豪情彻底掩盖住了,也被奥林波斯山上诸神对人类极其蔑视的事实掩盖住了。伤痛不是普通人的流离失所等等,而是普利阿摩斯式的悲剧。一般意义上的人类是微不足道的。①

不过,施特劳斯对修昔底德历史中的演说的评论还是值得注意的：

他记录了事行与言辞两者。他大体上以现代史学家的方

---

① 施特劳斯引述修昔底德对荷马与希罗多德(三场战争的希腊方的记录者)的轻蔑,赞同修昔底德的观点与修昔底德的解释,即冷酷的"力量政治"(power politics)。就力量政治而言,要在荷马的世界与修昔底德的世界中寻找差异,那几乎近乎愚蠢。在荷马的人间和神界中,都只有一种原则主导：力量。在人界,我们很容易在英雄之间按照力量(杀死多少其他英雄)来衡量、来排列等级。我们都知道埃阿斯和奥德修斯的知名争吵,那是因为似乎奥德修斯和埃阿斯都相信,埃阿斯在力量上稍胜一筹(当然奥德修斯仍然与埃阿斯属于一个等级)。力量与荣誉(精神的与物质的两方面,精神上,被人承认、称赞;物质上,获得战利品或优先挑选战利品的权利)始终是相关的。一个悲剧性的事实似乎是：在人间,正像事实向我们展示的,我们很难或根本不可能决出一个至高者(这是一个经验的事实,也是希腊生活给予他的眼界),人根本就是不完善的,最勇敢者也是有缺陷的。在神界,是力量而不是任何其他因素造就了一个至上者宙斯(虽然他不停地遭着挑战与欺骗)。他仅仅是一个最有力者。他的口头禅是：我是最有力的,你们所有的神加起来也胜不了我。宙斯的语言永远都是威胁性的。这就是荷马与修昔底德的一致性。修昔底德认为阿伽门农能够统率大军,是因为他是那个时代最强大的王者,"他能够召集远征军,其他王追随他不是因为慷慨或感恩而是因为恐惧。"(1.9)荷马能够同意这种说法,他实际上也为我们展示了这一点。在这方面,荷马与修昔底德相比,只是更复杂而已,而不在于根本无视这点。涅斯托尔等人一再向阿基琉斯提起,阿伽门农是最强大者。他之所以被服从,是因为他是最强大者,他最有力,而不是因为他最公正或仁慈。但是他受到在有些地方(如统辖的能力)不如自己而在有些地方(战斗)远胜于自己的另一个强者的严重挑战。正因为他们都是强者,所以他只是受到了挑战,而不是受到了威胁。

式记录事行与事件。但他自己却创作了言辞。修昔底德宣称
他创作的演说辞与实际发表的演说的要旨是一致的。但修昔
底德编纂了它们。以当前史学家的观念来看,这是一种伪造。
此外,修昔底德是根据一种修辞原则来编纂这些演说:他笔
下所有演说者都像修昔底德自己在演说一样,演说的个性、地
域色彩等统统阙如。演说并不是"自然的"。它们不是那些激
动而无知之人的演说,而是完美演说家的演说,是那些有闲暇
的、有一流演说训练的人演说,是那些遵循号称普遍有效的艺
术原则的人的演说。①

　　这无疑是一个重要的、值得讨论的现象。就希腊人如此执着
对待事实而言,这种虚构似乎是难以理解的。但这种虚构成为古
代史学的最重要的实践之一,一直存在了五百年至少。在阿庇安
那里,我们看到了一个有人认为是拙劣有人认为是优秀的模仿者。
希腊人或古代人必然存在着与我们不同的对历史著述的看法。
　　伯里克利葬礼演说是一个政治行为。伯里克利或不如说修昔
底德自己,对雅典的特性做了恰当的概括。修昔底德从未认为伯
里克利是时代最好或最贤明的人(至少有两处伯里克利被说成是
最有影响力的人;但是他同时说克里昂是那个时候雅典最有影响
力的人)。他总是对他有所保留。作为一个希腊人,对一个人毫无
保留这个现象是不存在的。当然,我们立即可以举出色诺芬、柏拉
图与苏格拉底的关系。但他们到底只是为苏格拉底辩护、为苏格
拉底寻求正义,还是无保留地赞誉苏格拉底,仍然可以争论。
　　关于言辞与行动的二元性,施特劳斯的这两段论述是有见地
的。他不是在专门讨论演说术,但却用一大段讨论修辞术的内容。
分析演说的技艺,是讨论修昔底德必不可少的。

---

① 施特劳斯:"修昔底德:政治史学的含义",《修昔底德的春秋笔法》,第7页。

　　每项政策都来自商议，来自言辞；言辞是事行的成因。但是言辞、商议又是基于对事实、事行的考虑。言辞既非开端也非终点，而是中途车站，或更确切的说是照亮路途的明灯。只有藉由言辞，事行或事实才能被揭露出来。但在揭露的同时，言辞也在隐瞒或欺骗。言辞或商议并不操控结果：它并不能决定机运。言辞可能基于这种或那种误解。并且言辞可能是旨在欺骗。言辞旨在揭露事行的成因或理由，但它只交待那些正当有理的理由，而它们可能是也可能不是真正的理由。没有言辞的事行是无意义的，或起码是完全含混的。但是言辞又增加了它们自己的含混性。言辞照在事行上的光芒并不是真理之光。言辞歪曲了现实。但是这种歪曲是现实的一部分。它是真理的一部分。

　　言辞不仅与事行密不可分。在一个重要方面上，言辞甚至是首要的。修昔底德有时把言辞与秘密之分等同于言辞与事行之分：我们首先领会到的、被隐瞒最少的东西，就是人们公开地言说的东西。修昔底德作品中第一篇言辞的第一个词是正义。如果我们只知道代理人所说的他们的政策，我们就不得不相信，所有政策都是正义的并且所有的行动者都是完美绅士。政治言辞主要是正当的借口。正当的借口不受限于对正义的考虑；政策也出于权宜之计的理由。要正确评价政治生活就意味着，一方面要正确评价正义的相对重要性，另一方面要正确评价权宜的相对重要性。正确的判断要求我们根据事行来看言辞。但另一方面，如果我们没有根据言辞即根据对正义的要求来看事行的话，我们就不能领会言辞的深意。……和约和承诺是言辞的一种。和约和承诺的价值取决于各方的可靠性，取决于他们此前的事行与言辞之间的一致或分歧，取决于他们前此的表现，即取决于他们的正义。并且所有城邦都不得不时或缔结和约。①

　　修昔底德分开了战争的言辞、表面的原因(科西拉事件)与隐蔽的原因(斯巴达对雅典的恐惧)。修昔底德把言辞与事行都呈现给我们。② 雅典力量的增长引起斯巴达的恐惧与愤怒,这种无法化解的敌意,也可以说是争吵,形成历史著述的内容与事件的解释。③

正义与利益：雅典辩论

　　修昔底德重建的第一场辩论发生在伊庇丹努、科西拉与斯林斯之间(约前 432 年),是三代殖民地之间关于正义与利益的辩论。④ 辩论发生在雅典。科西拉拥有希腊最大海军力量之一,它不在雅典集团也不在斯巴达集团;它是科林斯(斯巴达集团的重要成员)的殖民地,但也许因为自己已经足够强大,对母邦科林斯便

---

① 施特劳斯："修昔底德：政治史学的含义",《修昔底德的春秋笔法》,第 22 - 23 页。

② Donald Kagan, "The Speeches in Thucydides and the Mytilene Debate," *Yale Classical Studies* 24 (1975)：71 - 94; A. J. Woodman, *Rhetoric in Classical Historiography*, Rutledge：Taylor and Francis Group, 1988, pp. 1 - 69.

③ 这形成修昔底德研究中著名的"雅典帝国主义"命题。现代人也许会惊异,修昔底德没有批判地使用了恐惧、愤怒这样一些只有人才有的情绪来叙述城邦之间的关系。我们也许可以说,在某种程度上或事件上,整个城邦愤怒了。但这仍然只是一个模糊的、但人们可以体会到其意义的说法。也许只是一部分或大多数人的共感。科林斯人"怨恨"科西拉人,对他们产生"恶感";当科林斯人支持伊庇丹努时,科西拉人大为"愤怒"。(谢译本,22 页)战败引起科林斯的"愤怒",他们的战备引起科西拉人的"恐慌"。(谢译本,26 页)

④ 施特劳斯认为这组演说体现正义与必需的冲突。科希拉人称赞正义,科林斯人称赞必需。"必需"使得城邦无法按照正义行事。他认为能够稍微有效地控制政治局势的,不是正义,也不是必需,而是节制。施特劳斯："修昔底德：政治史学的含义",刘小凤、陈少明编:《修昔底德的春秋笔法》,彭磊译,华夏出版社,2007,第 20 页。

不够尊重。按照希腊的一般情况，殖民地应该对母邦予以特殊的礼遇（母邦与殖民地的紧张是希腊冲突的一个方面），但科西拉认为它们与科林斯是平等的。科西拉人坚称，建立殖民地并不是确立一个奴隶、下属；但科林斯人则称，建立一个殖民地并不是为了反过来被侮辱。事情似乎是三代殖民地之间的关系：伊庇丹努是科西拉的殖民地，科西拉又是科林斯的殖民地；伊庇丹努发生党争，求助科西拉而不被响应，转而求助科林斯。后者的军队已经在城内，这时科西拉又前来干涉。科西拉人包围了伊庇丹努，但只准备对伊庇丹努人施以最严厉的惩罚（男人处死或出售为奴隶），而科林斯人则听候处理。科林斯于是处于备战状态。这是两个实力处于第二层次的城邦之间的较量。在此之前还有若干次冲突，修昔底德只是在名人的演说或自己的叙述中提到它们，而没有像这次冲突那样予以详细的重建。[1] 三代殖民地之间的冲突是伯罗奔尼撒战争的序幕。[2]

科林斯人"怨恨科西拉人，因为科西拉人没有对科林斯人表示一个殖民地对母国应有的尊敬。科西拉人和其他殖民地不同，在公共节日赛会时，没有给予科林斯以特权和荣誉；在祭神的时候，也没有给予科林斯人以应有的便利。他们轻视他们的母邦，自称他们当时的金融势力可以和希腊最富裕的国家匹敌，而他们的军力大于科林斯。他们特别夸耀自己的

---

① "科林斯和科西拉的冲突，特别是两国在雅典的辩论，在整个著作的设计中占据正式的策略地位。"（Gregory Crane, *Thucydides and the Ancient Simplicity*, University of California Press, 1998, p. 93.）Crane 用一整章的篇幅分析雅典辩论，pp. 93 - 124。也见 John Wilson, *Athens and Corcyra: Strategy and Tactics in the Peloponnesian War*, Bristol: Eng: Bristol Classical Press, 1987, pp. 25 - 34, 119 - 125。

② 对雅典辩论的详细分析，见 Jonathan J. Price, *Thucydides and Internal War*, Cambridge University Press, 2004, pp. 82 - 88。

海军优势"。(1.25;谢译本,第 22 页[1])

科林斯是斯巴达同盟,正处于备战状态;科西拉虽然认为自己非常强大,但考虑到科林斯属于斯巴达同盟,因此寻求加入雅典同盟。科西拉人请求雅典人帮助,科林斯反对雅典人向科西拉人提供帮助。他们不是一对一地与雅典谈判,而是两个代表团带着完全相反的要求同时出现在雅典的公民大会(Ecclesia),各自提出自己的理由,各方试图说服雅典人,然后雅典人投票做决定。希腊人的战争辩论值得关注的,是他们的公开性。这里几乎没有秘密外交。

　　科西拉人当然知道,加入雅典同盟的一个最大障碍是他们之间没有同盟关系,雅典对于他们没有义务,他们对雅典更没有贡献。科西拉人主要是"利诱"(当然,他们在陈述帮助自己不是帮助侵略者而是帮助被侵略者时,也诉诸正义)雅典人支持自己:帮助自己对雅典有利,而且会得到自己实实在在的感谢(回报)。他们首先对自己原先的孤立政策进行检讨,如果说它以往是审慎的自足(prudent self-containment)的话,现在则是错误的且是导致自己软弱的一个因素。最大的利诱是科西拉有希腊最大的海军力量,他们加入雅典阵营将极大增强这个阵营的力量。科西拉人除了利诱外,还有威胁。[2] 这种威胁就是斯巴达与雅典必有一战。那些认为和平尚有可能的人只不过是在麻痹自己,因为

　　　　他们没有看见事实上斯巴达人害怕你们,想要发动战争;

---

[1] 下文参考译本共 3 个:谢德风译本(谢译本,商务印书馆,1960 年版)、徐松岩译本(徐译本,上海人民出版社,2012 年版)、牛津普及本(Tim Rood 译,2004 年),专名主要从谢译本。引文主要据谢译本,参照其他版本加上了卷章编号。

[2] Malcolm Health, "Justice in Thucydides' Athenian Speeches," *Historia* 39(1990): 385 – 400, Clifford Orwin, *The Humanity of Thucydides*, Princeton, NJ: Princeton University Press, 1994, pp. 38 – 41.

> 而科林斯也是你们的敌人，它在斯巴达是有势力的。科林斯人首先向我们进攻，以便后来再向你们进攻。……但是我们的政策是先发制人，这就是我们请求你们允许我们加入同盟的原因。对于这些事情，我们最好是采取主动的地位——首先采取我们自己的政策，而不是要处于被动的地位来应付别人对我们的阴谋。（1.33/谢译本第28页）

简单的道理：斯巴达与雅典正在走向战争，战争已经爆发；接受一个强国的加入可以加强自己的力量。科西拉代表发言的重点是如何使雅典接受自己。

科林斯代表接着发言。总的说来，科林斯代表的义愤比较多。他多次使用攻击性的语言表示强烈的义愤。修昔底德重建的演说总是思路清晰，条理分明；长短句配合，长句用于说理与证明，短句用于归纳和通过格言增强力量。科林斯代表的讲话核心围绕这个判断：雅典人应该拒绝科西拉人的请求，他们也有理由这样做。发言人首先揭露科西拉人的孤立政策并不是中庸，而是出于恶意；他们的中立政策只是他们的伪装，其目的不是防止自己参与别人的恶行，而是让自己作恶时别人无从干涉。[1] 在科林斯人看来，科西拉是背信弃义的典型，它蔑视自己的母邦、极端无礼，只有在自己占据有利形势的情况下才同意仲裁，而仲裁不过是想巩固自己的优势而已。修昔底德让科林斯的发言者带有分析地说：

> 他们说他们首先准备把这件事情交给仲裁来解决。一个

---

[1] 这是修辞术中所谓两面论证"Dissoi logoi"的典型。同一件行动，站在对立的立场，其意义是不一样的。在辩护者的眼中，它是自己的中庸、审慎的表现（但是现在是改变它的时候，因此不可能对其优势说很多），而在反对者的眼中，它是恶意的伪装，是作恶的借口。

已经偷偷地占据优势的人，从安全的地位作出这个建议来的时候，这句话是毫无意义的；只有在开始敌对行动之前，和敌人站在真正的，而不是虚伪的平等地位的时候，这种建议才是可以采纳的。(1.39/谢译本第 32 页)

科林斯代表发言的重点是如何让雅典拒绝科西拉。揭露科西拉的背信弃义是个策略。科西拉的所谓实力则被有意忽略。科林斯人以修昔底德特有警句式表达强调：支持自己的敌人就是与自己为敌。因此他说科西拉不是来请求加入同盟，而是来请求你们加入他们的罪恶的。由此，科林斯的发言必然带有一定程度的威胁：帮助科西拉就是向科林斯宣战。因此他们的建议是雅典严守中立。关于科西拉的利诱，即强大海军问题，科林斯人是这样说的：

　　不要因为他们向你们提出一个强大的海军同盟而受他们的影响。公平对待一个平等的国家比急于抓着一个表面上似乎有利而实际上很危险的便宜是更会得到安全的。(1.42/谢译本第 34 页)

我们可以简化科西拉和科林斯的论证。科西拉人认为(1)自己是一个中立的国家，因为受到来自雅典敌方阵营的入侵，向雅典求救，加入雅典同盟；(2)自己有强大的海军，加入雅典，可以增强雅典方的实力。如果被对方征服，将增强对方的实力；(3)在雅典和斯巴达战争实已开始的情况下，雅典的选择已经一目了然。这是利益话语。

科林斯认为(1)科西拉是自己的殖民地，因此应该对自己有所礼遇；(2)当这种礼遇得不到时，施以惩罚是适当之举；(3)这种关系与雅典无关，雅典应该严守中立；支持我的敌人就是与我为敌。科西拉违反了正义，自己实施了正义，雅典若接受科西拉的请求，就违反正义，加入科西拉的罪恶。科林斯持正义的话语。

比较这两种逻辑，科西拉人的建议对雅典人必然有吸引力。修昔底德报道说，雅典人听了两方的发言后，开了两次公民大会进行讨论。第一次赞成科林斯观点似乎占上风，第二次他们又"决议和科西拉人订立同盟"(1.44)。不过他们补充说这种和约是防御性的：只有在雅典同盟、科西拉受到攻击时才有效。修昔底德评论说，雅典人认为他们与斯巴达的战争无论如何都会进行，他们

> 不希望科西拉及其强大的海军落入科林斯手中；相反，他们想尽可能使双方进入完全的对抗状态，以便在必要的时候介入战斗，向弱的一方开战。(据牛津版，1.44，参照 Loeb 版)

就这个评论而言，修昔底德不仅是现实主义国际关系的创始者，而且几乎可以说是国际政治中所有鹰派主张的秘密。雅典本身是极端自私的；它考虑的是如何削弱任何一方。在它的政策中，我们看到，这是一条隐含的逻辑，而任何表面和华丽的关于正义的言辞，都是托辞。[①] 紧接着的简短评论更是戳穿了雅典的险恶，抵得上科林斯人对科西拉人的长篇诋毁与谩骂。修昔底德的冷静与不动声色，掩盖了他的恶意或者无奈（就其作为观察者不赞成雅典

---

① Gregory Crane, *Thucydides and the Ancient Simplicity*: *The Limits of Political Realism*, University of California Press, 1998.

的政策,而作为公民必须献身于这些政策而言)。^① 或者,这是一个对人性的恶报有深刻体验的思想家的无奈与洞察。也许,在雅典的集体决策中体现出来的作为集体行动的邪恶色彩,不能说是人类的劣根性,而是人类的本性;人性本来即是如此,不管我们如何评价它,它都存在并起作用并将导致毁灭性的后果。^② 因此,这既是呈现,也是透露。在这样的人性图景下,政治,不管是国内的还是国际间的,或者说不管统治单元内的还是统治单元之间的,几乎不能指望追求积极的目的,而只能处于防御性的状态。也就是说,政治的德性,能够接受的状态,是将毁灭限制在最小或较小的状态;除了谨慎与平衡以外,没有别的智慧。作为透露或警告,修昔底德也许会说,雅典以先发制人作为手段的策略,在对手没有强大时就将其摧毁的策略,基本是冒险家或赌徒的行为,必将产生极坏的后果。此外,他还在显示,人的行动越是集体的,不确定的因素就越多。雅典也许可以很容易在战场上消灭小国,但是它消灭不了瘟疫;统帅的愚蠢最终会丧送一切。因而,他的历史哲学中,似乎又有着某种天意(命运)的东西在内。就此而言,这种智慧与荷马仍然有一致性:人不是神,人永远做不到为所欲为。

在接下来的战斗中,雅典和科西拉人站在一起。科林斯人没有占领科西拉便回国。这是修昔底德所说的雅典与斯巴达的第一

---

① 除了施特劳斯学派的作为性格的雅典-斯巴达两分法解读外,还有历史学界的关于修昔底德好恶两分法的争论。即他到底是斯巴达派还是雅典派的争论。说他是斯巴达派的人认为他站在被逐者的立场写作,对雅典充满怨恨,对它的灾难(尤其是西西里灾难)幸灾乐祸;说他是雅典派的人自然可以从伯里克利的演说中找到他对雅典生活方式的赞同。这方面的讨论,Paul Cartledge and Paula Debnar, "Sparta and the Spartans in Thucydides," *Brill's Companion to Thucydides*, pp. 559 - 560。

② "他相信人的本性是不变的,因此他在历史中叙述的事情将会一再重复。因为人类为三种基本激情——利益,荣誉,特别是恐惧所驱动,他们必然寻求他们的财富与权力,直至受到被通样激情驱动的其他人的阻止。"(Robert Gilpin, "The Theory of Hegemonic War", *Journal of Interdisciplinary History*, 18:4(1988), p. 593)。

个争端。第二个争端是东北部色雷斯地区的波提狄亚背叛雅典。它是科林斯移民，但属于雅典同盟。雅典担心他们反叛，要求他们拆毁城墙，向雅典交纳人质，驱逐科林斯派去的官员。科林斯也正在东北部策动雅典同盟者暴动。雅典先发制人(1.56)，派舰队和步兵前往波提狄亚索取人质、拆毁城墙。波提狄亚一面派人去雅典请求不要对自己采取行动，一方面派人去斯巴达求援。斯巴达答应如果雅典进攻波提狄亚，他们就攻击阿提卡。而实际上雅典进攻的军队已经出发。波提狄亚还有其他一些城市背叛雅典，科林斯派兵增援。双方交战许久，波提狄亚遭围城。斯巴达宣布战争开始。

斯巴达辩论：强者的统治与审慎

第二场辩论，即斯巴达辩论(前432年)，紧接着上一场辩论。[①] 争吵或辩论发生在四个发言者之间，是在斯巴达公民大会上进行的。这和上一场辩论一样，先由各方代表发表意见，然后有权作出决定的一方进行表决。科林斯代表对雅典的投诉(1.68-71)受到雅典代表的驳斥(1.73-78)；科林斯代表呼吁向雅典宣战的建议受到国王阿基达马斯的反驳(1.80-85)；阿基达马斯的建议又受到监察官的反驳(1.86)。这是一场关于正义、自由、强力与审慎的辩论。[②] 也许修昔底德的真正赞同者是阿基达马斯，而不是伯里

[①] P. Debnar, *Speaking the Same Language : Speech and Audience in Thucydides' Spartan Debates*, Ann Arbor: University of Michigan Press, 2001; Clifford Orwin, *The Humanity of Thucydides*, Princeton, NJ: Princeton University Press, 1994, pp. 42 - 49.

[②] A. W. Gomme, Historical Commentary to Thucydides Volume 1, 1945, pp. 233 - 246, 252 - 255; De Romilly, *Thucydides and Athenian Imperialism*, Paris, 1947, pp. 205 - 229; A. E. 罗毕舍克(Raubitschek)："雅典人在斯巴达的演说"，载《修昔底德笔下的演说》，第45-65页。

克利。斯巴达辩论是希腊人对国际争端处理方式的集中表现：把所有的利益悠关方都召集起来进行辩论。当然，这次雅典是被控诉对象，因此处于辩护人的地位。按照修昔底德叙述，除了雅典同盟的背叛者和科林斯以外，"斯巴达也邀请他们自己的同盟国以及任何认为因雅典侵略而受到损害的人参加会议。于是他们举行他们的同盟代表大会常会，使代表们有发表意见的机会。许多代表在会议中提出各种控诉。尤其是麦加拉的代表，提到许多其他痛苦之外，指出他们被排斥于所有雅典帝国的海港以及雅典市场本身之外，这是违背条约上所规定的。"（1.67）厄基那的代表则控诉他们的独立性受到了侵害。

对雅典式帝国主义（强邦对小邦的支配与奴役）的控诉与辩护，成为这次辩论的焦点。奇怪或令人惊异的是，在这次争吵中，首先发言的科林斯人持自由与责任话语，而这在前次辩论中是没有的。雅典的帝国主义既压制了帝国内的城邦的自由，也压制其他城邦的自由；换句话说，在科林斯代表看来，雅典正在奴役整个希腊。而作为被奴役者，他们既有权利谴责侵略者，竟也有权利谴责袖手旁观者——尤其是"那个享有希腊解放者的光荣名誉的国家"（1.69/谢译本第 48 页）。在会议上肯定还有许多城邦代表发言，修昔底德都一带而过，只是记述或不如说创造了科林斯人的演说。斯巴达辩论第二个值得探讨的问题是，修昔底德借科林斯人之口对雅典和斯巴达异同进行分析（这些分析不仅似乎与情境无关，而且不像一个关注局势的代表所言，更像一个历史学家或研究者所言）。①

---

① 可以把这段与伯里克利的演说对照起来看。施特劳斯的分析，见 Leo Strauss, *The City and Man*, Chicago: University of Chicago Press, 1964, pp. 170 - 172。也见 C. Orwin, *The Humanity of Thucydides*, Princeton: Princeton University Press, 1994, p. 45; G. Crane, "The Fear and Pursuit of Risk: Corinth on Athens, Sparta and the Peloponnesians," *Transactions of the American Philological Associations* 122(1992): 227 - 256.

第三个值得注意的地方是，科林斯人，虽然来斯巴达求助，却用了抱怨的语气。这是因为，他们和斯巴达有相互防御的协议，因此斯巴达对于他们的保护负有条约义务。在科林斯人看来，既然斯巴达一直被称作希腊的解放者，或者希腊世界正义与秩序的保卫者，那么，他们应该拥有道义的责任介入争执。而这两点斯巴达人都没有履行。因此科林斯人而不是其他人有权利对斯巴达人进行非难。按照古典修辞术的理论，这样一种表达义愤的方法，也是基本的说服手段之一。①

　　修昔底德借科林斯人之口对雅典和斯巴达的特征进行分析，已经吸引了像施特劳斯之类的注意。② 这两个城邦，一个革新，一个守旧；一个勇敢冒险、大胆行事，另一个深思迟疑；一个外向、进取，一个内向、退缩；一个致力于获取，另一个致力于保存所得。科林斯人坦言斯巴达与雅典比较，是一个在整个生活方式或处理事情的方式上更为落伍的城邦。(1.70)他呼吁斯巴达人与时俱进。③ 科

---

① 亚里士多德《修辞术》1386b10—1387b20。这不是说修昔底德实践了亚里士多德的规则，而是说，亚里士多德的规则，是希腊修辞实践的概括。就此而言，修昔底德堪称修辞术的一流教师。他和智者的关系也许太密切了。

② 施特劳斯认为修昔底德在健康的城邦和病态的邦邦之间（而不在民主与僭主制［专制］之间）进行区分。前者节制、中庸，后者强调大胆与男子气。斯巴达是这样一些善的体现：节制、静默、尊严感(庄重)、守信、守法。相比之下，雅典则创新、大胆、近乎癫狂、不信神。施特劳斯认为修昔底德虽然借伯里克利之口称赞雅典，但其实更向往斯巴达。修昔底德因此是贵族制或混合制政体的支持者。见施特劳斯："修昔底德：政治史学的含义"，刘小枫、陈少明编：《修昔底德的春秋笔法》，彭磊译，华夏出版社，2007，第 19 - 20 页。

③ 科林斯人说："在政治上，和在任何手艺上一样，新的方法必须排斥旧的方法。当一个城邦能够在和平和安宁中存在的话，无疑地，旧式的方法是好的；但是当一个城市经常遇着一个新的问题的时候，它必须用一个新的方法去解决这个问题。因此，有着各种各样经验的雅典和你们比较起来，是一个远为近代化的国家。"(谢译本，51页)比较商鞅的一段其雄辩程度不亚于修昔底德的段落，奇怪的是，一个人用的是城邦与政策的术语，另一个人用的是圣人或决策者的术语。"常人安于故俗，学者溺于所闻。以此两者居官守法可也，非所与论于法之外也。三代不同礼而王，五 （转下页）

林斯人敦促斯巴达立即按照条约规定援助同盟国和出兵阿
提卡。

　　这次辩论雅典人并不是代表,因为这是斯巴达的同盟会议。
但是修昔底德报道说,在斯巴达执行别的事务的雅典人听到科林
斯代表的发言后,要求发言。在否认会议的合法性(因为会议不是
法庭,雅典也不是被告)后,发言者主要从历史(雅典帝国是波斯战
争以后一系列历史进程的结果)与现状(安全与荣誉)两个方面,陈
述他们为什么建立了雅典帝国,为什么为了安全、荣誉和利益而保
持帝国——保持帝国便要惩罚背叛它的城邦,尤其当背叛者有可
能或实际上已经加入斯巴达同盟的时候。雅典人的辩护策略,一
个是诉诸历史(历史作为论据),另一个是诉诸一般观念(听者和说
话者都能接受的一般看法,如弱者应该依赖强者;背叛者应该受到
惩罚;维护自己的利益是行动者的正确选择等等)。[①] 无疑,历史
与一般观念都是不确定的,也就是说,站在不同的立场,同样的过
程可能受到不同的解释,那样貌似有理的格言其实是站不住脚的,
总是在掩盖着什么。雅典人强调,他们对雅典同盟的控制,与斯巴
达人对他们的同盟的控制,并没有实质的区别,都出自荣誉、安全
与利益。[②] 于是,雅典人的发言成为对自己帝国主义政策的辩

(接上页)伯不同法而霸。智者作法,愚者制焉;贤者更礼,不肖者拘焉。"《史记·商
　　君列传》)司马迁报道的商鞅与甘龙、杜挚在秦孝公面前的辩论,是中国古代政治辩
　　论或说服的几个鲜活案例之一。
① 汉孟德:"修昔底德笔下的演说中的特殊与普遍",载《修昔底德笔下的演说》,66 - 78
　　页。对这个场景的讨论,在 68 - 69 页。
② Jacqueline de Romilly, *Thucydides and Athenian Imperialism*, Oxford：Basil
　　Blackwell, pp. 17 - 36；P. J. Rhodes, "Thucydides on the Causes of Peloponnesian
　　War," *Hermes* 115(1987)：154 - 165.

护：①

> 也不是我们创造这个先例的，因为弱者应该屈服于强者，这是一个普遍的法则。同时我们也认为我们有统治的资格。直到现在以前，你们也常常认为我们是有资格统治的；但是现在，你们考虑了自己的利益之后，就开始用"是非"、"正义"等字眼来谈论了。当人们有机会利用他们的优越势力得到扩张的时候，他们是绝对不会因为这种考虑而放弃的。那些合乎人情地享受他们的权力，比那些因形势所迫而强调正义的人更加值得称道。（1.76/谢译本第 55 页，译文有改动）②

我们有必要简化双方的辩论要点：科林斯人以及斯巴达同盟中的人认为(1)他们受到雅典的奴役，而且雅典有奴役全希腊的趋

---

① 这无疑也是色拉叙马霍斯的意见（正义就是强者的利益。见柏拉图《理想国》338c－341a 中苏格拉底和色拉叙马霍斯的争论）。这表明，这样一种态度，在雅典公众中是常见的。这种态度，虽然明显缺少正义性，使一切处于弱势地位的人产生强烈义愤，但在希腊这个言论自由的地方，在有些人眼中，只是对经验现象的简单观察而已。荷马也让他的英雄不止一次表达了同样的看法。宙斯这个形象和统治就是色拉叙马霍斯格言的集中体现。既然 logoi(理性、言辞)是根本分不出高下的，无所谓谁说服了谁，那么只有 coersion(强制、强力)最终起决定作用。民主的政体下，人数或多数是最有力的；在国际关系中，力量起决定作用。这些都贯穿着一种逻辑：强者的正义。

② 牛津本译文："Nor again did we start anything new in this, but it has always been the way of the world that the weaker is kept down by the stronger. And we think we are worthy of our power. There was a time when you thought so too, but now you calculate your own advantage and talk of right and wrong — a consideration which has never yet deterred anyone from using force to make a gain when opportunity presents. It is something worthy of credit when men who follow the natural instinct to rule others then show more justice than they need to in their position of strength. Certainly if others were to take our place we think it would become abundantly clear how moderate we are. But with us our very fairness has unfairly been turned more to criticism than to credit." (1.76)

向。这是对正义与秩序的破坏;(2)他们是斯巴达的盟友,斯巴达有义务保护他们,而且雅典已经侵犯到斯巴达的利益,他们之间的战争已经开始;(3)因此,斯巴达应该宣战。

雅典人的论证:(1)他们对一些城邦的惩罚,是因为这些城邦背叛了自己也背叛了约定;(2)雅典对一些城邦的控制是历史形成的,与斯巴达的情况相似;(3)强者统治是普遍法则,雅典有资格进行统治。①

修昔底德报道说,斯巴达人听到双方的发言后,让别人退场,自己商量。大多数人倾向于开战。斯巴达国王阿基达马斯发言。他的发言应该说与科林斯人对斯巴达人的分析是前后呼应的。但谨慎是他的讲话的要旨。阿基达马斯先从自己作为一个年长者的经验,阐明战争与和平相比,远不是一个好的选择。然后他主要详细比较斯巴达与雅典双方的实力状况。他得出的结论是,雅典远比斯巴达强大。他只是从与斯巴达的"利益"②的角度分析战争对斯巴达不利。雅典的军事力量强大,而且有其他物质资源,且战争经验丰富。不过他也同意,斯巴达不能因为打不赢便听任雅典侵害自己的同盟。他只是觉得目前最好的选择不是战争,而是向雅典提出抗议;同时积极备战,在海军、财政和增加同盟者方面多做些事情。这位冷静的国王是一个实干家,而不是一个煽动家。他对要求参战的人作这样的劝说:

> 在战争中,金钱比军备更为重要,因为只有金钱才能使军
> 备发生效力:特别在一个陆地强国和一个海上强国作战的时

---

① A. E. 罗毕舍克(Raubitschek):"雅典人在斯巴达的演说",载《修昔底德笔下的演说》,第 45 - 65 页。

② 亚里士多德:审议型演说的要点是利益:"议事演说的目的在于阐明议事提案的利或利弊,劝说者力陈提议的益处,劝阻者则力陈提议的害处"。(《修辞术》1358b21 - 23)

候，尤其是这样的，所以让我们首先检查我们的财政；在检查之前，我们不要被我们的同盟者的言辞所迷惑了。无论战争的好坏，对于战争的后果，将来负最大责任的是我们，所以让我们有充分的时间来从容地估计到一些可能性。(1. 83. 2 - 3/谢译本 59 页)

对于科林斯人说的斯巴达人的迟缓与慎重，他认为应该毫不以为可耻。可见阿基达马斯的争论的对象，与其说是雅典人，不如说是科林斯人。科林斯人站在第三方的立场，特别是站在批评者的立场，对斯巴达人的行事方式与生活方式进行带有概括性的评论与比较；他认为这种生活方式是过时的，无效的。阿基达马斯则像后文的伯里克利对雅典人进行辩护一样，对斯巴达人的行为方式进行辩护。修昔底德秉承希腊人的一般观念，并没有仅站在科林斯人一边说话，而是把希腊人对斯巴达的不同的看法，在科林斯发言人和阿基达马斯两个发言中表现出来。阿基达马斯说，迟缓、慎重和智慧、贤明一样都是美德，而且这种美德与斯巴达一直保持自己的自由（即没有受别人的奴役，也没有受别人的蔑视）有关。这是他对斯巴达生活观念的辩护：

正因为我们有这些品质，所以只有我们在成功的时候不傲慢，在困难的时候，不和其他人民一样易于屈服。当别人用阿谀来劝我们走向我们所认为不必要的危险中的时候，我们不受阿谀的迷惑；当别人想用恶言来激怒我们的时候，我们也不至于因为自羞而采纳他们的意见。因为我们有良好秩序的生活，我们在战争中是勇敢的，在智谋中是明智的。我们勇敢，因为自制是以自尊心为基础，而自尊心又以胆量为基础。我们贤明，因为我们没有受到太高的教育，以至于鄙视我们的法律与风俗。我们受着训练，避免那些无用的纤巧事物——

例如,对于敌人的陈述能够做出一个绝妙的理论批评,而在实践上不能好好地反抗敌人。(1.84.2-4;谢译本60页)

　　这也许是一个非常有说服力的演说,而且出自这样一个贤明且地位崇高的人之口。斯巴达辩论是斯巴达同盟以及斯巴达内部关于重大政策(战争与和平是审议演说的最重要内容)的协商。然而,对决的、反对的机制就像出现在雅典一样出现于斯巴达。在生活方式上,雅典与斯巴达正如科林斯发言人和阿基达马斯所阐明的,是有重大差异的;但是在反对机制或"争吵的政治"的实践上,斯巴达与雅典有着明显的一致性。根据修昔底德的报道,阿基达马斯发言后,斯巴达民会并未立即表决,因为斯巴达的监察官,一个地位不亚于国王的重要人物斯提尼拉伊达持反对意见。斯提尼拉伊达是会议的主持者,他只简短地表达了自己的看法。这种看法与阿基达马斯的看法正好相反。其要点是,雅典的行动应该立即受到惩罚;不能容许任何人侵犯同盟者;斯巴达不能背叛同盟者,而应全力援助同盟者;当前应该立即行动而不是讨论。(1.86)可见宣不宣战乃是一个关系到许多城邦的生命与荣誉的决定,因此充分的磋商,即各种意见全面表达,是非常必要的。斯巴达辩论是希腊政治实践的典型案例。

　　两个重要人物的正好相反的建议得到不相上下的支持。按照斯巴达的惯例,民会用喊声表达支持,结果支持国王和监察官的喊声不相上下;监察官于是不得不让赞成行动与反对行动的人各站一边。赞成行动的人取得微弱的多数。(1.87)修昔底德再一次从叙述中走出来进行分析:斯巴达人决定向雅典宣战,并不是因为受同盟者发言的影响,而是因为他们恐惧雅典的强大。(1.88)正如前一场辩论他分析的,不管情况如何,战争无法避免。斯巴达辩论以后,斯巴达人决定将斯巴达同盟的所有国家都召集来表决与雅典的战和(1.119)。科林斯人又做了对雅典的冗长的攻击

(1.120 - 124)，以后大多数表决通过战争。

扬格（Young）认为，协商民主不是自我取向的利益间的竞争，每一方都寻求自己利益的最大化，而是"以集体问题之解决为目标的讨论、辩论与批评的过程"。[①] 以此而言，在协商民主的诞生地希腊，这种特征却几乎丝毫体现不出来。无论是希罗多德还是修昔底德，给我们都是另外一个现象。雅典在科西拉与科林斯冲突中表现出来的行动动机（准备向弱者开战）与克谢尔克谢斯入侵希腊时诸多城邦的表现如出一辙。城邦和个人一样，追求自我保存或控制能力的扩张；与利益、控制相比，正义的说辞显得非常脆弱。贤明的阿基达马斯选择谨慎乃是因为对方太强大，不能进行没有把握的战斗。因此他的动机和雅典人是一致的。斯巴达辩论还有一个重要的现象是，雅典把这种利益的扩张、强者对弱者的控制，说成是正义的。

在接下来追述斯巴达战争的前史（前 476 -前 432 年）、雅典强大的过程时，修昔底德似乎在显示，雅典人的精明、狡猾，特别表现在地米斯托克利身上；他追溯雅典同盟如何从自愿组织变成被雅典主导与控制的集团，从而使同盟成为帝国。[②] 在半个多世纪里，雅典和斯巴达数次战争，相互争夺对方的属国。雅典和科林斯也早就结下怨恨。雅典力量的增长不仅在于控制提洛同盟内的希腊

---

① Iris Marion Young, "Difference as a Resource for Democratic Communication," in *Deliberative Democracy*, ed., James Bohman and William Rehg, Cambridge, MA: MIT Press, 1997, p. 400.

② 帝国这个词的希腊词是 arche(统治)。雅典的九位执政官 archon。雅典几乎所有重要的政治人物，从伯里克利到克里昂，都并没有回避这个词，也没有回避雅典与同盟的这种统治与被统治关系。帝国意味着分成统治与被统治者，而不论是否同意，义务总是必须得到遵守，否则就会遭到严厉的惩罚；所有居民被变卖为奴，意味着在奴隶与主人的关系(hegemony)被运用于城邦之间。战败的萨摩斯虽然按照雅典方式建立民主制，但仍然拆毁城墙，交纳人质，交出舰队，分期赔款。(1.115 - 117；谢译本 79 - 80 页)

诸邦,还在于进攻埃及,控制下尼罗河。可见在半个多世纪的时间里,雅典是除了波斯以外地中海世界的重要力量,或者是波斯、雅典、斯巴达组成的三强之一。它们挟持着属国彼此征战,国际关系充满着欺骗、背叛与征服。[①]　如果我们把整个伊奥尼亚海域都算

[①] 的确,希腊人与野蛮人的对比出现在著作的各处。所有非希腊人组成"野蛮人"(barbarians)。但是在国际政治的领域,野蛮人与希腊人没有区别。的确,雅典很少与波斯结盟,但斯巴达就不同。此外,修昔底德很少提到国内的政治制度。他也许认为它并不是一个强有力的分析因素。当然,雅典和斯巴达都倾向于让同盟内的政治制度与自己相似,但是相同或相异的制度(贵族制还是民主制)显然无法改变它们在同盟中的被支配状态。这与当代西方的政治干预是不同的。修昔底德并没有说雅典人打着保护某个国家人权的旗号对某个国家开战。雅典人想不到,所以没有说;修昔底德也没有想到,也没有说。道理很简单:权利或民主并不是普遍有效的。雅典让同盟尽可能采用与自己相似的制度,并不是因为这样做是对的、好的或惟一合理的,而是说这样做是便利的。(1.115;谢译本79页,雅典在伯里克利领导下,花了巨大代价,试图在萨摩斯建立民主制)在修昔底德叙述战争过程而一笔带过国内政治时,他又几乎假定读者对于这种生活是非常熟悉,不需要介绍的。他显然把希腊特别是雅典公民作为潜在的读者或说服对象。因此看不到他对雅典和斯巴达政治机构的着意描写与分析。这与亚里士多德是不一样的。修昔底德是否像现代人那样赋予 barbarians 以明显的贬义,仍然值得讨论。希腊人,正如我们在讨论埃斯库罗斯时所说的,并没有用中文意义的善恶来指称希腊与非希腊,从荷马时代就没有。野蛮人仅是非希腊人而已。他们并不是低级的。只不过他们和希腊不同的生活习惯而已,而世袭且专制的君主,的确是他们的最重要的习惯之一。这种专制,这种普遍的奴隶制(他们是有主子的,而希腊人是自由的,且为自由而战的),的确,比希腊最严厉的僭主都专横。希罗多德在多大程度上蔑视波斯,认为希腊相比之下高级得多,这也值得讨论;还有,他本身就来源于希腊文化的外围,这也是一个值得注意的事实。在中国,华夏与狄夷有本质的区分,狄夷不仅不知华夏的礼仪,而且与野兽相近;对待他们,教化几乎是起不到作用的。汉以后特别是宋,是带着绝对的善恶观念看待华夏与狄夷或野蛮人的。另外,一个时不时被明文的看法时,对于野蛮人,有时候是可以像对待野兽(野兽与野蛮的词形上的相近性)那样进行剿灭的。华夏的正义观念,或者文明人之间的正义观念,是不能用于华夷之间的。希腊人不是这样。重要的原因正在于,一方持有绝对的善恶观,另一方本上没有这种正义观。野蛮人是人,只不过不是希腊人;人与人之间的一般规则对于他们是适用的;他们与希腊人的巨大的差异几乎只存在于公共生活方面。希腊重要人物与波斯重要人物,如地米斯托克利、波桑尼阿斯与波斯国王的密切联系,也使他们用人的眼光,而不是兽的眼光看待非希腊人。波斯王给波桑尼阿斯信,希望娶其女并帮助他成(转下页)

作雅典帝国的"地域"，而雅典只是他们的据点（地米斯托克利几乎是这样筹划的），我们就会对其强大有一个直观的印象。[①] 修昔底德还花了很大的篇幅专门叙述这个时代斯巴达和雅典的两个重要人物，波桑尼阿斯和地米斯托克利的事迹与结局。

雅典辩论：伯里克利没有辩论的演说和葬礼演说

经过漫长的追述后，修昔底德回到叙述的主线。斯巴达会议以后，斯巴达人派代表团与雅典抗议，要求他们解除对波提狄亚的围攻、给予厄基那独立和撤销麦加拉法令（雅典人拒绝麦加拉人进入雅典帝国的港口和市场）。后来他们派人到雅典传达最后通牒："斯巴达希望和平。现在和平还是可能的，只要你们愿意给予希腊人以自由的话。"（1.139/谢译本 98 页）看来正如科林斯人期望的，

（接上页）为全希腊人的统治者。（1.129；谢译本 89 页）这种姻亲在中国也曾多次发生。在和亲的时候，也就是说，在实践上，对野蛮人是一种看法——他们甚至更勇猛；但在玄思时，对野蛮人又是另外一种看法。野蛮人主要是波斯人，埃及那时候已经衰落。韦尔南说："在东方文化的鼎盛时期，希腊文化面对亚洲确立了自己的形象，仿佛正是由于恢复了与东方的接触，希腊文化才更清楚地意识到它自身的存在。希腊的特征可以通过一定的社会生活形态和思维模式来认识。在希腊人看来，这种社会形态和思维模式确定了希腊的独特性和它相对于野蛮世界的优越性；他们取消了那个在秘密宫殿中不受限制和控制地行使最高权力的神王，政治生活成了公众集会广场上人们公开辩论的内容，参加辩论的是被定义为平等人的公民，国家是他们的共同事务……"（韦尔南：《希腊思想的起源》，三联书店，第 2-3 页）这段话后一句无疑是正确的。但是是否希腊人就此确立与他们眼中的野蛮人的优越性，却是存疑的。这种优越感不是修昔底德的，也不是他笔下的大多数希腊人的，也不是阿里斯托芬的，在某种程度上，也不是希罗多德的。与现代欧洲人相比，希腊人可能更能持一种自发的文化多元观念。

① 修昔底德将自己正常的历史叙述从伊庇丹努斯辩论开始，这多少有点令人诧异。因为在此之前发生了太多的战斗，其激烈程度乃至意义，都大于这次冲突。伊庇丹努远不是伯罗奔尼撒战争的开始，只是其中很小的插曲。合理的解释是，从这段开始，修昔底德本人几乎是历史的见证人，他的叙述是权威的，也带有个人体验。

斯巴达人是以希腊的解放者自居的。修昔底德对会议作了简短的报道,然后"收录"了伯里克利的讲演。前面的各种叙述和辩论场景"在现",都似乎为伯氏的演说作铺垫;而如果将伯氏的演说与科林斯人、阿基达马斯演说相联系,便可立见斯巴达与雅典冲突的"戏剧效果"。雅典辩论不是雅典和斯巴达人的辩论(因为后者的最后通牒已经下达),而是雅典公民之间的辩论。[①] 在第一卷纪录的三场辩论中,雅典辩论是最后一场。

> 于是雅典人举行公民大会,讨论这件事,决定把整个问题一劳永逸地仔细考虑一下,然后给斯巴达人一个答复。许多人站起来发言,两方面的意见都有人表示了。有人认为战争是必要的,有些人说麦加拉法令可以撤销,不要让它成为和平的障碍。(1.139/谢译本第 98 页)[②]

雅典辩论在修昔底德的叙述中,几乎是伯里克利一个人在发言,一个人在说明他的政策。修昔底德记录了伯里克利的发言(1.140 - 144)。[③] 首先,伯里克利反对向斯巴达作任何让步。他用了一些一般观念(如人的情绪会发生变化;事情发展有其偶然性;事情超

---

① 修昔底德的文本几乎是一个辩论到另一个辩论而已。他的所有叙述几乎是对下一场辩论的背景的叙述。特别是当我们去掉几处明显的插叙时,整个文本几乎就是辩论的纪录。施特劳斯对此有独到的分析,见施特劳斯:"修昔底德:政治史学的含义",刘小枫、陈少明编:《修昔底德的春秋笔法》,彭磊译,华夏出版社,2007,第 22 - 23 页。

② 在主张和平的人当中,年轻的阿里斯托芬就是其中之一。见他的《阿卡奈人》。

③ 对伯里克利第一演说的分析,Jacqueline de Romilly, *Thucydides and Athenian Imperialism*, Oxford: Basil Blackwell, 1963, pp. 164 - 167; K. M. Conford, *Thucydides Myistoricus*, London: Routledge and Kegan Paul Ldt, 1965, pp. 15 - 24; De Ste. Croix, *Origins of the Peloponnesian War*, Ithaca, UY: Cornell University Press, 1972, pp. 55 - 65; Darien Shanske, *Thucydides and the Philosophical Origins of History*, Cambridge University Press, 2007, pp. 42 - 45.

出预料便归咎命运)来加强自己建议的力量。其次,伯里克利强调斯巴达一贯反对雅典,而且是斯巴达背叛了协议。他特别强调斯巴达人对雅典的傲慢:他们不是来协商或谈判,而是来下命令的,而且以希腊的解放者的名义来下命令。于是,关于形势,关于整个争端,就有了伯里克利式的看法或概括。他把科林斯人、斯巴达人等等对雅典的控诉所涉及的证据统统回避了。这是为了激起雅典人对斯巴达的仇恨。

如何解释麦加拉法令,显然是伯里克利劝说的难点。持和平或让步态度的人,其重要的理由显然是:雅典只要稍作让步,撤销麦加拉法令,和平就能维持;而且,为着这样小小的事情战争似乎不值。因此伯里克利要反驳这种看法。伯里克利让雅典人相信,这件小事是决心或意志的标志:如果雅典人答应要求,斯巴达人就立即会有更多的要求提出来;斯巴达人会把雅典的让步作为恐惧的标志;相反,如果雅典人在这件事情上表示坚决,斯巴达就会以平等态度对待雅典人。总之,在伯里克利看来,雅典受到了侮辱与蔑视,受到了不公正的待遇;再小的要求,用这样一种傲慢的、命令的语气胁迫地提出来,都是不能接受的。这是在论证与反驳的同时继续激起义愤的策略。

最后,伯里克利从资源、准备、作战经验各个方面比较雅典与斯巴达情况,证明雅典的优势(他的判断与阿基达马斯基本相同)。他还比较了提洛同盟和斯巴达同盟决策机制的不同。提洛同盟是雅典的帝国统治,因此很容易产生一致行动;而斯巴达同盟每邦都有平等的表决权,它们各有不同的利益,很难取得一致。在讲话结束的时候他说明雅典人应该采取的作战策略,说明胜利会带来的丰厚利益。

这是伯里克利的战争动员演说。修昔底德没有细致地交待辩论的过程。连反对意见的详细根据是什么,我们也不知道。修昔底德只是在演说未开始之前简单地交待有些人希望战斗,有一些人希望避免战争。在雅典进行的关于战争与和平的所谓审议辩论,其激烈程度竟然远逊于上一场发生在斯巴达的辩论,这也许令人意外。今天的读者也许会认为,阿基达马斯的讲话已经够有说服力,但是他的说服力很快就被监察官瓦解掉了。伯里克利的言辞却没有受到挑战,至少修昔底德没有告诉我们。他只是说:"雅典人认为他的发言是最好的,所以照他的意见表决了。"(1.145;谢译本,104 页)他在稍前说,伯里克利是雅典的领导人物,无论在行动上或辩论上,他都是强有力的人。(1.139.4;谢译本 99 页)看来民主的雅典的政治生活,比不民主的斯巴达,更容易受到控制。

　　战争就这样爆发。在一带而过的叙述中,我们依然能够体验希腊人的政治斗争的激烈,体会到希腊人政治生活的特点。第一,底比斯人(斯巴达同盟)开往普拉提亚。亲底比斯的政党打开城门。修昔底德说:"这个政党的目的是想屠杀自己的政敌,使普拉提亚和底比斯建立同盟,以便自己取得政权。"(2.2/谢译本第 106 页)①第二,底比斯人进城不是迅速占领重要位置控制重要人物与资源,而是发布文告,让赞成与底比斯结盟的人到市场中集合以便签订协议。这是由个体组成的公民社会的特征:光几个大人物还无法代表城邦,城邦是全体公民的城邦。据修昔底德叙述,普拉提亚的公民出于恐惧,到了市场准备接受协议,但他们发现底比斯人数很少时,又决定抵抗。结果底比斯人失败,进城的所有人不是战死就是被处决。欢迎他们的党派领袖也同时被处死。雅典向普拉

---

① 希腊的共同体意识或认同与现代的差异,在伯罗奔尼撒战争中可以体会到。为了获胜,可以采取一切手段。利益与安全是重要的,而不管同盟或靠山是雅典、斯巴达亦或波斯。阿里斯托芬的《阿卡奈人》也有所反映。就此而言,他们的希腊意识从未到达政治的层面(用现代的语言来说)。希腊人几乎是一团散沙,这种现象下一个世纪被伊索格拉底意识到,西塞罗那个时代的罗马人也意识到。就在普拉提亚事件发生、雅典和斯巴达各自备战时,斯巴达便派使者访问波斯国王并走访其他国家,寻求帮助(不过没有成功)。(110 页,亦见 2.67)。在战争开始时,雅典和色雷斯王国、马其顿王国结成盟国。(125-126 页)

提亚驻军。双方大规模备战,战争几乎使希腊所有城邦卷入,形成两个巨大阵营。

伯里克利的演说(前 431 年)已经成为文学、政治与修辞术的名篇,早已突破时代与文明的界限而人尽皆知,虽然围绕它的真实性(就像希罗多德和修昔底德作品中的所有演说一样)存在广泛的争论。对它的分析似乎显得多余。① 除了从修辞策略的角度来分析它以外,还可以从修昔底德对政治观念的冲突的呈现这个角度来进行分析。② 这就是关于雅典制度的争论。我们已经看到科林斯人、斯巴达辩论中的雅典人、阿基达马斯,从不同的角度对雅典生活方式,雅典制度做出的评论。修昔底德通过不同或对立的发言者对雅典生活方式的批评与赞誉,与埃斯库罗斯、阿里斯托芬(修昔底德的后一辈人)具有一致性。③

葬礼演说是一篇赞美或展示型演说。按照古典理论,这种演

---

① Shanska 从"我们是谁"的角度对它进行分析,Darien Shanske, *Thucydides and the Philosophical Origins of History*, Cambridge University Press, 2007, pp. 45 - 46.

② Yunis 从"驯服民主"(实则"驯服大众")的角度,对这个演说进行分析,意在表明伯里克利是好的演说家(抑制大众、引导他们),以及他为什么能做到这点(他个人作为"第一公民"的三种美德:能力、演说与廉洁)。伯里克利称他在理解好的政策、对之进行解释、献身城邦以及廉洁[incorruptibility]方面都表现出众(2. 60. 5)。(Harvey Yunis, *Taming Democracy*, Ithaca, NY: Cornell University Press, 1996, pp. 69 - 73. 他对伯里克利三次"指导性演说"(instructive speeches)的分析,pp. 77 - 87.)作者称政治演说的讨论不是简单地将辩论与演说视为表达政治冲突的工具,而是将其作为教育公民、在公共领域建立理性规则的工具。这与本书的讨论角度正好相反。

③ 关于葬礼演说的分析: de Romilly, *Thucydides and Athenian Imperialism*, pp. 100 -101, 136 - 139; Nicole Loraux, *The Invention of Athens: The Funeral Oration in the Classic City*, Cambridge: Harvard University Press, 1986, pp. 202 - 220, 241 - 243; Helmut Flashar, "Der Epitaphios des Perikles. Seine Funktion in Geschichtswerk des Thukydides," in Flashar, *Eidola: Ausgewiahlte Kleine Schriften*, Amsterdam: B. R. Gruner, 1989, ss. 435 - 481; W. R. Connor, *Thucydides*, Princeton: Princeton University Press, 1984, pp. 50 - 51, 62 - 63; Lowell Edmunds, *Chance and Intelligence in Thucydides*, Cambridge: Harvard University Press, 1975, pp. 44 - 70。

说是对崇高、荣誉、公正等观念的探讨。开场白在于赢得善意——所有人的善意。首先表达对死者亲属的善意。他强调他所赞美的对象的荣誉在于对象本身，而不在于他的评述中；对于心怀嫉妒的听众，他使他们觉得，这些行为至少也是他们可以部分做到的。这样演说者就可以获得两方面的善意。

伯里克利的讲话是对雅典的赞美或辩护。于是在主体部分，他顺次赞美雅典人的祖先——他们留给雅典保障其自由的制度；赞美父辈——他们给雅典人留下帝国；更重要的也更详细的，是赞美"受到考验的精神"、"宪法"和"生活方式"。① 这是修昔底德的匠心。伯里克利的演说处处都是雅典与斯巴达（有时他们称为"别人"，有时则坦率称其为"敌人"）的对比。我们知道，关于雅典的精神，科林斯人和斯巴达国王在不同的场合已经从他们各自的立场进行了说明。在科林斯人眼中，创新、大胆（冒险）、实验，是雅典的精神。科林斯人似乎赞同这种精神，认为它与雅典的今天地位相关，而不太赞同保持现状的斯巴达精神。伯里克利和阿基达马斯一样，主要在与对方的比较中阐述自己的制度与生活方式。从这些演说中，我们不仅会发现这些政治家对自己的制度有着准确的意识，而且会发现，在希腊语境下（在别的文化中也一样），展示型演说承担着现代人所谓的"论坛"的功能：对政治制度、一般观念进行反思与阐述。演说家成了将观察家和行动者结合在一起的"专家"，演说因此成为政治行为。

关于雅典的制度，伯里克利认为，这种称作民主的制度，是雅典人首创而非模仿自别人，是别人的模范；这种制度的特征是：政权掌握在全体公民手中而不是少数人手中；法律面前人人平等；担

---

① 牛津普及本："I shall describe first the principles of public life which set us on our way, and the political institutions and national character which took us on to greatness."（2.36）

任公职依赖的是才能而非出身；自由、公开而宽容的公共与私人生活；守法。①

　　我们的制度之所以被称为民主制度，因为政权掌握在全体公民手中。解决私人争执的时候，每个人在法律上都是平等的；让一个人负担公职优先于他人的时候，所考虑的不是某一个特殊阶级的成员，而是他们有的真正才能。任何人，只要他能够对国家有所贡献，绝对不会因为贫穷而在政治上湮没无闻。正因为我们的政治生活是自由而公开的，我们彼此间的日常生活也是这样的。当我们隔壁邻人为所欲为的时候，我们不至于因此而生气；我们也不会因此而给他以难看的颜色，以伤他的情感，尽管这种颜色对他没有实际的损害。在我们私人生活中，我们是自由的和宽恕的；但是在公家事务中，我们遵守法律。这是因为这种法律深使我们心悦诚服。（2.37.1-3/谢译本第 130 页）②

———————————

① 修昔底德通过伯里克利之口赞扬雅典的宪法与自由，认为它们促成了雅典的成功。"这种成功的原因在于雅典人所创建的特殊的宪法（politeia），这使得连希罗多德也赞颂的自由成为可能，使得雅典城邦成为代表全希腊的一种模式。伯里克利明目张胆的沙文主义炫耀了引发战争的人类动机。"（唐纳德·凯利：《多面的历史》，中译本 53 页）不过炫耀战争动机最明目张胆的，并不是伯里克利这段演说，而是我们上面叙述过的雅典人在斯巴达辩论中的讲话以及后面弥罗斯对话中的雅典人的话语。

② 牛津普及本："Our constitution is called a democracy because we govern in the interests of the majority, not just the few. Our laws give equal rights to all in private disputes, but public preferment depends on individual distinction and is determined largely by merit rather than rotation: and poverty is no barrier to office, if a man despite his humble condition has the ability to do some good to the city. We are open and free in the conduct of our public affairs and in the uncensorious way we observe the habits of each other's daily lives: we are not angry with our neighbour if he indulges his own pleasure, nor do we put on the disapproving look which falls short of punishment but can still hurt. We are tolerant in our private dealings with one another, but in all public matters we abide by the law: it is fear above all （转下页）

服从公民自己选举出来的官员以及服从法律(不管是成文的还是习惯),是这种制度的一个方面。伯里克利特别强调服从那些保护弱势人群的法律——在雅典,在伯里克利看来,违反这些法律就是公认的耻辱。在私人生活方面,伯里克利并没有回避雅典人耽于享受的一面。雅典人有各种赛会和祭祀,有华丽风雅的设备;雅典人享受娱乐,提高精神。他称雅典没有定期放逐外邦人,城邦是开放的。关于教育,虽然斯巴达人通过最艰苦训练使年轻人变得勇敢,但伯里克利说雅典人在战斗中同样表现出勇敢。"我们的勇敢是从我们的生活方式中自然产生的,而不是国家法律强迫的;我认为这是我们的优点。"(2.39.4/谢译本 132 页)他甚至不乏调侃地说:"我们不花费时间来训练自己忍受那些尚未到来的痛苦;但是当我们真的遇到痛苦的时候,我们表现我们自己和那些经受严格训练的人一样勇敢。"(2.39.4/谢译本 132 页)

在伯里克利的演说,以及前面已经介绍过的,关于雅典和斯巴达各自特点的这些演说中,我们可以看到这样一种争吵的政治。

(接上页) which keeps us obedient to the authorities of the day and to the laws, especially those laws established for the protection of the injured and those unwritten laws whose contravention brings acknowledged disgrace."(2.37)自从贡斯当在 19 世纪初关于古代人自由与现代人自由的争论以来,古代人没有私生活,公民相互监视(亦即缺少消极自由)的看法在政治思想界被广为接受。但是这种看法与雅典的实际并不符合,也与诸如伯里克利对雅典人自由的陈述不符合。"古代人的自由在于以集体的方式直接行使完整主权的若干部分:诸如在广场协商战争与和平问题,与外国政府缔结联盟,投票表决法律并作出判决,审查执政官的财务、法案及管理,宣召执政官出席人民的集会,对他们进行批判、谴责或豁免。然而,如果这就是古代人所谓的自由的话,他们亦承认个人对社群权威的完全服从是和这种集体性的自由相容的。你几乎看不到他们享受任何我们上面所说的现代人的自由。所有私人行动都受到严格的监视。"(贡斯当:《古代人的自由与现代人的自由》中译本,第 34 页)不过贡斯当说的主要是罗马监察官对公民生活的监视(超出这点仍然值得推敲,尤其就历史研究而言),他也的确称鼎盛时期的雅典拥有他所说的一部分现代人的自由。伯里克利的这段对雅典生活理想的陈述或辩护,与密尔在 19 世纪对成为"不受欢迎的人"的辩护是一致的。

除了科林斯以外,斯巴达人和雅典人都尽力称赞自己的生活方式和宪法,也尽力贬低对方的生活方式与政治安排。但是,他们没有任何一方持只有自己的生活方式才是唯一正确、别人应该接受的观点。他们忠诚于自己的价值,只是不认同别人的价值,而不可能宣称要让自己取代别人,等等。也就是说,他们认为每个城邦都有忠诚自己的价值观的理由。伯里克利的演说不像出自雅典的领袖,而更像出自一位意识形态专家之口。这是一篇最成功的辩护士文本。一个共同体的高级公职人员,或者能够有资格(这是一个经验的事实;此时站在讲演台上的伯里克利自己、雅典人都认为他代表着雅典的看法)代表共同体讲话的人,赞美这个共同体的价值观,表示对其忠诚,这是很自然的。希腊的独特性并不在于这种辩护,而在于这种辩护是向着反对敞开的,是在争论、容许甚至鼓励不同意见的语境中进行的。

科林斯人突出雅典人冒险、大胆,阿基达马斯突出雅典人容易陷于冲动,伯里克利突出雅典的中庸与节制：

> 我们爱好美丽的东西,但是没有因此而至于奢侈;我们爱好智慧,但是没有因此而至于柔弱。我们把财富当作可以适当利用的东西,而没有把它当作可以自己夸耀的东西。至于贫穷,谁也不必以承认自己贫穷为耻;真正的耻辱是没有有效办法克服贫穷。我们的政治家能够将其家事和国事很好地结合起来,而那些专注于自己事情的人,也对政治有很好的了解。我们对待那些不参加公共事务的人态度也是独特的:我们不把这种生活视为宁静,而将其称为无用。阻碍行动的并不是谈论,而是政策付诸实施前没有充分讨论,正是考虑到这一点,我们每个人要么介入政策的恰当的阐明,要么至少介入它的恰当的评论。(2.40.1-2/谢译本132页,译文有改动)

雅典人也冒险,但这出于深思熟虑;充分考虑到行动的可能的损失而又勇往直前的人,在伯里克利看来,才算作勇敢。而这正在雅典人身上得到体现。再说交友,他说,雅典人也与别的人(主要是斯巴达人)不同。雅典人结交朋友是为了给朋友好处,而不是从他们那里获得好处。(2.40.4)①

　　在从祖先到父辈,从宪法到帝国,从政治生活到交友等所有领域,对雅典生活的独特性进行全面的赞美式的回顾以后,伯里克利将这种赞美进行概括。现代的任何一个意识形态辩护士,也不可能做得更雄辩,更优美,更动人,更令人向往。与坏的辩护士的差别在于,坏的辩护只允许赞美,涉及到共同体的价值和宪法,赞美以外的语言是不允许说出的,或者说出来是要被惩罚的。根据这篇演说,雅典几乎可以被称做政治的乐园。因此,如果说伟大的话,“伟大的”似乎是将赞美与贬低同时呈现的公共文化。我们读伯里克利的华丽的演说辞时,应该联想到科林斯人对雅典的控诉、斯巴达人对雅典的轻蔑。伯里克利列举的这些特征,似乎与雅典人对同盟的控制很难协调,甚至也很难与雅典人在斯巴达辩论中对强权即公理的言论相协调。赞美被继续:

　　　　因此,把一切都结合起来考虑,我可断言,我们的城市是全希腊的学校;我可断言,我们每个公民,在生活的许多方面都能够独立自主,并且在独立自主时又能特别地表现出温文尔雅和多才多艺。这不是在这种场合的自我吹嘘,而是实实在在的事实;正是因为这些品质,我们的城邦才获得现在的势力。我们所知道的国家中,只有雅典在遇到考验的时候,证明是比一般人所想象的更加伟大。在雅典也只有在雅典,入侵

---

① 如果这种关于友谊的说辞也可以运用于城邦之间,那么,对于那些迫切希望离开雅典帝国的城邦来说,伯里克利的这通言论简直是虚伪到了极点。

的敌人才不以战败为耻辱，……现代和后世都会对我们表示赞叹。(2.41.1-3/谢译本133页。译文有改动)

对雅典的称颂，只是对为其捐躯者的称颂的准备。伯里克利说，像这样伟大的城邦，这样足以成为希腊人学校的城邦，这个从荷马直到现在一切赞美的言词与其实在的伟大相比都显得苍白的城邦，自然值得其人民为其献身。正是对城邦的忠诚，或所谓的后世所说爱国主义，使得阵亡的将士在生命与死亡之间选择了后者。值得注意的是，伯里克利并没有说他们每一个都是最高尚的人、圣者、完人，没有说他们因为有最高尚的情操才能做出勇敢赴死的选择(这基本上是浪漫主义的看法，也是基督教的看法)，相反，他持一种更贴近经验、具有人情味和更复杂的见解，所以使得他的歌颂特别易于被希腊人——这个世俗化的、爱嫉妒的、几乎以恶意或自私思考别人的民族——所理解：①

　　无疑地，他们中间有些人是有缺点的；但是我们应当记住的，首先是他们抵挡敌人、捍卫祖国的英勇行为。他们的优点抵消了他们的缺点，他们对国家的贡献多于他们在私人生活中所作的祸害。他们这些人中间，没有人因为想继续享受他们的财富而变成懦夫；也没有人逃脱这个危难的日子，以图偷生逃脱贫困而获得富裕。他们所需要的不是这些东西，而是要挫折敌人的骄气。在他们看来，这是最光荣的冒险。他们担当了这个冒险，愿意击溃敌人，而放弃了其他一

---

① 关于雅典人或希腊人的这种世俗化、庸俗乃至自私的见解，阿里斯托芬给予我们最权威也最生动的展示。如果按照儒家的理解，一个能够在战场上为国捐躯的人，一定修足了内圣，而将其内在的品质外化为行动的人。这种看法在希腊人看来是严重不切实际的。甚至斯巴达人著名的德摩比利的300人墓碑，也远离儒家式的赞颂。

切。至于成败,他们让它留在不可预测的希望女神手中;当他们真的面临战斗的时候,他们信赖自己。在战斗中,他们认为保持自己的岗位而战死比屈服而逃生更为光荣。所以他们没有受到别人的责难,用自己的血肉之躯抵挡了战役的冲锋;顷刻之间,在他们生命的顶点,也是光荣的顶点,而不是恐惧的顶点,他们就离开我们而长逝了。(2.42.3-4/谢译本 134 页)

对于将士们为之捐躯的国家,伯里克利不再要求听者想想它的伟大,热爱它。在接下来的讲话中,伯里克利主要是向活着的人发出呼吁。希望他们学习这些人而恪守自己的职责。他特别安慰了失去亲人的那些人,交待了政府将给予他们的优待。

紧随如此华丽的赞美而来的,是雅典瘟疫的叙述。修昔底德对雅典瘟疫的症状、它对雅典的毁灭性影响等,做了冷静、准确的描述(2.49)。其中对症状的描述几乎相当于医生。其影响光从一件事情上就可以体现出来:出征的 4000 名重装步兵四十天内因瘟疫死亡 1500 名。雅典遭到战争和瘟疫双重打击。瘟疫对于雅典是个考验。读了伯里克利对雅典的如此赞颂,人们也许会期望,这种把个人德性与集体德性结合到一起,几乎找不到任何可以攻击之处的政治乐园,一定会显示出奇的平静与秩序,非同寻常的献身精神。但是修昔底德告诉我们,雅典出现空前的违法乱纪的情况。一些人表现出公开的放纵行为,花掉所有的金钱追求快乐;神和法律都失去约束力,因为人们发现敬神的人与不敬神的人、好人与坏人一样没有区别地死亡。对于主张和平的人来说,雅典的灾难几乎是其报应。我们从伯里克利的讲话中,虽然可以读出对于伟大的民主制度的最雄辩的赞颂,也对这种制度进行准确的描述;但是,同样,从这种将所有美好的东西都结合到一起的城邦,人间天堂的称赞中,我们仍然可以感受到些许狂妄的成分。① 这时候，修昔底德告诉我们，雅典谴责伯里克利的声音变大了。我们知道在发表阵亡将士葬礼演说的时候，修昔底德告诉我们，伯里克利是影响力最大的人，他的建议几乎没有反对地被通过。现在，虽然雅典没有失败，斯巴达人没有破城，雅典人也没有在斯巴达破城，雅典人征伐波提迪亚的军队也没有破城，但反对派声音加大了。"他们开始谴责伯里克利，说他不应该劝他们作战，认为他们所遭受的一切不幸都应当由他负责；他们渴望和斯巴达讲和，事实上他们也派遣了使节到那里去，但是没有得到任何结果。"(2.59)于是他们把失望情绪再一次加到伯里克利头上。

伯里克利召开公民大会，试图鼓舞雅典人的士气，改变他们的失望情绪。他主要为自己和自己的政策辩护(2.60-64)。除了对力量对比进行分析，说雅典并不处于劣势外，他还作了一些有点空泛的关于人生与人的行动规则的议论。他试图从一般的做人理想与道理上说服雅典人，突出自由与帝国的尊严。他更加注重爱国主义的说辞。修昔底德对这段争论(按照雅典的行动习惯，似乎应该是有的)显然交待得不详细。他虽然说伯里克利说服雅典公民接受其政策(继续与斯巴达为敌，不和解)，但公众对他的普遍的恶感仍然存在，甚至做出迫使伯里克利交纳罚金的决议。但是会议的辩论我们不得而知。他反而从报道辩论转为对伯里克利的人格与能力的评价。修昔底德从个人品德的角度，讨论伯里克利和他统治的雅典为什么会处于最强盛状态。雅典的强盛与伯里克利的领导地位、他的明智(预见力)、廉洁(从没有从不良动机出发追求

---

① "修昔底德对瘟疫的叙述紧跟着伯里克利在葬礼上的伟大演说，迫使读者对它们之间的关系感到困惑。"(Steven Forde, *The Ambition to Rule: Alcibiades and the Politics of Imperialism in Thucydides*, Cornell University Press, 1989, p. 3.)对葬礼演说的讨论是欧文《修昔底德笔下的人性》的开篇。他说，"修昔底德叙述下的雅典常被理解为陷入伯里克利黄金时期之后的悲剧性沉沦。"(中译本，第37页。)

权力)以及对人民的控制是分不开的。① 对于人民,他既尊重他们的权利,又能控制他们。在修昔底德看来,伯里克利维持了一定时期的铁腕政治,雅典的繁荣与其铁腕统治是有关联的。民主文化中政治家往往讨好人民,但修昔底德说伯里克利往往会斥责他们、反对他们,因为他从未出自私利。"所以虽然雅典在名义上是民主政治,但事实上权力是在第一公民手中。"(2.65/150 页)伯里克利受到挑战的史实,我们知道得太少了。

密提林辩论:激情与节制

前面三场辩论发生在前 432 和前 431 年,地点从雅典到斯巴达再到雅典。它们形成一个叙事单元。第四个被详尽叙述的辩论已经是 4 年以后的事情了。它是由密提林暴动引发的。一系列辩论一般称为密提林辩论。密提林是爱琴海靠近小亚的列斯堡岛上的一个城邦,雅典帝国的成员之一。修昔底德说密提林人早就想脱离雅典同盟,统一列斯堡。按照修昔底德的记载,密提林是雅典同盟中力量差不多仅次于雅典的城邦。它有一支强大的海军。在同盟中,只有他们屡次对雅典表示不满。它的背叛对于雅典同盟是个严重的事件。雅典当时瘟疫还没有结束,与斯巴达战争还在进行。当他们听说密提林要暴动时,就扣留留在雅典的密提林人,

---

① 修昔底德在伯里克利的描述方面,即使在同时代的眼中,也不见得多么客观(在民主的政治文化中,客观性是从往往是对立的观念中呈现出来的)。阿里斯托芬对伯里克利并没有好感(当然,他对所有人都没有好感;受到攻击也许是受攻击者声望的衡量尺度;在《阿卡奈人》这出剧的结尾,这位天才的剧作家似乎故意用荒诞的情节来击破我们对理想人物或英雄的期望——坚定的和平主义者也许从公共利益来争取和平,他也许显示出贤明、廉洁的特征等等——不是的,这位坚定的和平主义者实际上追求的仅仅是私利,在伯里克利统治的雅典,只有平庸,没有崇高。或者说,崇高是悲剧作家杜撰出来的,而平庸才是喜剧作家对生活的再现)。他在《阿卡奈人》中,甚至让剧中人说出,战争不过与伯里克利争夺情妇有关。

仓促派舰队前往，包围密提林。密提林人自知不是敌手，也没有准备好与雅典对抗。他们一方面派使团前往雅典，说明他们根本无意暴动（叛离雅典），另一方面派使团秘密出使斯巴达请求支援。到雅典的代表无功而返。密提林所在的列斯堡各邦分成亲雅典派和亲斯巴达派各参加一方。[①]

第一场辩论是奥林匹亚辩论。斯巴达人让前来求援的密提林人和斯巴达同盟一起开会。密提林人发言。他首先要为自己的行动辩护，因为他背叛了雅典，要求加入敌对一方。背叛原来的盟友参加敌对集团，除了从利益的角度进行辩护外，还需要道义上的辩护。道义与诚实的说辞只是开场白。这篇讲话的主题必然是雅典对希腊的奴役。这种话语与斯巴达辩论中科林斯人和波提狄亚人（他们的城市已经在前430年毁灭）的话语是一致的。

因此演说的开头是一般信念的议论，意在减轻听者从一般做人道理方面而产生的反感：在和平时期密提林人赢得雅典人的尊敬，而在雅典最需要同盟的时候却背叛了它。一个背信者（从雅典或一个纯粹的局外人看来）竟然首先讨论正义与诚信，这似乎不属于希腊辩论中的寻常的开场白。

> 我们首先要谈到正义诚实的问题，特别是因为我们现在是来请求和你们订立同盟的。我们知道，如果双方没有诚实的信念，没有其他方面的某些共同的心理状态的话，人与人之

---

① 希腊人一方面，把战争也当作某种遵守一定规则的、公开进行游戏（agon），宣战、布阵、战斗都符合一定的规则，就像荷马在《伊利亚特》中为我们展示的许多例证一样。希腊的战争似乎远离中国式的"计策"运用。希罗多德报道，波斯人对这种"迂腐"感到无法理解。但是另一方面，在政治或决策的层面，我们看到希腊人充满着欺诈，从地米斯托克利的雅典城墙计划到密提林阴谋。每一场危机、辩论或冲突之前都有欺诈。关于这个现象的详细研究，见 Jon Hesk, *Deception and Democracy in Classic Athens*, Cambridge University Press, 2000。

间绝对不可能有坚强的友谊,国与国之间也不可能建立真正
的联盟;因为思想不同的人行动也不会一致的。(3.10.1/谢
译本 188 页)

当我们考虑到密提林人分两路,一路试图稳住雅典人而另一
路向斯巴达求援这种行动时,我们就会感受到这种如此冠冕堂皇
的诚信语言多么具有讽刺意味。他们在为自己的行动辩解时,说
的全是哲理名言。但这种花招骗不了任何人,任何一个稍有生活
而非政治经验的人都可以立刻戳穿这种花言巧语。但是这恰恰就
是希腊式的辩论。我们在希罗多德的记载中和在修昔底德的前面
的记载中,已经知道得太多。在说了关于诚信的一般道理后,这位
发言人开始回顾他们与雅典结盟的历史。结盟源于波斯战争结
束,按照密提林人说法,那时斯巴达人退出领导地位而由雅典人继
承。但雅典的领导一开始就是不能接受的,因为

同盟的目的是解放希腊人,使他们免受波斯人的压迫,而
不是要雅典人来奴役希腊人。只要雅典人在领导的时候尊重
我们的独立,我们是热心跟随他们的。但是当我们看见他们
对于波斯的敌视越来越少,而关心奴役他们自己的同盟者愈
来愈多时,于是我们开始恐惧了。(3.10.3-4/谢译本 188
页)

于是他开始列举雅典人的暴行:通过控制投票程序控制同盟内诸
邦;雅典公民大会对于同盟决议有最后审议权。他论述说,建立在
相互利用基础上的同盟的稳固性取决于相互恐惧,但随着雅典对
别的同盟者的征服,这种力量的平衡被打破了。同盟对雅典的顺
从不是建立在善意、平等、信任基础上,而是建立在恐惧之上。因
此他们要先采取行动,先背叛雅典,然后在斯巴达同盟中寻找安

全，以免被雅典所灭。他希望斯巴达做希腊人希望做的，接受他们，支持他们，扩大自己的力量（特别是斯巴达迫切需要的海军），且在希腊人中获得更大的忠诚与爱戴。

除密提林代表讲话外，修昔底德没有记载辩论过程，只是说与会者听了密提林代表的发言，便接受其建议，接受密提林加入斯巴达同盟。这个场景与四年前科西拉要求加入雅典同盟何其相似。密提林甚至和科西拉一样，拥有一支强大的海军。所以斯巴达比四年前的雅典更快地接受了密提林。

斯巴达命令出席会议的城邦以全军三分之二的兵力集结，进攻雅典。但是雅典仍然增兵围困密提林。密提林处于危急状态。这是公元前 427 年夏天的事情。虽然斯巴达人派海军增援，但援军未至密提林便已经投降。雅典提出的条件是：雅典有权处置密提林所有居民；雅典军队可以进城；密提林可以派代表至雅典去陈情，而在这些代表回来之前，雅典军队答应不监禁、奴役或危害任何人。(3.28)

雅典公民大会就密提林处置展开辩论。对立的观点在克里昂和戴奥多都斯之间展开。[①] 这是克里昂第一次现身。在第一天的

---

① 关于克里昂和迪奥多特斯辩论，见 Clifford Orwin, "The Just and the Advantageous in Thucydides: The Case of the Mytilenian Debate," *American Political Science Review* 78(1984): 485 - 494; Peter Euben, *The Tragedy of Political Theory*, Princeton: Princeton University Press, 1990, pp. 180 - 182; Josia Ober, *Political Dissent in Democratic Athens: Intellectual Critics of Popular Rule*, Princeton: Princeton University Press, 1998, pp. 94 - 104; Clifford Orwin, *Humanity of Thurcydides*, Princeton: Princeton University Press, 1994, pp. 158 - 162; Arlene Saxonhouse, *Free Speech and Democracy in Ancient Athens*, Cambridge: Cambridge University Press, 2006, pp. 151 - 163; Gerald M. Mara, *Civil Conversations of Thucydides and Plato*, Albany: Suny Press, 2008, cha. 2, cha. 3; Paula A. Debnar, "Diodotus's Paradox and the Mytilene Debate," *Rhein. Mus. F. Philol.* 143(2000): 161 - 178; Donald Kagan, "The speeches in Thucydides and the Mytilene debate," in *Studies in the Greek Historians: in Memory of Adam Parry*, ed., Donald Kagan, Cambridge University Press, 2009。

会议上,雅典人

　　在愤怒的情绪下,决定不仅把现在已经在他们手中的密提林人,并且把密提林全体成年男子都处死刑,而把妇女和未成年人都变为奴隶。他们对密提林的责备是这样的:它没有和其他国家一样,被当作属国看待,而它竟暴动了;而伯罗奔尼撒人的舰队竟敢于渡海到爱奥尼亚来支持暴动,因此雅典人对它更加痛痛恨恨,他们认为:如果不是长期以来预谋暴动的话,这种事情是不会发生的。所以他们派了一条三列桨战舰到帕撒斯[雅典驻密提林司令官]那里去,把这个决议通知他,并且命令他把密提林人处死。(3.36.2 – 3/谢译本204页)

但是第二天雅典人的情绪变化了。他们认为这个决议太残酷了。在雅典的密提林人和他们的同情者请求再次召集公民大会进行商议。主张严厉惩罚的克里昂再次发言。修昔底德称他是最激烈的,且对人民影响最大(3.36.6)。[①] 克里昂的发言充分表明他是通过玩弄语言操纵公众的大师。他既没有表现出伯里克利那样的文雅,也没有讨好听众的表现。相反,他一开始就责斥雅典公民,痛斥雅典民主。他说从雅典人情绪的变化中能够看到民主政

---

① Shanske 认为,克里昂是伯里克利政策的继承者,他的行事风格,他对雅典与同盟的关系的看法,与伯里克利都有共同之处。(Darien Shanske, *Thucydides and the Philosophical Origins of History*, Cambridge University Press, 2007, pp. 52 – 53.) 伯罗奔尼撒战争中两个最恶名昭彰的人物,克里昂和亚西比德,都是伯里克利鹰派政治的继承人(又都是地米斯托克利的继承人),这是令人吃惊的。人们对克里昂的恶感部分与阿里斯托芬对他的丑化与攻击有关,而对伯里克利的好感,除了他的华丽的演说(在雅典这样的"言辞的国度",这应该是常见的;克里昂的风格就与他不相上下;与下个世纪的德谟斯提尼相比,伯里克利的风格太过文雅甚至文弱了)外,修昔底德本人的推崇也是重要因素。

治的无效。他着力论证雅典人改变决策是错误的。第一，他们把雅典人之间平等、互信的公民关系，用到同盟或雅典帝国之间了，而这是错误的。因为国家之间不存在这种互信；帝国（雅典同盟）的实质是雅典对属国的暴君统治（empire is a tyranny），而这些属国或所谓同盟是仇恨雅典人的。他们一直阴谋反对雅典，①在这种情况下，只有靠强力才能维持统治。第二，雅典人的怜悯是一种脆弱的情绪，必将对雅典人自己造成伤害。此外，政策朝令夕改是最坏的事情，它使决策成为言辞的竞赛，而遭受损失的将是城邦。他进而议论说，得到实施的恶法比得不到实施的良法更好，常识比深思熟虑更好，因为前者更能保持共同体的力量。(3.36-40)

令人意外的，克里昂对民主政治中靠演说控制大众的政治家表示不信任。因为这些人自恃自己有智慧，认为自己比法律还要聪明，比一般人更清楚形势的发展。(3.37.4)因此贤人统治并不比大众统治更好（虽然在一上来的讲话中，他称民主的政治往往无效——因为政策常常改变，因为大众更容易受情绪支配）。他的讲话有对形势的判断，也有对一般观念（包括日常交往与法律）的看法。②

---

① 联系伯里克利关于雅典帝国的说法，我们看到，克里昂把帝国内雅典对同盟的奴役说得更加露骨。雅典与同盟的关系不是一种平等的公民关系，因此行事方式也截然不同。在雅典内部，公民之间是平等的、互信的，而对于前一种关系，帝国中的附属城邦，雅典只能采取压制、惩罚的方法。

② 克里昂的讲话一个明显的不一致之处在于：大众容易受情绪左右，怜悯之情会妨碍他们对利益的意识，因此，只有贤明之人知道大众的真实利益在哪，又应该如何维持这些利益。(3.38)当他这样论证的时候，是在说自己属于少数的智者，不为情绪支配，而知道雅典人的真实利益何在，能指出雅典人的思考方式是错的（把公民间的平等、信任关系用到国家之间）。他这样论证，意在证明，严厉的惩罚才符合雅典人的利益。他是一个更冷静、更智慧的人。另一方面，他又要人们警惕自称有智慧的人，因为他们常常急于表示自己更有智慧，要在公共事务中起更大的作用，故用自己的言辞与聪明使共同体误入歧途。(3.37.4-5)这时，他又把自己与智慧之人区分开来。他这样说的时候，又要求雅典人不要听从那些自称有智慧的人让雅典人改变决定。

克里昂的讲话主要用于反驳。他说他无法理解那些主张第二次辩论的人,并称自己的看法没有改变：惩罚罪犯的最适当的做法是马上报复;而建议改变政策的人,如果不是自以为比人民聪明,就是受到了对方的贿赂。他进而呼吁公民大会不要改变决策,用激起义愤的方法激怒听众：没有一个城邦比密提林对雅典造成的危害更大;他们不是因为受到压迫而暴动,而是有计划的侵略;他们"处心积虑地帮助我们的死敌来毁灭我们。这比他们只是因为要扩充自己的势力而向我们作战还要坏得多。……他们下定决心,先用武力,后讲公理,选择他们认为可以获得胜利的时机,然后无故向我们进攻"(3.39.3/谢译本 207 页)。他进而呼吁,如果密提林暴动得不到严厉的惩罚,雅典人将无法控制帝国,且对于别的城邦也是不公平的。

克里昂的演说不仅在于对形势的分析与建议,还在于他对人性和国际关系的冷静的考察。因为其残酷的建议,这篇演说已经成为臭名昭著的篇章。但是考虑到希腊城邦之间斗争的残酷特性,这种屠城的事情并不是没有先例,我们就会理解,这种见解不仅在古希腊是常见的,在世界各地都是常见的。它的令人吃惊的残忍有时并不归咎于演说家,而归咎于人类的恶或政治生活本身的残酷。因而,修昔底德让这种建议显得非常有道理。他不仅让这种政策建议说得有道理,还让它更符合雅典人的利益,符合做人的一般规范。[①] 修昔底德一定是将自己对形势的判断和对人性与道德的见解,通过克里昂表现了出来。这也是希腊政治中 logos(理性)的展示。理性意思并不总是选择明智、合理;相反,它的意思仅仅是：任何一种建议或者选择,不管它看起来多么不明智、不

---

① "对于克里昂来说,引入利益的主题并声称它优先于正义,可谓明智之举。他担心只援引正义的话,很可能达不到理想的效果。"演说"轮番诉诸两个最刺耳的激情：恐惧与愤怒"。(欧文：《修昔底德笔下的人性》,中译本第 195 页。)

合理或者邪恶，都能得到详尽而充分的论证，从而显得那么有道理。雅典的普通公民一定就像前一天一样，赞成克里昂的讲话，受到他的引诱。总之，在克里昂看来，最严厉地惩罚密提林人，无论从什么角度，利益、道义、公正，都是合理的。

克里昂对严厉处罚作了有说服力的论证。他并没有一味讨好听众（雅典公民大会的成员），而是不时对他们进行劝诫乃至斥责。他把做人的一般道理（警句与格言）、对人性的洞察和对历史的知识、对形势和雅典人利益的分析与预测等等，用于支持自己的论点，用于警告听众；他知道什么时候说理，什么时候激怒，什么时候呼吁，什么时候警告。

这时候，上一天激烈反对处死密提林人的戴奥多都斯发言。看来这次辩论只是前一天辩论的简单的继续，因为对立主张的代表（政治人物）都没有改变立场。但是，雅典人改变了立场。克里昂说，在民主的雅典，政治会议往往成为演说家之间争取（或诱惑）民众的竞赛。这场辩论无异就是这种竞赛。（3.38.4-5）戴奥多都斯是一个冷静、睿智的演说家。他的发言也以雅典的利益为中心（一个世纪以后，亚里士多德概括出一个结论：审议演说的核心在于利益[《修辞学》1358b22]），但提出的政策建议却截然相反；更重要的是，他代表着雅典另一种（甚至也不同于伯里克利）帝国秩序观：对待同盟就应该像对待一个自由的同胞一样，这样同盟的关系才会稳固，各个城邦才会自愿提供服务。[1] 他也许是理想主

---

[1] "克里昂的立场基本上不诚实。戴奥多都斯的态度也同样虚伪，他发言支持民主讨论，仅是因为他希望公民大会改变想法。……克里昂和戴奥多都斯的当下意图决定了他们的思想态度，而且他们的演说辞本上并不诚实。这两个对手在这一点上意见一致，即一定不要向密提林人表示出怜悯。"（伊梅瓦："权力病理学和修昔底德笔下的演说"，载《修昔底德笔下的演说》中译本，第41页）福特在《统治的热望》（中译本未已等译，华夏出版社，2010年[原书出版于1989年]第41-51页）中，对戴奥多都斯的演说进行了比较详细的分析。他称这个演说在理论推理的深度和系统性上都很杰出，体现了修昔底德本人的思想，而戴奥多都本人也是整个史书中（转下页）

义国际关系的主张者之一("自由与帝国"是雅典人追求的两个最伟大的事物),而相比之下,克里昂是现实主义国际关系的主张者之一。

听了两位重要人物的几乎具有同样说服力却完全相反的建议,我们也许会认为,出席公民大会的雅典人,也许像我们这些文化"他者"一样,面对这种对立的建议无所适从——但形势又迫使他们必须做出决定,而且往往就在当场或当天。但雅典人并不如此。这种激烈的对决他们已经非常熟悉;他们就生活在这种政治的氛围里。不过这并不意味着决策是容易的。像密提林辩论这样的例证恰恰表明,重大的决策是艰难的:对于持有对立建议的政治家来说,争取听众、论证自己、反驳对手都很艰难(因为发言者是平等的,也是敌对的;除了在说理上与对手"战斗"、"决斗"并且争取获胜外,他们没有任何其他的力量。这是所谓民主的政治生活为所有发言者定下的残酷的平等规则);对于深陷利益与激情旋涡中的公民来说,其实将票投向哪一方,也是艰难的。修昔底德报道说,雅典人的情绪虽然有些波动,但还是保持着各种不同的意见。戴奥多都斯建议以微弱多数胜出。①

(接上页)最智慧与雄辩之人(第44页)。"戴奥多都斯的论证是经过设计以适应一种特殊的修辞情境,这种设计是为了描述密提林人的悲惨境地以获取雅典人的怜悯。"(第44页)欧文在《修昔底德笔下的人性》(中译本戴智恒译,华夏出版社,2015年,第193-219)对戴奥多都斯演说也进行了详细的分析。(引文中人名和地名根据谢译本进行了统一。)

① Donald Kagan 说,一个简单的事实是,投赞同战争的票的直接后果是,不是别人,而是投票者自己,希腊的轻重装步兵们,去战斗。选择的负担意味着生命、财产、安全。但是密提林仍然被毁灭了,只是没有将所有的男性处死,所有女性和儿童变卖为奴而已。戴奥多都斯的同盟是自由城邦的联合的想法显然与雅典对密提林的实际处理相差巨大。密提林公民中对背叛负有责任的一千人被处死,城堡被拆除,海军被收编,包括密提林在内的列斯堡的所有土地被分给雅典移民,再由列斯堡人租种。密提林只不过有脱离雅典同盟的企图,或者在斯巴达人(他自然首先被处决)的鼓动下做出并没有产生严重危害后果的行动,便遭受如此严重的惩罚,这在现代人是无法理解的。雅典对于帝国内城邦的关系,甚至比主人与奴隶的关系更严苛。

普拉提亚辩论和弥罗斯辩论

普拉提亚辩论(3.51－68)和密提林辩论发生于同一年(公元前427年)。我们看到残酷的雅典人最后选择了相对宽大的选择，而号称谨慎的斯巴达人不顾普拉提亚人的乞求，对普拉提亚实施字面意义上的夷为平地的惩罚①。弥罗斯辩论发生于11年后的公元前416年。这两次辩论加上伯里克利的葬礼演说，应该是整个著作中最精彩的篇章。伯里克利的独白显示力量顶峰中的强者的自信、自夸与傲慢；面对死亡的普拉提亚人的乞求(以乞求或哀求为主，乞求就像乐曲的主导旋律一样被不停地重复)和弥罗斯人的冷静的抗议则体现弱者的悲哀与无奈。普拉提亚人虽然知道长篇辩解(发言者知道辩解是没有任何用途的，斯巴达人根本就不想听任何辩解)不起任何作用，但仍然心存一线希望：斯巴达人会回心转意，宽恕他们；辩解，是他们的最后的生机，如果不说出，他们也许会感到后悔；如果说了不起效果(事实如此)，他们也没有遗憾了。在演说结束的时候，发言者说自己讲话结束，也许就是生命的结束，——所以他们才说了那么长时间。这种语气除了奥德修纪中阿基琉斯面对死亡的哀恸，除了普里阿摩斯向阿基琉斯做出的哀求外，在所有的其他作品中都很难看到。埃斯库罗斯和索福克

① 当然，就绝对量来说，被杀死的普拉提亚只有留守而没有逃出去的约280人(另外200人左右已经越墙逃跑)和为数不多的雅典顾问，而密提林暴动中被处决的密提林人有上千人。当然，就像整个希腊城邦间的战争一样，所有的征服与复辟，不过是扶植一批人消灭另一批人而已。被处死和卖为奴隶的，只是失败方的男性与家属。从公元前430年到公元前400年，三十年之内，有多少城邦被毁灭，有多少公民战死，又有多少公民被变卖为奴，占希腊公民总数多少，这些都没有人能精确统计。这个时代是雅典文化最辉煌的时期，后世几乎所有伟大人物，除亚里士多德外，都生活在这个时代。这个伟大的文化的确是以自我毁灭为特征的。

勒斯的悲剧人物,都带着诅咒与愤怒高傲地走向死亡,但普拉提亚的发言人却没有。[①]

普拉提亚辩论中,普拉提亚一方的发言也许是 pathos 作为说服之根源的经典体现。但是在凶恶的敌人面前,哀求是没有效果的。普拉提亚地处雅典和底比斯之间。作为夹在雅典和底比斯之间的小邦,普拉提亚自然希望与斯巴达结盟寻求安全。希波战争之前,在面临底比斯入侵的时候,它寻求斯巴达支援,但斯巴达为了削弱这三方,建议它与雅典结盟。正是雅典的保护使它艰难保持着独立。公元前 479 年斯巴达领导的希腊联军在此击败波斯人,取得希波战争的决定性胜利,斯巴达国王战死并埋葬在这里。因为普拉提亚的表现,斯巴达曾答应永保其独立。此后普拉提亚一直在雅典保护之下。公元前 431 年,底比斯入侵普拉提亚,但入城的军队因人数少而遭到围歼。普拉提亚人违反约定杀死底比斯俘虏。(2.2)公元前 427 年,斯巴达要求普拉提亚保持中立遭到拒绝。普拉提亚把妇女儿童撤出阿提卡,加紧设防。最终斯巴达攻陷普拉提亚。对于俘虏,修昔底德记载,斯巴达人只是简单地挨个问他们,在战争中是否做过有益于斯巴达及其同盟的事情(若没有,则拉出去处死)。这时候,普拉提亚人要求长篇发言,为他们的行动辩解。这是这场辩论的背景。

11 年后(公元前 416 年)的弥罗斯辩论,在话语方面,和斯巴达辩论一样,体现或暴露雅典人的正义观的实质:正义是强者对弱者的奴役或支配;在后果方面,则和普拉提亚辩论一样,记录着

[①] 关于普拉提亚人的"荡气回肠的演说"以及底比斯人的反驳,详细的讨论见欧文:《修昔底德笔下的人性》,戴智恒译,华夏出版社 2015 年,第 93‑99 页。也见 A. W. K. Gomme, *A Historical Commentary on Thucydides*, Vol. 2, Oxford: Clarendon Press, 1956, pp. 336‑355; Colin Macleod, "Thucydides' Plataean Debate," *Greek, Roman and Byzantine Studies* 18(1977): 227‑246。

弱者的悲惨命运。① 修昔底德用记录的方式写下这次辩论。弥罗斯是斯巴达移民，原来保持中立，后来敌视雅典，但并未做损害雅典的事情。该岛位于雅典东南方。斯巴达人对于投降的普拉提亚人只是简单地问，在战争中普拉提亚人是否做过任何有利于斯巴达的事情，而凡是回答没有的人将立即被斩首。而占领了弥罗斯的雅典人直截了当要求弥罗斯人撤出自己的领土。雅典人是来劝降的。所以弥罗斯人说不同意雅典人的建议，他们将会因战败而投降；接受雅典人的建议，他们无疑选择被奴役。第 5 卷 86－112章是辩论实录。这是整本著作中唯一一段辩论实录，而在别的地方，要么是一方的长篇大论，要么是双方的长篇大论。

> 雅典人：大家都知道，经历丰富的人谈起这些问题来，都知道正义的标准是以同等的强迫力量为基础的；同时也知道，强者能够做他们有权力做的一切，弱者只能接受他们必须接受的一切。(5.89/谢译本第 414 页)②
>
> 弥罗斯人：那么，在我们看来(因为你们强迫我们不要为

---

① "一只鹞鹰用利爪生擒了一只脖颈密布斑点的夜莺，高高飞翔到云层之中，夜莺因鹰爪的刺戳而痛苦地呻吟着。这时，鹞鹰轻蔑地对她说道：'不幸的人啊！你干嘛呻吟呢？喏，现在你落入了比你强得多的人之手，你得去我带你去的任何地方，尽管你是一个歌手。我只要高兴，可以你为餐，也可放你远走高飞。与强者抗争是傻瓜，因为他不能获胜，凌辱之外还要遭受痛苦'。"(赫西俄德：《工作与时日》)关于弥罗斯辩论，C. M. Macleod, "Form and Meaning in the Melian Dialogue," *Historia*, Bd. 23, H. 4(1974)：385－400；Jr. Hayward R. Alker, "The Dialectical Logic of Thucydides' Melian Dialogue," *The American Political Science Review*, 82. 3 (1988)：805－820；A. B. Bosworth, "The Humanitarian Aspect of the Melian Dialogue," *The Journal of Hellenic Studies*, 11(1993)：30－44；James V. Morrison, "Historical Lessons in the Melian Episode," *Transactions of the American Philological Association*, 130(2000)：119-148.
② 可见这场对话只是战争开始时正义讨论的继续或回声。参见福特：《统治的热望》，第 46－47 页；欧文：《修昔底德笔下的人性》，第 93－99 页，特别是中译本第 130－146 页。

正义着想,而只从本身的利益着想),无论如何,你们总不应该
消灭那种对大家都有利的原则,就是对于陷入危险的人有他
们得到公平和正义处理的原则,……这个原则影响到你们也
和影响到任何其他的人一样的,因为你们自己如果到了倾危
的一日,你们不但会受到可怕的报复,而且会变为全世界引为
殷鉴的例子。(5.90/谢译本第 414 页)

　　作为见证了雅典覆灭的人,修昔底德的记录似乎是个伏笔。
也可以说,整部著作是修昔底德本人与雅典政策的辩论。当然,这
不是希腊人意义上的辩论,而是另外一种辩论。介于亚里士多德
的纯粹的"看"与公民大会上的现场辩论之间的辩论。就此而言,
修昔底德的著作与希罗多德的著作是不同的。两部著作当然都有
记录的功能,但修昔底德的辩论的功能更清楚一些。对雅典人语
言行动的所有分析,都可以对照伯里克利的葬礼演说进行。我们
知道,在这个把雅典称为希腊人的学校的演说中,唯一缺少的,是
对雅典帝国政策的说明,而这对于伯罗奔尼撒战争中发生的所有
事情,都是至关重要的。希腊人的学校怎么会持这样一种对待希
腊人的行为态度呢? 被伯里克利遮蔽着的雅典的帝国观,在与弥
罗斯对话的雅典人那里清楚地表达出来了。当然,从弥罗斯人面
临毁灭而表现出的对说理的坚持,对强虏的讽刺中,我们仍然看
到,虽是实录,但风格与深刻程度,还像是修昔底德自己的作品,至
少被他改造过了。

　　　雅典人:谈到我们,纵或我们的帝国到了末日,我们对于
　　将来的事变也是不会沮丧的。一个国家所害怕的,不在于被
　　另一个惯于控制别人,如斯巴达这样的国家所征服(虽然我
　　们现在的争端与斯巴达无关),而在于一个统治的国家被它自
　　己的属民所攻击而战败。关于这一点,你们尽可让我们自己

去对付所引起的危险吧！我们现在所要做的就是告诉你们，我们今天到这里来是为着我们帝国的利益；为着要保全你们的城邦，我们才说出我们想说的话来。使你们加入我们这个帝国，不是我们想自找麻烦，而是为着你们的利益，同时也为着我们自己的利益，想保全你们。(5.91.1-2)

弥罗斯人：我们做奴隶，而你们做主人，怎样有同等的利益呢？

雅典人：屈服了，你们就可以保全自己而免于灾祸；不毁灭你们，我们就可以从你们中间取得利益。

弥罗斯人：那么，你们不赞成我们守中立，做朋友，不做敌人，但是不做任何一边的盟邦吗？

雅典人：不，因为你们对我们的敌视对我们的损害少，而我们和你们的交友对我们的损害多；因为和你们的友好，在我们的属民眼光中，认为是我们软弱的象征，而你们的仇恨是我们力量的表现。

弥罗斯人：难道你们的属民对于公平的观念是这样的——认为那些跟你们完全没有联系的人们和那些大部分是你们的移民或者背叛后被你们征服的人们之间，完全没有区别的吗？

雅典人：就是非的观点而论，这两种人是没有什么区别的：保持独立的国家是因为它们有力量，我们不去攻击它们是因为我们有所畏惧。所以征服了你们，我们不仅扩充了幅员，也增加了我们帝国的安全。我们是统驭海上的，你们是岛民，而且是比别的岛民更为弱小的岛民；所以尤其重要的是不要让你们逃脱。(5.92-97)

从道德的角度，这可算是全天下最无耻的恶棍、无赖的理论。雅典人的说辞，是人类所有善良人、所有弱者听了只会觉得绝望而不是愤怒的理论。①　这种理论是苏格拉底、卡利克勒等关于正义辩论(《高尔吉亚》483－484;《理想国》338－341)最好的历史注脚。很难把伯里克利笔下的作为全希腊人学校的雅典人与这种行为联系起来。但事实即是如此。当然,我们会说,克里昂、亚西比德只是雅典的一部分人;除了他们以外,雅典毕竟还有伯里克利、尼西阿斯。但是毕竟是这种最无耻的帝国主义总是成为雅典的意志。这涉及到修昔底德对民主和对演说的复杂看法。这两种东西很难与节制、审慎等同起来。民主从某种意义上讲,是极端化的制度安排,这意味着缺少智慧或者总不是那么具有智慧的多数人在决策中占据主导地位;多数人并不能自发形成一个统一的意志,多数人对形势的判断比少数人更加难以统一,这是一个经验问题;有财富、有地位、有丰富的阅历(前两者又成为资源)的人考虑问题会全面一些,这也是经验问题。由于票决形成集体决策这个机制,那些让多数人发现自己的利益等等的演说家就起重要作用。在对听众的争夺中,利益与情绪是重要的。这往往会形成片面的认识。从某种意义上讲,修昔底德的整个著作,也是对民主制度的研究——是对这种自相矛盾的、自我冲突的、悲剧性的制度安排的研究。最伟大的民主力量雅典,因为煽动者的作用而做出毁灭性的决策。这是它的根深蒂固的悲剧特性。

　　对于弱者,雅典人需要的既不是他们的友谊,也不是他们的无关紧要的联盟,而是他们的恐惧感。这样,雅典人才能有强大的感觉。就此而言,柏拉图笔下的苏格拉底—卡利克勒斯等的对话倒可能是实有其事的(它的时间与伯罗奔尼撒战争刚好吻合)。在真

————————

① "帝国主义是可以原谅的,因为人性的一个恒常的特征是奴役任何屈从者,反击任何攻击者。"(N. G. Hommond, "The Particular and the Universal Speeches in the Speeches in Thucydides", in *The Speeches in Thucydides*, ed., Phillip Sdadter, Chapel Hill: The University of Carolina Press, 1973, p. 55.)

正的弱肉强食的战争年代里，雅典的会场、法庭、市场一定活跃着关于正义的争论，而且也一定有不少人持色拉叙马霍斯、卡利克勒斯的观念。现代人已经多少接受了宗教洗礼过的先验公义观念（这种公正观念受到两种力量的强化。在西方背景下，一个是基督教的力量，弱者、下层人、不幸者是值得同情的，他们有权获得公正对待，他们在最后的审判中甚至处于优势；另一个应该是苏格拉底至斯多亚学派的理性主义的道德观念。这种公义观是对日常生活的那些"应该"规则的反思与论证。理性主义有两个最基本的假定：第一，行动和言论一样，具有一致性，即避免矛盾；第二，原始的黄金律或对等律，以德报德，以怨报怨，这似乎是第一原则的应用），所以我们纵然在行动上持雅典的立场，在言辞上也不会表达得如此坦率。修昔底德给我们一幅雅典帝国主义的图像，他也许是个批判的现实主义者。他也许有某种苏格拉底式的正义理论——正义不能只是雅典的那一种，因为雅典的那一种正义是对于雅典是正义对于别人是极端不正义、对于雅典是天堂对于别人都是地狱的正义；正义不能只是强者的为所欲为和弱者的绝望的正义；正义也许应该有某种"正义自身"，即大家，不管是强者还是弱者，不管是雅典还是弥罗斯都能接受的正义。① 对于弥罗斯人来说，人为刀俎我为鱼肉、雅典是主人弥罗斯人是奴隶，这种状况并不是正义，至少不符合我们用这个词的一般意思。

　　根据理性主义，我们不能一会儿说杀人是不对的，一会儿又说杀人是对的（至少在日常经验中，而不是战争状态中）；我们不能说这个行为对于我是对的而对于别人或你就是不对的，或者说，一件事情你做就是不对的、应该禁止的，我做就是对的，等等。这是日

---

① 我们可以注意下一代人的看法。在《居鲁士的教育》中，居鲁士父亲向他说，正义的变通规则只能用于同胞之间。而不能用于与外敌之间。（第1卷第6章）参见施特劳斯：《苏格拉底问题与现代性》，中译本52页。

常生活的、深嵌于语言中的平等。在涉及行为的语言方面,语言不是描述,它本身就是行动本身。另一方面,关于公正的讨论涉及非常复杂的哲学问题。例如,两个争论的人,在有见证人的情况下,一个人(1)如果不能表现被语言表达或媒介的行动的一致性,便是辩论失败的,(2)在辩论中失败,不能清楚地阐述自己行动,给予合理辩论的人,是无法认真对待的,他几乎不具备正常的、合乎理性的交往能力。理性主义还得坚持一个前提:不管是个人还是共同体,是愿意讲理的。不讲理、不能以理服人的人,似乎与野兽无异。人与野兽的区别并不在于相互征服,而在于相互说服。但是正是在理性主义发端的雅典,一个在城邦事务或公共事务领域把说服、辩论作为决策的基础的"言论的国度",却面临着一个巨大的难题。这个难题我们应该说,苏格拉底和他的同时代人修昔底德以及其他与苏格拉底辩论的人,明确地意识到了。这就是暴力对理性的根本的压制,力量对公正的根本压制,或者说,公正被归结为力量。在雅典内部,一个由理性的人组成的公民的世界里,一切都托付给辩论,托付给集体行动方案的理性的展示以及在这种展示基础上的票决(对于这种民主的或大众化的机制,我们知道,一部分有经验的政治家觉得无能为力,一部分政治家觉得如鱼得水),这是他们的生活习惯,但在雅典与其他城邦的关系上,这种辩论徒具形式或者根本失去效力;所谓的辩论不过是威胁与乞讨的过程;说理的过程在展示双方的行动理由的基础时,逐渐指向一个根本的事实:力量。在希腊语中,arete 是所有德性的根源,但它的原始的意思正是男子气概,也就是中文的"争强好胜",它是在与别人的关系中确立的,它总意味着战胜别人。因此也可以说,力量成为它的意义的一部分。在中国古代,这种对别人的优胜被认为是第二位的,它的第一位的关系是与自身的关联性(内心指向性):通过控制自己而与内化了的规范同一,完成了这第一功夫以后,再通过"感化"(实际上是软化)过程征服别人。

回到希腊的语境，修昔底德发现了一个严重的事实：雅典人在城邦间事务中，可以说是根本不讲道理的，因为经过相互的阐释（辩论），他们的行动要么体现出前后不一致性，或者行动与对行动的宣示的不一致性，要么显示出与人的一般特性（承认一般的公平规则，愿意在可以说得清的道理的基础上行动），即对理性的尊重不一致性的特征。也就是说，它显示出非人的、野兽的特征。这是一个痛苦的、导致毁灭的僵局，这甚至是处于分立的城邦之人的终极状态——没有比它更高的状态。修昔底德对战争的记述也给以后亚里士多德的城邦理论带来了麻烦：城邦的生活是高级生活，因为在其中人的潜能得到部分实现（完全的实现，这种幸福状态，需要一定程度上的"去城邦"生活——沉思的生活），但是在城邦之间，却是征战的状态，人服从于兽类的法则，而不是说理的法则。一个城邦或者国家不遵守人与人之间的说理的规则，不愿意说理，这种困难苏格拉底和亚里士多德都没有办法解决——对于中国人来说，我们也许可以非常顺理成章地推断说：对于这种不愿意说理的（文明）、用野兽之间的力量（野蛮，或非希腊）的法则的人，大家理应群起而攻之。如果联系中国的例子，我们会看到，六国几乎都把秦称为"虎狼之人"，但是就像雅典一样，这却是一个倾无数小国之力无法征讨的国家。雅典显然就是如此。对于爱奥尼亚的许多小邦来说，对于雅典同盟中的许多小邦来说，希腊的"文明"世界也许比周边的野蛮世界野蛮千倍，因为希腊的世界根本就是朝不保夕的状态、奴隶的状态，一个几乎时时面临着男性公民被杀死、妇女孩子被出售为奴、城邦被夷为平地或者全邦人口被强迫迁出、对立城邦的人口全部迁入的世界。此外，这还是一个基本的公义、基本的做人道理得不到遵守的世界。在这样的世界里，小国永远是个风险：他们处于依附别人（受奴役）而寻求安全，而这种安全又往往得不到保证的状态。修昔底德的世界对于罗尔斯、康德也是个巨大的难题。自由的世界有可能导致和平，这却是一个希腊人无论如何都得不出的结论。

让我们回到辩论。弥罗斯人说，雅典人不希望与他们谈公理，而只希望与他们谈利益，特别是服从雅典的利益。但是弥罗斯人说他们觉得奇怪的是，雅典为什么去征服一个中立的国家，因为这样一来，势必会将所有持中立立场的国家推向对立面。雅典人回答说，强者要的不是弱者的尊敬，而是他们的恐惧；对于那些因帝国的限制而心怀不满的城邦，他们尤其要随时准备先发制人地予以打击。对于雅典人来说，要么成为主人，要么成为奴隶。世界永远就这么简单。弥罗斯人说，受到这样公然的欺侮，如果不反抗，甘受奴役，那真是懦夫、无能之辈了。

> 雅典人说：不，如果你们有脑筋，你们就不是懦夫。世界上没有公平的战争，没有光荣在一方面，羞辱在另一方面的战争。问题就在于怎样保全你们的生命，而不去反抗过分强大的对方。(5.101)

弥罗斯人说，雅典虽然强大，但是战争并无定数，偶然的因素是起作用的。人数众多不一定就胜利。因此，"假使我们屈服，那么我们的一切希望都丧失了；反过来，只要我们继续斗争，我们还是有希望站立起来的。"(5.102/谢译本 416 页)

> 雅典人：希望，这个危险中的安慰者！如果有结实可恃的资源，你们不妨沉醉在希望之中。那可能使人受到损害，但不会使人遭到毁灭。但是按性质来说，希望是一个要付出很高代价的物品。如果人们孤注一掷把一切都寄托在它身上，只有完全失败以后，他们才知道是什么一回事；……你们是弱者，只要在天平上一摆动，你们的命运就决定了。不要让希望辜负了你们。不要跟那些人一样，他们经常在合乎情理、切实

可行的方式中丧失了保全自己的机会；当他们在困难中显然没有希望的时候，他们仍然转而乞灵于盲目和渺茫的东西，乞灵于预言、神谶和其他类似的东西，鼓励他们信任希望，结果使他们遭受毁灭。(5.103.1-3)①

对于雅典人来说，对于这个现实的争斗中的强势者来说，似乎只有他们才有资格保有希望。而对于弱者，希望是危险的。尤其把希望建立在偶然事情的基础上。这个世界是弱者的地狱：他们甚至连希望也不配拥有。

弥罗斯人说，他们承认抵挡不住雅典人和命运。但是他们相信神会保佑他们，因为他们代表着公理与正义。(5.104)不过只到这时，他们才说到一个关键点：斯巴达会援助他们。

修昔底德笔下的雅典人进而对神和规律进行了自己的诠释。这种哲学的探讨是牢固地服务于自己的目的的。修昔底德，正如有的评论家所说，一方面借演说辞，把行动者的理由、机动暴露出来，演说辞起到分析的效果；另一方面，我们知道，在大多数情况下，演说辞起到把行动的真正动机掩盖起来的效果。在这个场合，修昔底德把雅典人的行动动机，他们认为的理由，予以尽情的展开，让人们在利益的冲突之外，体会到人性的冲突；或者说，行动的冲突或看起来明显悖于常理，却有着说得通、甚至是过于雄辩的理由。

> 雅典人：我们的目的和行动完全合于人们对神祇的信仰，也符合于指导人们自己行动的原则。我们对于神的意念和对人们的认识都使我们相信自然界的普遍和必要规律，就

---

① Joel Alden Schlosser, "Hope, Danger's Comforter: Thucydides, Hope, Politics," *The Journal of Politics* 75.1(2012): 169-182.

是在可能范围内扩张统治的势力，这不是我们制造出来的规律；这个规律制造出来以后，我们也不是最早使用这个规律的人。我们发现这个规律老早就存在，我们将让它在后代永远存在。我们不过照这个规律行事，我们知道，无论是你们，或者别人，只要有了我们现有的力量，也会一模一样地行事。［关于斯巴达的援助，］我们祝贺你们头脑的简单而不忌妒你们的愚笨……（5.105.1－3/谢译本 417－418 页）①

辩论的下一个论题是关于斯巴达人会不会冒险援助弥罗斯人。雅典人说不会，因为斯巴达人遇到危险时不会冒险；弥罗斯人则认为他们会，为着他们的利益与荣誉也会。

辩论的结果是，弥罗斯人拒绝投降，"不愿意在仓促之间抛弃我们的城邦建立以来享受了七百年的自由"（5.112.2/谢译本第420页）。在围攻半年后，弥罗斯无条件投降。"凡是适合于兵役年龄而被俘虏的人们都被雅典人杀了；妇女及孩童则出卖为奴隶。

---

① 雅典人的辩护体现了两种法律观念。从中也可以看到自然法观念的兴起。按照希腊人的看法，有两种法律，一个是在自然界可以观察到的、动物和人一样遵守的法律（physis）。这就是弱肉强食，一旦有力量便扩展自己的力量的世界，在这里，正义就是强者的意志。在这里，据说理性，不过就是把这种事实发现并陈述出来而已。一个人应该清楚自己在这种类似于自然界的秩序中的位置，选择适合于自己的地位的行动。换句话说，如果你处在雅典的现在位置，你就选择做主人、奴役别人的行动；如果你处在弥罗斯现在的位置，你就不得不选择受奴役的地位。然而希腊人还有另外一种法律（nomos）观念。这就是，在人与人之间，特别是在公民之间，存在一个由言论和说理组成的关系，按照我们前面的分析，在这个关系里，人类选择不同于动物界的法则，人们服从于理性，相信公理的存在，而这种公理，以各种各样的方式出现：除非受到攻击，对别人实施攻击是不对的；这是原始的公正；这种观念，包括期望本身，存在于人的语言中，也存在于人的愿望之中。nomos 甚至是人作为人而不仅仅是动物的地方。就雅典人和弥罗斯人的情况，目前的辩论而言，作为人，或理性的对话者，说理或理由并不是我有力量，所以你应该服从我——因为这不是说理，而是强制，而且这种"说理"中包括有自相矛盾的因素——而是寻找辩论双方都可以接受的 nomos：那是人的约定。

雅典人把弥罗斯作为自己的领土，后来派了五百移民移居在那里。"(5.116.4/谢译本第 421 页)

从何种意义上，这种辩论构成争吵，构成行动根据的展示，构成希腊人对理由的追究、对自己的行动根据的自觉？从何种意义上，普拉提亚人和弥罗斯人仍然体现着安提哥涅式的行动模式，即坦然地走向属于自己的毁灭？什么是弱者的生存的理由？正是因为这种坚定的反抗与坦然地走向毁灭，才使希腊世界不至于走向帝国的秩序——强大的帝国必然以奴役甚至普遍的奴役为代价；或者，他们宁愿普遍的毁灭与虚弱中的自治(这正是公元前 480 至公元前 322 年的希腊史)也不要强大与受奴役？利益永远处于冲突(最基本的冲突是领土扩张、在竞争中获得优势)中，自由必然导致虚弱？正是这种自由的逻辑，不会导致帝国的秩序，甚至永远到达不了帝国的状态，而只能停留在城邦的秩序？

出征西西里辩论：强者悲剧的开始

弥罗斯对话充分体现雅典的 hubris(傲慢)，发生于稍晚一些的出征西西里辩论，是这种傲慢的另一面。西西里出征的灾难与悲剧接踵而来，雅典走向决定性衰落。这使人联想到伯里克利的浮夸以后雅典的瘟疫。上次是天灾，这次是人祸。将两个叙述单元联系起来，就是活生生的雅典悲剧(希腊悲剧意义上的悲剧)。

西西里悲剧(公元前 415－413 年)无疑是伯罗奔尼撒战争的转折。发生在雅典的西西里辩论与密提林辩论有点相似之处，都是在人民大会作出重要决定之后再次审议时的辩论。不过这次辩论中两次会议相隔五天。这次会议没有改变上一次的决策。上次会议由主张严厉镇压密提林人的克里昂首先是发言，主张和解的戴奥多都斯接着陈述，并取得胜利。这次是反对上一次决策的著名政治领袖尼西亚斯(他是伯里克利以后雅典的知名人物,其影响力也是紧随其后)首先发言。像所有的发言一样,这里的发言也是一般观念、现在的特殊情况的分析以及对情绪的适当运用的综合体。实际上所有政治辩论的言辞几乎都是这样编织起来的。这次辩论的反方是亚西比德(他也是弥罗斯征服的重要人物)。在亚西比德对一般观念的陈述中,我们会看到弥罗斯辩论的调子重现,从中我们可以看到,强权即是公理的理论,在雅典多么有市场。① 我们不知道(修昔底德没有告诉我们)弥罗斯辩论中雅典人究竟是谁,但是他们显然与亚西比德的观点太过相近。

西西里辩论发生在前415年,与密提林辩论相隔13年,紧挨着弥罗斯辩论。这13年,虽然面临许多背叛,但是雅典的势力逐渐增强。这是伯罗奔尼撒战争中雅典优势的阶段。其间雅典和斯巴达多次对战败或背叛的城邦实行屠城。西西里辩论按照修昔底德的看法,是雅典人被厄基斯泰人诱惑的结果,他们带来60条船和一个月薪给的银块,请求雅典人派60只船舰去援助他们。雅典人在公民大会上决定尼西阿斯、亚西比德和拉马卡斯为全权将军出征,帮助厄基斯泰人。五天后,公民大会再次召开,讨论远征的具体实施方案。

---

① 对力量与控制的寻求,是希腊历史特别是雅典历史的动力,也可以说是希腊文化的一个逻辑。这种逻辑很容易推广到全人类,它实际上是人类的动物性的保存。在所谓的思想史上,一部分人为这种取向辩护,认为它是保持人或所有种群优势的力量,在自然界,只有优胜的个体才有机会繁衍,就人类而言,纵然历史学家、哲学家、法学家、道德学家等等为这现象做了不计其数的说明,包括辩护与反对,但是一个赤裸裸的事实毕竟是,强大的群体或民族支配着弱小的民族;那些强烈主张民族平等的理论,似乎是站在强者的立场,以一种怜悯的口吻说出的。另一部分人,从道德的特别是宗教的立场对这种现象进行批评,认为这是野蛮的、与野兽相近的恶习,与人的理性以及"向神性"是不相容的。但是在希腊,我们看到,在所有我们讨论的文本中,作者们都坦率自己对强力的追求。失败对于希腊英雄来说是个根本无法接受的事实(这与基督教理想根本不同)。寻求卓越,但是卓越本身就是相对的;卓越的人自然对周边的人形成威胁,虽然他做出平等的姿态,但是他的优越感,他的相对力量虽然是存在的。没有人能够改变这种状态。

尼西阿斯本来就反对远征，也不愿意当选为将军，于是他发表讲话。

在讲话第一部分，尼西阿斯试图论证西西里远征根本就是错误的，希望雅典人收回成命。他称，一个人应该保护已经拥有的东西，而不应该拿已经拥有的东西来冒险，雅典人的目标（建立包括西西里在内的帝国），是达不到的。① 可见他把一般的生活哲理作为论证材料。他觉得雅典最好的方法是巩固在希腊或东地中海的成果，安定好自己的后方；否则，匆忙出征极易导致战线太长、补给困难特别是腹背受敌的后果。西西里一旦与斯巴达同盟结盟，对雅典将是个严峻的局势。此外，他认为纵然西西里被征服，因为它庞大的幅员和复杂的族群构成，要统治起来也是很困难的。这是尼西阿斯对伯罗奔尼撒战争此时形势的判断。

在讲话的第二部分，尼西阿斯向厄基斯泰人和亚西比德发出攻击。关于前者，尼西阿斯说："为了得到我们的帮助，他们用各种谎言来欺骗我们，达到自己的目的。他们乐于让别人冒险而自己除了言辞以外没有任何贡献：若成功他们不会报之以感激，若失败他们便连累我们以至毁灭。"(6.12.1，牛津版 314 页)他特别对亚西比德进行攻击，说他完全为自私的理由劝说雅典人出征；他因为爱慕虚荣而花费极大，需要通过征服取得利益；特别地，他还年轻，不能胜任指挥官的任务。因此，"你们要提防他，不要使他有机会为着自己要过奢华的生活而危害国家。你们要记住，对于这样的人，国家的失政常常和个人的奢侈联在一起；也要记着，这是一件重大的事情，不是一个青年人可以匆匆地决定而实行的。"(6.12.2)

这种贬低青年的声音，在希腊是很少听到的。尼西阿斯显然看到了亚西比德等年轻人在决策中的作用。他说他们坐在一起以

---

① 当然，处于力量顶峰的雅典，如果真地征服西西里，建立起东到博斯普鲁斯海峡西到意大利南部的庞大海上帝国，那将彻底改变希腊的政治地图，斯巴达便处于雅典的包围之中。这对于以冒险、进取为特征的雅典来说，的确是个巨大的诱惑。

显示力量,用威胁的目光对待可能持反对意见的人。因此他希望在场的年老的人支持自己,并用情感激励他们,诉诸他们的经验,也诉诸他们的恐惧感:

> 如果你们坐在他[亚西比德]的拥护者的身旁,表决反对战争的时候,你们不要受他们的眼色的威胁,或者害怕他们称你们为懦夫。不要和他们一样,沉湎于毫无希望的空虚迷恋。你们要记住,有远见才能成功,不是单凭希望就可以得到成功的。现在我们的国家正在它所未曾有过的最大危险的边缘上。你们要为我们的城邦着想,举起你们的手来反对这个建议,表决赞成让西西里的希腊人居住于自己的土地、处理自己的事务。(6.13.1/谢译本 434 页,据牛津版改动)

最后,尼西阿斯向公民大会的主持者呼吁。说服会议的主持者是重要的,因为只有他才有权决定某个议案是否付诸讨论与表决。保护城邦的利益是主席的责任,因此尼西阿斯敦促他让公民大会再次讨论与表决西西里远征。他希望主席能够像医生那样对已经误入歧途的城邦进行矫治,使其避免灾难。

这是尼西阿斯的讲话。五天前的会议辩论如何,我们不得而知;在那次会议上尼西阿斯当选为全权将军之一,他作何反应,我们也不得而知。也许他当时仅是持保留态度,但没有坚决反对;或者经过四天的考虑,他改变了最初的立场或者觉得必须要把自己的立场明确说出来。修昔底德显然是站在尼西阿斯一边的。[①] 尼

---

① Donald Kagan, "The Decision to Attack Sicily," in *The Peace of Nicias and the Sicilian Expedition*, Ithaca: Connell University Press, 1981, pp. 159 - 191; Edward M. Harris, "Nicias' Illegal Proposal in the Debate about the Sicilian Expedition," *Classical Philology*, 109. 1(2014): 66 - 72.

西阿斯是伯里克利的支持者，持一种稳健的帝国政策，认为只要雅典守住已有的帝国，不要急于征战，便能最终打赢战争。① 尼西阿斯何以现在才坚决反对远征西西里，被认为是其优柔寡断性格的标志，而这种性格在后来的战争中进一步表现出来，为雅典军队带来损失。

此时的雅典处于优势地位，再加上厄基斯泰人的利诱，所以雅典人支持尼西阿斯的人不多。反对尼西阿斯最激烈的自然是亚西比德，因为尼西阿斯直接攻击了他。修昔底德（此时应该在斯巴达隐居）同意尼西阿斯对亚西比德的判断，认为他出生豪门，酷爱赛马，生活侈靡使得入不敷出，急于通过战争（希望亲自指挥征服西西里和迦太基）获得财富与名声。整个著作中，很少出现这样大段的对一个人的攻击：

> 他有更强烈的动机，想获得将军的职位，他希望由他征服西西里和迦太基——这些胜利会使他个人同时得到财富和荣誉。因为他在民众的眼光中有很高的地位，他对于赛马的热忱和他的奢侈生活已经超过了他的财产所能供给的。事实上，他和雅典城邦的倾覆是有很大关系的。大多数人看到他有一种与众不同的品质，表现在他私人生活习惯上的违法乱纪，以及他在一切机会中的行动的精神，因而感到恐慌。他们认为他的目的是想作僭主，所以他们对他都有恶感。虽然在职务上，他领导战事的成绩是卓越的；但是他的生活方式使每个人都反对他的为人；因此，他们把国家的事务委托于他，不久就引起了城邦的毁灭。（6.15.2-4；谢译本第434页）

---

① Hans-Peter Stahl, "Speeches and Events in Volume 6 and 7," in Philip A. Stadter, ed., *The Speeches in Thucydides: A Collection of Original Studies with a Bibliography*, p. 65.

亚西比德首先回击尼西阿斯对他个人的指控,认为自己比任何人都有资格当选将军。他列举了自己为雅典在赛马场上争得荣誉的事迹、他对歌队的赞助等等,称这些都引起了同胞们的嫉妒。他显然没有隐藏他处事的"高调",甚至这样为自己的行动辩护(我们看到这种辩护与雅典人与弥罗斯人的辩护逻辑是一致的):"一个人自视很高,而不把他自己和其他每个人都放在平等的位置上,这完全是公平的;因为当一个人穷困的时候,也没有人来与他共患难的。我们失败的时候,没有人注意我们;根据同样的原则,如果有人为成功者所鄙视,他也应该忍耐着;在一个人以平等地位对待其他每个人之前,他是不能要求别人以平等的地位来对待自己的。"(6.16.4)他援引了历史上的这样一些例子:有一些人在世时因为生活见解与生活方式不同而受到别人反对,但死后获得巨大名声,因为他在公共事务方面获得成功。他因而称"这就是我的志向,因为我的私人生活受到批评;但是问题在于你们中间是否有任何人处理国事胜过我的"(6.16.6;谢译本 436 页)①。

在亚西比德的自我辩护与答辩中,我们也可以看到雅典与斯巴达方式的争论的继续。亚西比德为自己的生活方式,为自己的

────────────

① 亚西比德关于平等(实际上他根本否认生活中的平等)与公平的议论坦率得令人吃惊。这里的议论与一年前的弥罗斯对话非常相近。在那里,雅典人否定了城邦之间的平等,在这里,也许亚氏否认了公民之间的平等(当然,在公民之间,不平等并不意味着奴役)。福特把他对亚西比德的研究作品命名为"统治的热望",还是非常确切的。和雅典一样,亚西比德的行动渗透着这种热望。福特《统治的热望》第二章用于分析亚西比德的演说。因为与苏格拉底的特殊关系,特别因为柏拉图的《会饮篇》、普鲁塔克的《名人传》,亚西比德可能比《伯罗奔尼撒战争》中除了伯里克利以外任何一位人物在西方思想中都著名。与这里的研究相关的晚近作品,见 Donald Kagan, *The Peace of Nicias and the Sicilian Expedition*, Ithaca: Connell University Press, 1981; Robert Faulkner, *The Case for Greatness: Honorable Ambition and Its Critics*, New Haven: Yale University Press, 2007, cha. 3 - 4; Marry P. Nichols, "Sicily, Alcibiades, and the Liberation of Erōs," in *Thucydides and the Pursuit of Freedom*, Ithaca: Cornell University Press, 2015, pp. 107 - 137.

大胆与创新辩护：他之所以获得将军的职位，是因为在战争中的出色表现；"我所表现的活力使他们信任我和采纳我的意见。所以不要因为我年轻而害怕我，但是我有青年的勇气，而尼西阿斯有幸运的名声，你们能够关于利用我们每个人所能贡献的。不要因为我们将在这里应付一个强大的国家而变更远征西西里的心思。"（6.17.1；谢译本 436 页）他还用当时的智者的一些格言来为雅典的活动、冒险辩护：

> 城邦和其他任何东西一样，如果长期保持在静止的状态中，它自己会消耗的；它各方面的技术会变为陈旧过时了；但是在战斗中，它会经常取得新的经验，更惯于不以言辞而以行动来捍卫它自己。总之，我认为一个本性是活动的城邦，如果改变它的本性而成为闲散的话，会很快地毁灭它自己的；人们所能找到的最安全的方法是接受他们实际上已经有了的性格与制度……。（6.18.6；谢译本 439 页）

在接下来，他力图证明征服西西里是可能的，对雅典也是有巨大利益的。亚西比德看来，西西里居民是一些乌合之众，不可能联合起来一致行动。与尼西阿斯的保守派不同，亚西比德是冒险派、行动派的代表。他们的确代表着不同的政策取向。亚西比德对其政策取向的辩护丝毫不逊于尼西阿斯，对雅典人来说，甚至显得更有说服力。否则我们就无法理解为何他和他的政策获得成功。[1]他强调主动出击，强调先发制人："一个人不仅要在受人攻击的时

---

[1] 无疑，在这方面，后代人受修昔底德的影响巨大。修昔底德以历史学家的后见之明，从结果方面证明亚西比德政策的错误（所谓错误，即带来灾难性的后果）以及雅典人在这个问题上的不智。偶然性起到了巨大作用。因为行动失败而做出最好不行动的建议，这不是证明，而只是某种生活态度的表现。

候抵抗占优势的强国,以捍卫他自己;而且要预先采取手段,防止敌人进攻的实现。"(6.18.2)他同时认为雅典的海军是进可攻退可守的力量,如果成功,他们便可立足在那里;如果失败,他们也可全身而撤。

令人吃惊的是亚西比德对尼西阿斯的和解态度。他并没有攻击尼西阿斯的人格,而尼西阿斯提到亚西比德时总是充满着蔑视的口气。亚西比德说雅典人应该利用他们各自的优点;他还认为雅典取得今天的地位,是青年人和老年人意见一致的结果,以此含蓄地反对尼西阿斯将老人与青年分裂开来的做法。"无论青年人或老年人,没有彼此的帮助,都会一事无成的;但是所有各种各样的人——次等的类型、普通的类型和深思熟虑的类型——都联合起来,才会产生最大的力量。"(6.18.5;谢译本 439 页)①

尼西阿斯也许是当时最贤明的人,也许是行动非常谨慎的人,对形势的把握也是正确的人。从事后人们很容易得出这个结论。但是这就是民主:它并不意味着每次都能选择"正确"的方案,或者说,"正确"并不总是"有效";在政治上,所谓正确的行动,就是通过辩论与票决而获得通过的行动。它纵然带来毁灭,也是"正确"的。修昔底德正确地看到,尼西阿斯并没有说服雅典人。听了亚西比德的发言以后,雅典人比过去更急于发动远征了。这时候,尼西阿斯再次发言。他试图通过说明远征需要的资源远非雅典力量所及(给养是个巨大问题),来改变雅典人的决定。他分析了西西里各邦亲雅典与反雅典的力量构成,认为雅典的最大的威胁来自西西里人的团结。

按照经典的、后人概括的修辞理论,审议就是围绕着利益与可行的辩论。前面的讲话是对利益的辩论,尼西阿斯力主远征不符

---

① 关于两位辩论者的风格差异,见 Daniel P. Tompkins, "Stylistic Characterization in Thucydides: Nicias and Alcibiades," *Yale Classical Studies* 22(1972): 181-214。

合雅典的利益,会损害雅典的利益甚至会将雅典带向毁灭;亚西比德则主张远征符合雅典利益且会扩大雅典利益,它甚至可以保持雅典的力量与精神。现在的争论围绕可行性进行。尼西阿斯自然全力论证远征的不可行或巨大的困难。不过发言的结果并不是停止远征,而是使雅典人考虑如何将远征准备得更充分一些。表决的结果是远征并且按照尼西阿斯的要求实行动员。雅典人显示出惊人的动员能力:短时间内招募一百条战舰以及各种军需物资。

叙拉古辩论、卡马林那辩论与尼西阿斯的悲情演说

西西里远征(公元前 415 - 前 413 年)或西西里悲剧是《伯罗奔尼撒战争》最壮丽的篇章。整个第六和第七卷围绕雅典和叙拉古(西西里抗击雅典的主导力量)的战斗进行。一开始叙拉古人将信将疑,仓促应战,雅典则不断获胜。公元前 414 年春雅典险些攻下叙拉古。次年的大港战役雅典人的命运使人想起波斯人在萨拉米斯(赫摩克拉底便一直将雅典远征比作波斯远征),雅典人在可能胜利的情况下遭遇天灾,最终全军覆灭。从雅典的西西里辩论,经叙拉古辩论、卡马林那辩论再到尼斯阿斯的悲情演说,这可以理解成一个叙事单元。雅典力量从顶峰到覆灭,其间不过两年。我们可以把科西拉辩论、斯巴达辩论、经伯里克利的葬礼演说和密提林辩论到弥洛斯辩论视为一个单元,走向权力顶峰的雅典如何体现希腊人所说的 hubris(傲慢)。其间经过 15 年。①

---

① 现代学者很容易夸大公元前 480 年那次冲突的影响,认为它决定东西方文明的不同走向。希波战争一度使得波斯力量向东收缩,西方民主得以保存。但是与波斯相比,雅典还是太脆弱了。伯罗奔尼撒战争可以说让雅典一蹶不振,但希波战争后波斯仍然强大,并成为希腊政治的重要影响因素直到亚历山大大帝时期。前 387 年的大王和约也许就是波斯在希腊世界影响力的明证。

　　修昔底德对叙拉古辩论的详细记录,可以让我们理解什么是
希腊方式的党争,辩论与党争有何关联。叙拉古与雅典为敌十多
年,雅典大军即将压境,消息稍微灵通的人似乎都能感觉到(包括
叙拉古公民大会上慷慨成词的雅典那哥拉斯)战争即将到来。赫
摩哥拉底代表贵族派,主张立即行动;以雅典那格拉斯为代表的民
主派则借机把辩论导向政体的讨论,并在控诉别人实施控制的同
时坦率提出自己的权力要求。① 修昔底德报道说,当雅典远征军
准备出发时,叙拉古到处是传言。有人认为战争即将来临,有人认
为鼓噪战争的人别有用心。(6.32.1;6.35.1)于是叙拉古的将军
召开公民大会讨论局势。这是关于雅典人是否进军、西西里形势
与叙拉古人对策的辩论,主要发生在赫摩克拉底和雅典那哥拉斯
之间。② 从结尾时将军阻止辩论,责备发言人相互攻击这点来看,
会议显然没有达成一致(当然,这应该是没有表决的会议)。③

　　赫摩克拉底发表第二次演说(第一次演说是在公元前 424 年,
呼吁西西里各邦的团结)。赫摩克拉底是修昔底德最推崇的几个
政客之一。在第一次辩论的叙述中,修昔底德就对他用了赞美的
言辞(4.59.1)。④ 赫摩克拉底的演说是典型的审议性演说。在开
头,赫摩克拉底称,对于那些不相信雅典军队已经出发因而不相信
叙拉古面临严重形势的人,他的发言似乎是愚蠢的;但是当他的城

① Gottfried Mader, "Strong Points, Weak Argument: Athenagoras on the Sicilian Expedition (thucydides 6.36 - 38)," *Hermes* 121. 4(1993): 433 - 440.
② James A. Andrews, "Athenagoras, Stasis, and Factional Rhetoric," *Classical Philology*, 104. 1(2009): 1 - 12.
③ Edmund F. Bloedow, "The Speeches of Hermocrates and Athenagoras at Syracuse in 415 B. C.: Difficulties in Syracuse and in Thucydides," *Historia: Zeitschrift für Alte Geschichte* 45. 2(1996): 141 - 158.
④ N. G. Hommond, "The Particular and the Universal Speeches in the Speeches in Thucydides", in The Speeches in Thucydides, ed. , Phillip Sdadter, Chapel Hill: The University of Carolina Press, 1973, pp. 52 - 53.

邦处于危险而他自己知道情况时，便不能沉默。他称事实上雅典大军已经出发，因此现在迫切需要考虑的是如何利用现有资源进行抵抗。他称不要不相信和轻视雅典的侵略，但是又称没有必要惊慌失措。这样他就转而分析叙拉古和雅典各自的优势与不利。叙拉古的最大优势是其他西西里人因为恐惧而联合起来；雅典人的最大劣势是远离本土作战，给养是大问题，而且远征的军队总不会比被征服的人数多。他说远征军很少成功，波斯就是典型；因此雅典很可能重蹈波斯人覆辙，那将是叙拉古人争得荣誉的时刻。既然联合是抗击雅典的有效手段，他说叙拉古人接下来应该向西西里的所有地方派遣使节，也向迦太基、斯巴达、科林斯求援，让后两者在希腊作战的同时派兵到西西里作战。他还建议叙拉古人有意向雅典夸大自己的实力，这样或许让雅典人因为害怕而改变主意。赫摩克拉底这样结束他的演说：

> 让人人记住，对敌人表示轻蔑的最好的方法是勇敢地抗击他们，现在对我们最有用的事是让我们像在危急中那样行动起来。雅典人已经来了。我确有把握，雅典人已在途中：雅典人很快就会到达这里来了。（6.34.9/谢译本第450页）

从演说中可以看出，赫摩克拉底不仅熟知雅典军队的状况，甚至知道像尼西亚斯这样的将军不愿意指挥军队；他无疑也是对局势有清醒的认知和知道恰当的对应措施的人。雅典人已经在途中，最有效的方法是联合起来，因此现在就要行动。修昔底德说叙拉古人有很多矛盾的意见，绝大多数人根本不相信赫摩克拉底的话。最激烈的反对者则称赫摩克拉底的讲话完全是别有用心的，是想借危机来实施控制。对赫摩克拉底反对最激烈的是民主党人雅典那哥拉斯。他对赫摩克拉底的讲话与其说是反驳，不如说是恶毒的攻击。他说赫氏不仅故意制造紧张，而且显得非常无知。在他看来,雅典人不会愚蠢到伯罗奔尼撒战事未完便来进攻西西里。考察这次辩论,值得注意的并不是辩论的理性特性,双方各以展示自己的证据为限,而是这种攻击或破坏性的辩论方式。对方的证据不是被同情地理解,而是被弃之不顾;对方的言辞不是按讲话者陈述的那样来理解,而是被认为故意掩盖了真实意图的。[①] 正是在这种意义上,辩论成为了揭露与人身攻击,也正是在这种意义上,雅典那哥拉斯的演说对于希腊政治辩论更有启示性。[②]

与赫摩克拉底的理性和和平(虽然也带有一定意义的教导口气;当然,这与他的说服对象,即会议听众相关)不同,因为雅典那格拉斯要通过诋毁前面的发言者争取听众,所以他一上来就表示出对赫摩克拉底的蔑视与讽刺。这种讥刺,奇怪的是,在雅典的公民大会的辩论中并不常见(不管是戴奥多都斯与克里昂,还是尼西阿斯和亚西比德,他们的辩论都没有这种讥刺。他们也许都认为,与自己相同影响力的人辩论,取笑对手并不明智),相反,我们在底比斯人对普拉提亚人的反驳中,体会到这种带着讥刺的蔑视。[③]

> 对于那些传播这种消息来恐吓你们的人,如果他们妄想,以为我们没有看透他们的动机的话,我所诧异的不是他们的冒失,而是他们的无知。他们自己恐惧有他们自己的理由,但他们想把全邦的人都引入恐惧之中,以掩饰自己的恐惧。所

---

① Gottfried Mader, "Strong Points, Weak Argument: Athenagoras on the Sicilian Expedition (thucydides 6.36 - 38)," *Hermes* 121.4(1993): 433 - 440.

② Gottfried Mader, "Fear, Faction, Factious Rhetoric: Audience and Argument in Thucidies' Syracusan Antilogy (6.33 - 40)," *Pheoenix* 67.3/4(2013): 237 - 262.

③ 当然,这种判断仍然需要修正。在下一个世纪,德谟斯提尼和埃斯基涅斯的对决中,讽刺与辱骂已经被当作利器了。与这两位政治辩论的高手、修辞术的真正大师相比,修昔底德真是太文雅了,修昔底德笔下政治辩论也太理性了。德谟斯提尼和埃斯基涅斯的辱骂的技术,在罗马的西塞罗和安东尼那里,被进一步发展。

以现在所有这些消息的意义是这样的：这些消息不是自然产生的，而是那些经常在这里鼓动叛乱的人有意造成的。如果你们是清楚的话，你们不会根据这些消息来估计各种可能性，而是要考虑到，一个聪明而有广泛经验的民族（我认为雅典人是聪明而有广泛经验的）所可能做的事。雅典人不会在希腊战事尚未圆满解决的时候，把伯罗奔尼撒人留在后方，而错误地发动一个和希腊战争规模一样大的新战争的。事实上，我个人认为，如果考虑到我们这些城市的人口和力量的话，我们不去进攻他们，他们就是很满足的了。（6.36/谢译本第450页）

在雅典那格拉斯看来，赫摩克拉底因为自己恐惧而虚构了雅典即将进攻的消息，目的是为了让整个叙拉古陷入恐惧之中；而他之所以这么做，乃因他一贯想在叙拉古煽动骚乱。赫摩克拉底报道他知道的消息，而雅典那哥拉斯则不论这种消息的可靠性——说它是恐惧和别有用心共同产生的幻觉。他并不是说赫摩克拉底所说的事情不存在，而是说这种消息不值一驳，说这种消息与雅典人的行事风格不合，也不合人的常理。既然这样，赫摩克拉底的所有政策建议（向西西里的所有反对雅典的城邦派出使节，联合他们）自然都不成立了。

对于雅典和西西里的力量对比，雅典那哥拉斯更加乐观。他认为西西里比雅典强大多了，无论雅典有多大的动员能力，他们都不足以产生征服西西里的军事力量，更不要说他们将面临太多的后勤压力了。通过各方面的对比（6.37），雅典那哥拉斯认为雅典人纵然再愚蠢，也不会发动远征。雅典人现在必然忙于自己的领土安全，而不会出征西西里。因此，雅典人已经来了、正在途中的消息，

事实上是某些叙拉古人制造的谣言。这种事情不是真

的,将来也不会变成真的。我注意这些人,现在不是第一次;
事实上,我是经常提防他们的;他们在行动失败的时候,就利
用这种谣言,甚至于捏造一些更为恶毒的事实,他们的目的是
想使你们人民大众恐惧,以便他们取得政权。我实在担心,他
们继续不断的努力,真的会有成功的一天。……正因为这个
缘故,我们的城邦很少有一个安宁的时期,经常不断的内部党
争多于对外敌的斗争,有时也有僭主和有势力的集团非法地
夺取政权。(6.38.1-3;谢译本第452页)

看来,雅典那哥拉斯很容易转移视线,把人们对雅典的注意力
转移到赫摩克拉底等人身上,把对雅典的警惕转变为对赫摩克拉
底等人和警惕上,继而转变为对他所倾向的民主政治的辩护上。
于是他自己对权力与控制的渴望便表达出来了:

但是,如果你们支持我,我将努力不让这类事情在我们时
代发生。得到你们众人的支持,就能惩罚这些阴谋活动的始
作俑者,不仅在他们付诸行动之时将其拿获——其行动很难
被发现——而且在他们有阴谋企图但尚没有力量付诸行动只
是予以揭露;因为不仅有必要对敌人的行为加以惩罚,还要预
先对其行动意图加以惩罚,如果不先发制人,就会首先遭殃。
我还将谴责、监视和警告那些寡头党人——我认为,这是把他
们从罪恶的道路上扭转过来的最有效的方法。(6.38.4,徐译
本第438页)

雅典那哥拉斯的言论无论对于听众还是对于今天的读者而
言,强词夺理的成分都非常明显。他似乎一直在转移话题;他把矛
头从外部的敌人转向内部的敌人,把对外战争问题化为国内政治
斗争问题,变成对富人寡头政治的批评,而后竟然进行关于民主政

体好处的议论(6.39)。① 在发言最后,雅典那格拉斯加重了对他所说的寡头的攻击:

> 但是,你们这些愚蠢的人,如果你们现在还不知道你们的图谋是邪恶的,你们就是我所知道的希腊人中最愚蠢的人了。如果你们明明知道还竟敢去实施阴谋计划,你们就是在进行最严重的犯罪。……不要散布这些谣言了,因为人们知道你们的意图,并且不会容许你们这样做的。即使雅典侵略者来了,我们的城邦也会以无愧于我们城邦的方式将他们击退;而且我们有诸位将军,他们会关注这个问题。如果这些消息像我认为的那样是无稽之谈,我们的城邦也不会因为你们的谣言而陷于恐慌,也不会选择你们作为他的统治者,而使自己陷于奴役之下,公民自己会对此加以调查,并且把你们的言论当作你们的行动来做出裁断,它不会容许因为你们的一面之词而剥夺城邦的自由,它会时刻保持警惕,采取措施使城邦得到尊重,努力保全城邦的自由。(6.39.2-40.2,徐译本)

但是,叙拉古人和雅典人一样,是富有政治经验的,他们是不容易被误入歧途的。因此修昔底德简单叙述说:雅典那哥拉斯发言后,

> 一个将军站起来,不许其他人起来说话了。对于这个局势,他自己的发言如下:发言这样相互攻击或者呼吁听众支

---

① 通过克里昂和雅典那格拉斯的对比,"修昔底德在克里昂和雅典那格拉斯的政策中显示,民主政府中这样一种恒常的可能性:政治家自己的党派利益可能极大削弱军事的有效性。"(John H. Finley, *Three Essays on Thucydides*, Cambridge, Mass.: Harvard University Press, 1967, p. 155.)

持自己,这样做都是不合适的。我们要注意我们所得到的消息,注意我们全体——整个国家或每个私人——如何才能更好地对付付侵略者。纵或没有这个需要,但是使国家有马匹、军器以及战争中一切显示荣耀的设备,这是没有害处的。(6.41.1-2,谢译本第454页)

关于西西里战争,修昔底德用一种非常实证的、中立的语言说:"叙拉古人为他们的祖国而战,他们每个人为目前的生命和将来的自由而战;在另一方面,雅典人为征服他人的国家而战,为了避免自己的祖国因他们的失败而遭受不幸而战;亚哥斯人和独立的同盟者是帮助雅典人征服他们跑来想征服的地区,如果胜利的话,他们可以看到自己的祖国;至于附属的同盟者,他们只想目前保全生命,如果失败的话,他们很少有逃生的希望;其次他们考虑的是:如果他们帮助雅典人扩张它的帝国,他们自己所受的压迫可能会减轻一点。"(6.68.3/谢译本471页)

第六卷第二场辩论是卡马林那辩论。雅典在与叙拉古的第一次战役中取得胜利。对于西西里的城邦,雅典希望拉拢一批、征服一批。雅典人根据公元前427年与卡马林那人订立的协议来寻求后者援助;叙拉古人则前来对雅典人予以驳斥,阻止卡马林那人帮助雅典人。这是敌对的双方在第三方议会中的相互攻击,与战争刚开始时雅典人和科林斯人在斯巴达的辩论相同。辩论发生在马卡林那人公民大会上。

叙拉古的发言人是赫摩克拉底,一个"在各方面都出类拔萃的"人,既有军事才能,又很勇敢。(6.72.2)他对雅典人的攻击有两个方面,一是揭穿他们进军西西里的真正用心,二是从另一个角度对雅典人在波斯战争中的表现进行丑化。这是两个敌人之间的极化的辩论。关于第一点,他说,雅典人并不是来帮助林地尼人恢复城邦的,而是来夺取西西里的土地、把帝国扩展到西西里的(这实际上也是雅典人承认的,亚西比德在公民大会上的讲话对此说得很清楚),把帝国的秩序扩展到西西里,即剥夺西西里所有城邦的独立。雅典,这个伯里克利眼中的希腊人的学校,把各种"善"都集合在一起的城邦,在赫摩克拉底眼中则成了罪恶的渊薮,全体希腊人(希腊本土和意大利)的祸害与灾难。关于第二点,他进而说:

> 在反抗波斯的时候,雅典不是为了希腊的自由而战争;雅典所希望的是以雅典帝国来代替波斯帝国,而其他希腊人作战的结果不过是换了新的主人,而这个新主人不是没有旧主人的聪明,而是利用聪明作更多的罪恶。(6.76.4/谢译本476页)

对雅典在波斯战争中的表现做这种判断,纵然斯巴达、科林斯人也想不到。当然,说话者和听话这也许都会认为这不是事实。但这就是政治辩论。任何事情都可以沿相反的方向说。这位一流的语言大师接着说,现在应该受到责备的与其说是雅典(因为他们的罪行,按照这位演说家,是人尽皆知的),而是包括马卡林那人、叙拉古人在内的所有西西里人——他们(或不如说"我们")没有吸取希腊本土诸邦的教训(未能团结起来一致对付雅典),而是处于各自为阵、相互分裂的状态。① 从赫摩克拉底的几次演说中我们看到,弥合西西里人之间的分歧,使全体多利亚裔西西里人团结起来一致对外,是叙拉古的最坚定的政策。这个政策的确是赫摩克拉底一直坚持的。对于叙拉古人而言,最好的情况是马卡林那人站在

---

① 赫摩克拉底甚至对整个雅典的种族,伊奥尼亚人,都进行攻击。他从另一个角度解释雅典特性与斯巴达特性:"我们要坚定地向他们表示:居住在这里的不是伊奥尼亚人,也不是赫勒斯滂人或岛上居民,它们的主人时常更换,却总是为主人效忠,有时效忠波斯人,有时效忠其他人。居住在西西里的我们来自独立的伯罗奔尼撒,我们是自由的多利亚人。"(6.77,徐译本)

自己一边,次好的情况是马卡林那人保持中立,最坏的情况是马卡林那人与雅典人站在一起。因此赫摩克拉底极力强调西西里人的团结是利益共同体,强调雅典的目的是征服整个西西里。他说如果马卡林那人与雅典人作战,那也是为自己作战,而非为叙拉古作战。

接下来是雅典将军攸非谟斯的回应。他说了很长的话,但是要点是真正想奴役卡马林那人和西西里人而给雅典造成威胁的(因为他们是多利亚人),不是雅典,而是叙拉古。因为叙拉古是西西里最大的城邦,它一直试图入侵别的城邦;若干年前卡马林那人和林地尼人就因为受到叙拉古人的入侵而请求雅典帮助。此外,因为卡马林那人是叙拉古的邻国而力量弱小,因此危险更大;雅典人来西西里不是扩展帝国,而是阻止一个帝国的形成。因此与雅典结盟因此是最好选择。

雅典出征西西里这件事情,因此,被站在完全对立的立场上进行叙述。叙拉古人和雅典人都刻意强调一些方面而回避另一方面。双方好像都是非常有说服力的,卡马林那人的利益与正义感,依然是双方都诉诸的因素。但是卡马林那人采取了中间的立场:雅典战胜了叙拉古,因此不能开罪于雅典人;叙拉古是自己的强大的近邻,虽然是最大的威胁,但却不是依靠雅典的力量能消灭的,因此也开罪不起。他们采取中立的立场。

如果把整个伯罗奔尼撒战争看成一出悲剧,那么西西里战斗,才真正达到高潮。公元前 414 年秋,斯巴达接受亚西比德的建议出征西西里①。战争形势发生了变化。尼西阿斯致信雅典公民大

---

① 亚西比德在斯巴达的政策建议与自我辩护是值得分析的演词(6.89-92)。这个雅典统帅,斯巴达的敌人,坚定的爱国主义者(他坚称他现在还爱着雅典),怎么为自己的行为辩护,如何说服斯巴达人接受自己的建议,如何能够建构自己的形象而免受唾弃?他怎么能保有尊严,而没有流亡者的谦卑?但亚西比德都做到了。他不仅为自己的行为辩护,称自己为爱国主义者,而且在斯巴达为民主的雅典辩护。这真是言辞的巨大的力量。

会说明他们遇到的困难,要求增加军队和经费。是年冬和次年春,雅典开始征兵,新的远征军(与尼西阿斯进攻西西里时武装力量相同)出发。公元前413年春,伯罗奔尼撒人征兵前往西西里。西西里集结着希腊战争双方几乎所有军事力量。在尼西阿斯出征时,修昔底德就交待这是希腊从古到今最大的一次军事力量结集。这时候双方的力量又增加了一倍。与此同时,德谟斯提尼指挥的雅典援军到达叙拉古。他想乘叙拉古人惊恐之际反击,夺取厄庇波利。战斗中雅典人先胜利后溃败。形势已经发生了逆转。现在,雅典人已经不可能攻克叙拉古。德谟斯提尼建议撤军,尼西阿斯处于犹豫状态:一方面认为雅典人无望获胜,另一方面又想放手一搏(因为叙拉古人也处于困难之中);他特别害怕返回雅典受到审判和处死,因此觉得宁愿战死也不愿回雅典。[①] 两位将军在撤军和留下,在采取什么战术方面,都产生了分歧。德谟斯提尼建议撤到另外一个据点,尽可能在公海与敌方战斗。另外一个将军修利密顿也支持德谟斯提尼。但尼西阿斯坚持己见。"在整个局势

① 这就暴露出作为政治家的尼西阿斯的致命弱点,且再一次暴露雅典人极为稀薄的共同体意识。真正觉得有获胜希望而坚持战斗,与明知战争必将覆灭,宁愿死在战场也不愿死于同胞审判,是有着根本不同的。德谟斯提尼在这方面更冷静,更是一个政治家的品质:胜利根本无望,不如回雅典支持那边的战事;明知必然失败而让雅典公民和同盟国公民牺牲生命与财富,是不明智的。的确,假如他们决定立即有组织地撤退,必然为雅典人保存了一支巨大的力量,雅典也就不太可能完全的毁灭。此外,尼西阿斯拒不撤退与亚西比德叛逃性质虽然不同,但两人的行动逻辑却相似:在关键的时刻,个人的生命与荣誉总是第一位的。公元前411年,当雅典遭受决定性失败,其同盟分崩离析时,我们看到亚西比德不停地为斯巴达出谋策划。但是斯巴达人还是不信任他。他是国王阿基达马斯的私敌。修昔底德记载(第8卷,谢译本594-6页)在仓皇之中,亚西比德逃往萨斯,投靠波斯国王,成为他的顾问,"尽力破坏伯罗奔尼撒人的事业"。波斯宫廷的这位希腊问题专家建议国王不要帮助斯巴达人完全战胜雅典,因为这样就在希腊产生了一个占绝对统治地位的城邦,而波斯本身也无法作为调停人介入希腊事务;他还说,如果选择合作对象,最好选择雅典。我们可以看到这是阿基琉斯血液在真实的历史人物身上的流淌。再回想著名的地米斯托克利斯、鲍桑尼阿斯全都逃到波斯,这个现象的确非常值得注意。

中,缺乏毅力的情况开始暴露了。"(谢译本 533 页)雅典军队处于目前的不利位置没有动。在斯巴达新的援军到达时,雅典人决定立即撤退,但此时发生了月蚀。尼西阿斯觉得应该按照预言家指示,三个九天以后再商议退兵。于是撤退的时机又失去。雅典远征军走向彻底毁灭。

尼西阿斯的战前演说也许是他最后一次演说(谢译本 542 - 543 页),将悲壮与冷静分析与激励,以及教条与偏见结合在一起的演说。战前演说是独特的,应该与审议、法庭和展示演说并列的第四种演说类型。就鼓励士气而言,应该说有战斗或会战,这种演说就会存在。但是不同的地方似乎在于(1)雅典的将军会向士兵如实地分析目前的形势以及他们的作战计划,他们这是对待公民的方法。不管形势利于不利,他们会照实说,而一般不掩盖实情。当然,劣势与优势都要激励兵士。这就必需两种不同的修辞。(2)他们希望被理解,也把士兵视为一个有自己的理性与判断力的人(他们是公民;在罗马,由士兵组成的会议权力甚至仅次于元老院),而不是战争工具。(3)他们相信这些士兵,特别是重装步兵,有强烈的荣誉感,他们纵然在知道实情的情况下,也会投入战斗,而不是立即倒戈或投降。

尼西阿斯这个演说中对非雅典人(水手,雅典的属民;重装步兵则是雅典公民)明褒实贬的态度值得分析。希腊人是被分成等级的,而最优秀的是雅典人。这可以算作雅典与斯巴达之辩之补充。[1]

读完第七卷,我们会发现修昔底德是那个时代最伟大的悲剧作家之一。与其他悲剧作家相比,他提供的一个真实的、雅典人现实的悲剧。与他的冷静相比,所有其他悲剧作家几乎都是太矫情

---

[1]　令人诧异的是,修昔底德在悲愤地叙述两段演说之后,几乎调侃地对此时的尼西阿斯进行叙述。(谢译本第 546 - 547 页)

了。他的书与希罗多德是不一样的。希罗多德的书是喜剧，他的书则是悲剧。雅典的现实的生活，体现的就是悲剧精神。悲剧精神在生活与艺术中是一致的或连续的。雅典的悲剧有两种，一种是性格的悲剧：雅典人的大胆、创新，他们的无法控制的控制欲，他们的爱国主义与坚韧，他们那种对克制、节制与中庸的不顾——中庸是哲学家考察生命以后提出的旨在使人自我保持的、带有小市民色彩的理想，而不是生活中作为集体性格的雅典人（前5世纪古典时期的雅典人）的性格，他们的那种由大胆促动的、被修昔底德一再说明的先发制人的行事方式，还有他们的强权即是公理的、源于兽性的公正观，都导致了他们的完全的毁灭、悲壮的毁灭。另一种是命运的悲剧，除了性格的内在的动力外，由城邦之间的力量对比和无数具体事件构成的整体的过程，像宿命、像神意一样，控制着所有方面直至相互的毁灭。受到毁灭的不仅是雅典，还有整个希腊世界，包括斯巴达。这是一种他们无法避免的、像诅咒一样贯穿生命全程的命运。①

---

① 参见纳斯鲍姆：《脆弱的德性》，徐向东译，译林出版社，2008年。

结束语

　　上面讨论的是发生在公元前 750 -前 400 年希腊城邦间的故事。这些故事显示了希腊公共生活的典型特征。公元前 427 年，我们的故事中希罗多德和修昔底德正在写作或构思他们的伟大作品，索福克勒斯还健在，欧里庇德斯和修昔底德一样把冲突的讨论引向人性的内部，阿里斯托芬在为自己的成功而奋斗，苏格拉底一定就是这时候开始了他在公共场所的盘问并用他的不停的追问给像亚西比德这样的年轻人灌了迷魂药。他的诘问和体现在所有戏剧、历史作品中的对白和长篇演说一样，体现希腊人的智力方向：反对的方向。苏格拉底的所谓"谁最智"的问题，体现了他的由这种文化传递给他的傲慢。这一年，总之，雅典云集着全希腊的智识之士。这一年，也发生了一件可以作为我们这段故事结尾的事情：叙拉古因为势力扩张，据说试图奴役西西里的其他城邦，莱昂狄恩城邦的高尔吉亚来到雅典请求支援。他的《海伦颂》据说使雅典人如痴如醉；他说他可以就任何一个论题进行演说，可以就任何一种主张进行有说服力的辩护。

　　高尔吉亚的这个为他赚得利益与名声的技艺，受到苏格拉底和其弟子柏拉图的抵制，以至于，柏拉图的几乎所有哲学戏剧都是苏格拉底和被称作智者的那些人的争吵。至少半个世纪以后，柏拉图生动地写下了苏格拉底和高尔吉亚的对话。

——告诉我，你所说的人类最大的善、你把它当作谋生职业的东西到底是什么？

——这个东西确实是最大的善，它给人以自由；在城邦生活中它可以让一个人对其他人产生统治权。

——你这话是什么意思？

——我的意思是通过演说，一个人在法庭说服法官，在议事会说服议员，在公民大会及其他公民参加的会议说服人民。有了这种能力，你就会把医生变成你的奴隶，把体育教师变成你的奴隶，……（《高尔吉亚》452d - e）

高尔吉亚就这样把修辞术当作武器介绍给雅典公民。演说若配以表情与肢体动作，演说家便能成为具有神力、魔力的人。高尔吉亚说：

演说家大约有能力在任何问题上驳倒对手、比其他人更好地说服民众，并且只以只言片语便能从民众那里得到他所要求的一切。（《高尔吉亚》457a）

城邦的生活是公民围绕公共政策的制定与执行而产生的"言论的角力"（agon logoi）、相反意见之间的竞赛，故而演说的技艺成为公民的武器。当然，高尔吉亚不是第一个把这种技艺带入雅典的人。稍先于他的，还有伯里克利的朋友普罗斯泰哥拉，据说他们俩为箭射中人是人还是箭更应该负责，争论了一整天。据说普罗泰哥拉最拿手的技艺，便是教人在辩论中如何从劣势变为优势，从弱者变为强者。我们知道，阿里斯托芬把这"双重逻格斯"的教义加到苏格拉底头上，而在《云》中对之进行丑化。然而，在我们讨论的几乎所有争论中，不都活跃着高尔吉亚和普罗泰哥拉的技艺吗？阿伽门农和阿基琉斯、普罗米修斯和宙斯、安提哥涅和克瑞翁、埃阿斯和阿伽门农、斯巴达和雅典、雅典和弥罗斯、克里昂和戴奥多都斯、赫摩克拉底和雅典那哥拉斯等等,不都实践着这样一种如何增强自己的辩论优势、削弱对方的辩论力量的技艺吗?

柏拉图是智者的坚定的反对者,但是柏拉图的整个著作,却是修辞术,尤其是其两边论证技艺的辉煌体现。他的所有对话讨论的几乎全是公共问题。也就是说,讨论的并不是如何获利,如何处理家庭关系这些"私人"问题,而是正义、法律、城邦、教育等等这些公共问题。此外,更重要的,几乎所有的对话都是未完成的,所有的对话都在没有给出问题的最终定论或答案之前,就结束了。柏拉图似乎只在重复一句话,关于美、幸福、公正,并不是只有冲突的意见,还应该有美自身、公正自身、幸福自身。但是这些"事物自身"到底是什么,他没有说清也说不清。就此而言,柏拉图的文本比亚里士多德的文本,更体现出希腊文化的特征。这些公共问题,包括伦理问题(甚至组成其核心)在内,没有一个所有人都可以同意的答案;我们可以让对手沿着我们手指的方向去看,但是我们不能确定他看到我们所看到的东西。因此,对话是一种相互的批评,是对立观点的竞争,而没有比这更体现修辞术的理想。

这个伟大的技艺,即在公共场域围绕公共问题的辩论的技艺,竟然不因希腊古典世界的结束而结束,并一直存在于被称为希腊化时代的各派思想中并在罗马得到古代世界最辉煌的复兴。公元前155年,在罗马发生了公元前427年类似于雅典的事情。前一次是为了联合雅典对抗叙拉古,高尔吉亚作为西西里的使者到雅典;这一次罗马军队准备进攻希腊,卡尼亚德斯要在元老院为希腊辩护而出使罗马。

卡尼亚德斯在罗马也引起轰动。据说他第一天对着罗马大人物(听众中就有知名的老加图)论证公正是对的,第二天面对同样一批人论证公正是错的。这真是深得高尔吉亚真传的讲话。卡尼亚德斯的表演引起罗马青年学习修辞术的热潮,也引起加图之类的恐惧。他要求在罗马禁止这种教学。当然,卡尼亚德斯没有为罗马引入修辞术，就像高尔吉亚没有为雅典引入辩论术一样。但是他们的确在两个地方，使这门技艺达到自觉的程度。这样，也许才有公元前 350 左右伊索格拉底和亚里士多德对修辞术的第一次系统研究，才有公元前 1 世纪西塞罗到昆体良的第二次系统化。

也几乎是公元前 155 年左右，另一个来自希腊名叫波利比乌斯的食客，在罗马的最显赫的家族寄住了下来，并开始了他著名的世界历史思索。（Polibius, The Histroies, Vol. 6）他写了一本与希罗多德的著作同名的著作。他的著名的分析上接亚里士多德（可以在希罗多德的宪法辩论中找到最好的表述之一），下启西塞罗的、作为经验概括也作为政体规则的混合政体说。波利比乌斯的观察与结论是什么呢？就是政治生活中手掌与拳头的比喻。让手掌张开的，不仅是各个政治机构之间的张力，更有活跃在所有这些机构之中的公民的张力或争吵，也可以说是党派斗争。争吵保证了开放性，保证了参与，也给予共同体活力。因此，这才是一个自由的共同体，为共同体作战的人才不是奴隶，而是自由人；他们之所以作战，不是为了生活中处于比较低级位置的安全，而是为了处于比较高级位置的自由。但是张力对付危机是远远不够的。必须有一个暂时的力量，在必要的时候使这个共同体握成一个拳头，或者按中国人的说法，拧成一股绳。不仅如此，理想的政治应该是把民主制、贵族制和君主制三种因素都混合在一起的制度，这样方可把自由与秩序结合起来。根据他的观察，希腊政治因为这种辩论而产生的离心力，显得张力有余而合力不足，而正是罗马独特的体制，将张力和合力结合了起来。在常规的政治生活中，罗马人放任政治辩论，让辩论使经验处于开放状态；而在紧急的状态下，最有经验与智慧的人物被赋予独裁的权威（罗马政制中的君主制的因素），他可以压制和停止辩论，给予这种政治以力量与秩序。波利比乌斯说，正是这种手掌和拳头的结合，使得罗马在不到半个世纪的时间，征服了当时可知的整个世界。

参考书目

（一）希腊经典著作译本

阿里斯托芬：《骑士》，罗念生译，载《罗念生全集》第四卷，世纪出版集团 上海人民出版社，2007年。

阿里斯托芬：《云》，罗念生译，载《罗念生全集》第四卷，世纪出版集团 上海人民出版社，2007年。

阿里斯托芬：《云》，张竹明译，载《古希腊悲剧喜剧全集》第六卷，译林出版社，2006年。

柏拉图：《理想国》，郭斌和、张竹明译，商务印书馆，1986年。

埃斯库罗斯：《波斯人》，罗念生译，载《罗念生全集》第二卷，世纪出版集团 上海人民出版社2007年。

埃斯库罗斯：《波斯人》，王焕生译，载《古希腊悲剧喜剧全集》，王焕生、张竹明译，译林出版社，2010年。

埃斯库罗斯：《俄瑞斯提亚》，罗念生译，载《罗念生全集》第二卷，世纪出版集团 上海人民出版社2007年。

埃斯库罗斯：《俄瑞斯提亚》，王焕生译，载《古希腊悲剧喜剧全集》，王焕生、张竹明译，译林出版社，2010年。

埃斯库罗斯：《普罗米修斯》，罗念生译，载《罗念生全集》第二卷，世纪出版集团 上海人民出版社2007年。

埃斯库罗斯：《普罗米修斯》，王焕生译，载《古希腊悲剧喜剧全集》，王焕生、张竹明译，译林出版社，2010年。

荷马：《伊利亚特》，陈中梅译，译林出版社，2000年。

荷马：《伊利亚特》，罗念生和王焕生译，人民文学出版社1994、2008年。

赫西俄德：《工作与时日》，张竹明、蒋平译，商务印书馆，1991年。

色诺芬：《回忆苏格拉底》，吴永泉译，商务印书馆，1984年。

索福克勒斯：《埃阿斯》，张竹明、王焕生译，《古希腊悲剧喜剧全集 索福克勒斯悲剧》第二卷，译林出版社，2007年。

索福克勒斯：《安提戈涅》，罗念生译，《罗念生全集》第二卷，世纪出版集团上海人民出版社,2007 年。

索福克勒斯:《安提戈涅》,张竹明、王焕生译,《古希腊悲剧喜剧全集 索福克勒斯悲剧》第二卷,译林出版社,2007 年。

希罗多德:《历史》,王以铸译,商务印书馆,2005 年。

希罗多德:《历史》,徐松岩译注,中信出版社,2013 年。

修昔底德:《伯罗奔尼撒战争史》,谢德风译,商务印书馆,1960 年。

修昔底德:《伯罗奔尼撒战争史》,徐松岩译,上海人民出版社,2012。

亚里士多德:《修辞术》,颜一译,《修辞术 亚历山大修辞学 论诗》,中国人民大学出版社,2003 年。

西塞罗:《论演说家》,王焕生译,中国政法大学出版社,2003 年。

Isocrates, *Encominum Helen*, Translated by George Norlin, Cambridge, MA: Harvard University Press; London, William Heinemann Ltd. 1980.

Plato, *Gorgias*, translated by Donald J. Zeyl, in Plato Complete Works, ed. John M. Cooper, Indianapolis/Cambridge: Hachtt Publishing Company, 1997.

Polibius, *The Histories*, A New Translation by Robin Waterfield, Oxford: Oxford University Press, 2010.

(二) 研究著作

英文

Adkins, A. W. H. "Laws versus Claims in Early Greek Religious Ethics," *History of Religion*, 21. 3 (Feb. 1982): 222 - 239.

Adkins, A. W. H. "Truth, Kosomos and Arête in the Homeric Poems," *Classical Quarterly* 22(1972): 5 - 18.

Ahrensdorf, Peter J. *Greek Tragedy and Political Philosophy*, *Rationalism and Religion in Sophocles' Theban Plays*, Cambridge: Cambridge University Press, 2009.

Alker, Hayward R. Jr. "The Dialectical Logic of Thucydides' Melian Dialogue," *The American Political Science Review*, 82. 3 (1988): 805 - 820.

Andrews, James A. "Athenagoras, stasis, and Factional Rhetoric (Thucydides 6. 36 - 40)," *Classical Philology* 104. 1(2009): 1 - 12.

Armayor, O. K. "The Homeric Influence on Herodotus' Story of the Labyrinth," *CB* 54: 68 - 72.

Arnason, Johann P. , Kurt A. Raaflaub, Peter Wagner,eds. *The Greek Polis and the Invention of Democracy*: *A Politico-cultural Transformation and Its Interpretations*, John Wiley & Sons, 2013.

Asheri, David and Alan Lloyd, Aldo Corcella, Oswyn Murray, Alfonso

Moreno. *A Commentary on Herodotus*, *Books I – IV*. Oxford: Oxford University Press, 2007.

Balot, Ryan K. ed. *A Companion to Greek and Roman Political Thought*, Oxford: Oxford University Press, 2009.

Barawanath, Emily. *Motivation and Narrative in Herodotus*, Oxford: Oxford University Press, 2008.

Biles, Zachary P. *Aristophanes and the Poetics of Competition*, Cambridge: Cambridge University Press, 2011.

Bloedow, Edmund F. "The Speeches of Hermocrates and Athenagoras at Syracuse in 415 B. C.: Difficulties in Syracuse and in Thucydides," *Historia: Zeitschrift für Alte Geschichte* 45. 2(1996): 141 – 158.

Blosel, Wolfgang. "The Herodotean Picture of Themistocles: A Mirror of the Fifth-century Athens," in Nino Luraghi ed. , *The Historian's Craft in the Age of Herodotus*, Oxford: Oxford University Press, 2007.

Boedeker, Deborab and Kurt Raaflaub. "Tragedy and City," in *A Companion to Tragedy* ed. R. Bushnell, Blackwell Publishing Ltd. , 2007.

Bosworth, A. B. "The Humanitarian Aspect of the Melian Dialogue," *The Journal of Hellenic Studies*, 11(1993): 30 – 44.

Bowra, C. M. *Tradition and Design in the Iliad*, Oxford: Oxford University Press, 1930.

Brannan, P. T. "Herodotus and History: The Constitutional Debate Proceeding Darius' Accession," *Tradition* 19(1963): 427 – 438.

Brown, Truesdell S. "Herodotus' Portrait of Cambyses," *Historia: Zeitschrift für Alte Geschichte* 31. 4(1982): 387 – 403

Buckle, John. "Demosthenes and Aeschines," in Ian Worthington ed. , *Demosthenes: Statesman and Orator*, New York: London and New York: Routeledge, 2000.

Burkert, W. "Greek Tragedy and Sacrificial Ritual," *Greek*, *Roman*, *and Byzantine Studies* 7(1966): 87 – 121.

C. Dewald, and J. Marincola. "A Selective Introduction to Herodotean Studies," in Deborah Boedeker, ed. *Herodotus and the Invention of History*, Arethusa special volume, 20(1987): 9 – 40, revision edition in C. Dewald and J. Marincola ed. , *The Cambridge Companion to Herodotus*, Cambridge: Cambridge University Press, 2006.

Cartledge, P. A. *The Greeks. A Portrait of Self and Others*, Oxford: Oxford University Press, 2002.

Cartledge, Paul and Paula Debnar. "Sparta and the Spartans in Thucydides," in *Brill's Companion to Thucydides*.

Cartledge, Paul. "'Deep Plays': Theatre as Process in Greek Civil Life," in *the Cambridge Companion to Greek Tragedy*, Cambridge: Cambridge University Press, 1997.

Cartledge, Paul. *Aristophanes and His Theatre of the Absurd*, Bristol: Bristol Classical Press, 1990.

Cartwright, David. *A Historical Commentary on Thucydides*, Ann Abor, MI: University of Michigan Press, 1997.

Clark, Michael. "Between Lions and Man: Imagines of Hero in the Iliad", *Greek, Roman and Byzantine Studies*, 136(1995), pp. 137 – 159.

Clarke, W. M. "Achilles and Patroclus in Love," *Hermes* 106. Bd. , H. 3 (1978).

Conford, K. M. Thucydides Myistoricus, London: Routledge and Kegan Paul Ldt, 1965.

Connor, W. R. *Thucydides*, Princeton: Princeton University Press, 1984.

Crane, Gregory. "The Fear and Pursuit of Risk: Corinth on Athens, Sparta and the Peloponnesians," *Transactions of the American Philological Associations* 122(1992): 227 – 256.

Crane, Gregory. *Thucydides and the Ancient Simplicity*, Berkeley and Los Angles: University of California Press, 1998.

Croix, De Ste. *The Origins of the Peloponnesian War*, Ithaca, UY: Cornell University Press, 1972.

Debnar, P. *Speaking the Same Language: Speech and Audience in Thucydides' Spartan Debates*, Ann Arbor: University of Michigan Press, 2001.

Debnar, Paula A. "Diodotus's Paradox and the Mytilene Debate," *Rhein. Mus. F. Philol.* 143(2000): 161 – 178.

Dewald, C. and J. Marincola. eds. , *The Cambridge Companion to Herodotus*, Cambridge: Cambridge University Press, 2006.

Dmitriev, Sviatoslav. *The Greek Slogan of Freedom and Early Roman Politics in Greece*, Oxford: Oxford University Press, 2011.

Dover, K. J. *Greek Homosexuality: Updated and with a New Postscript*, Cambridge, MA: Harvard University Press, 1989.

Edmunds, L. "Myth in Homer," in I. Morris and B. Powell, eds. , *New Companion to Homer*, Leidon-Brill, 1997.

Edmunds, Lowell. *Chance and Intelligence in Thucydides*, Cambridge, MA: Harvard University Press, 1975.

Erenberg, Victor. *The People of Aristophanes: A Sociology of Old Attic Comedy*, Oxford: Blackwell, 1951.

Euben, Peter. *The Tragedy of Political Theory*, Princeton: Princeton University Press, 1990.

Evans, J. A. S. "Oral Tradition in Herodotus," in his *Herodotus, Explorer of the Past*, Princeton: Princeton University Press, 1991.

Faulkner, Robert. *The Case for Greatness: Honorable Ambition and Its Critics*, New Haven: Yale University Press, 2007.

Finley, John H. *Three Essays on Thucydides*, Cambridge, MA: Harvard University Press, 1967.

Finley, Moses I. *Politics in the Ancient World*, Cambridge: Cambridge University Press, 1983.

Finley, Moses I. *The World of Odysseus*, Viking Penguin, 1954.

Flashar, Helmut. "Der Epitaphios des Perikles. Seine Funktion in Geschichtswerk des Thukydides," in Flashar, Eidola: Ausgewiahlte Kleine Schriften, Amsterdam: B. R. Gruner, 1989.

Flower, Michael. "Herodotus and Persia," in Dewald and Marincola 2006.

Foley, Helene P. "Tragedy and Politics in Aristophanes' Acharnians," *The Journal of Hellenic Studies* 108(1988): 33-47.

Forde, Steven. *The Ambition to Rule*, Ithaca: Connell University Press, 1989(中译本,未已等译,华夏出版社,2010 年).

Forde, Steven. *The Ambition to Rule: Alcibiades and the Politics of Imperialism in Thucydides*, Ithaca: Cornell University Press, 1989.

Fornara, Charles William. *The Nature of History in Ancient Greece and Rome*, Berkeley and Los Angles: University of California Press, 1983.

Gagarin, Michael. *Introduction to Isocrates I*, trans. David C. Mirhady, Yun Lee Too, University of Texas Press, 2000.

Gehrke, Hans-Joachim. "Myth, History, and Collective Identity: Uses of the Past in Ancient Greece and Beyond," in Nino Luraghi, ed. *The Historian's Craft in the Age of Herodotus*, Oxford: Oxford University Press, 2007.

Gilbert, John. "Greek Drama and Political Thought," *A Companion to Greek and Roman Political Thought*, ed. By Yran K. Balot, Oxford: Blackwell, 2009;

Gilpin, Robert. "The Theory of Hegemonic War," *Journal of Interdisciplinary History*, 18: 4(1988): 591-613.

Goldhill, S. "Greek Dram and Political Theory," in C. Rowe and Schofield eds. , *The Cambridge History of Political Thought*, vol. 1, Cambridge: Cambridge University Press, 2000.

Gomme, A. W. "Aristophanes and Politics," in Erich Segal ed. , *Oxford*

Readings in Aristophanes, Oxford: Oxford University Press, 1996（原作发表于 1938 年；中译本黄薇薇译，《雅典民主的谐剧》，第 2 - 24 页）.

Gottfried Mader. "Fear, Faction, Factious Rhetoric: Audience and Argument in Thucydides' Syracusan Antilogy (6. 33 - 40)," *Phoenix* 67. 3/4(2013): 237 - 262.

Gottschell, Janathan. *The Rape of Troy — Evolution, Violence and the World of Homer*, Cambridge: Cambridge University Press, 2008.

Graham, J. D. P. *An Introduction to Human Pharmacology*, Oxford: Oxford University Press, 1979.

Griffin, G. T. "Homeric Words and Speakers," *JHS* 106(1986): 36 - 57.

Griffin, Jasper. "Herodotus and Tragedy," in Dewald and Marincola ed. , *The Cambridge Companion to Herodotus*, Cambridge University Press, 2006.

Griffith, Jasper. "The Social Function of Attic Tragedy," *The Classical Quarterly*, 48. 01(1998): 39 - 61.

Griffith, Mark. "Telling the Tale: a Performing Tradition from Homer to Pantomime," *The Cambridge Companion to Greek and Roman Theatre*, eds. Marianne McDonald and J. Michael Walton, Cambridge: Cambridge University Press, 2007.

Hahm, David E. "The Mixed Constitution in Greek Thought," in R. Balot, ed. , *A Companion to Greek and Roman Political Thought*, Oxford: Oxford University Press, 2009.

Hall, E. "Asia Unmanned: Images of Victory in Classical Athens," in J. Rich and G. Shipley, eds. , *War and Society in the Greek World*, London and New York: Routledge, 1993.

Hall, E. *Inventing the Barbarian, Greek Self-Definition Through Tragedy*, Oxford: Oxford University Press, 1989.

Halliwell, Stephen. *Greek Laughter: A Study of Cultural Psychology From Homer to Early Christianity*, Cambridge: Cambridge University Press, 2008.

Halperin, D. *One Hundred Years of Homosexuality: and Other Essays on Greek Love*, London and New York: Routledge, 1990.

Hammer, Dean. *Iliad as Politics: The Performance of Political Thought*, Norman: University of Oklahoma Press, 2002.

Hammer, Dean. "Homer and Political Thought", in *The Cambridge Companion to Ancient Political Thought*, ed. , Stephen Salkever, Cambridge University Press, 2009.

Hansen, William F. *Anthology of Popular Greek Literature*, Indianapolis:

Indiana University Press, 1998.

Harris, Edward M. "Nicias' Illegal Proposal in the Debate about the Sicilian Expedition," *Classical Philology*, 109. 1(2014): 66 – 72.

Harrison, E. M. "Law and Oratory," in Ian Worthington ed. , *Persuasion: Greek Rhetoric in Action*, London and New York: Routledge, 1994.

Hartog, F. *The Mirror of Herodotus. An Essay on the Interpretation of the Other*, Berkeley and Los Angles: University of California Press, 1988.

Haubold, J. *Homer's People: Epic Poetry and Social Formation*, Cambridge: Cambridge University Press, 2000.

Hawhee, Debra. *Bodily Arts: Rhetoric and Athletics in Ancient Greece*, Austin: University of Texas Press, 2006.

Health, Malcolm. "Justice in Thucydides' Athenian Speeches," *Historia* 39 (1990): 385 – 400.

Heath, John. *The Talking Greeks, Speech, Animals, and the Other in Homer, Aeschylus, and Plato*, Cambridge: Cambridge University Press, 2005.

Henderson, Jeffrey. "Drama and Democracy," in *The Cambridge Companion to the Age of Pericles*, ed. Loren J. Samons II, Cambridge: Cambridge University Press, 2009.

Hendson, Jeffrey. "Dram and Democracy," in *The Cambridge Companion to the Age of Pericles*, ed. Loren J. Samons II, Cambridge: Cambridge University Press, 2009.

Hesk, Jon. *Deception and Democracy in Classic Athens*, Cambridge: Cambridge University Press, 2000.

Hommond, N. G. "The Particular and the Universal Speeches in the Speeches in Thucydides," in *The Speeches in Thucydides*, ed. , Phillip Sdadter, Chapel Hill: The University of Carolina Press, 1973.

How, W. W. and J. Wells. *A Commentary on Herodotus*. Oxford: Oxford University Press, 1912, repr. 1928.

Johnson, William A. "Oral Performance and the Composition of Herodotus' Histories," *GRBS* 35(1995): 229 – 254.

Kagan, Donald, "The Speeches in Thucydides and the Mytilene Debate," *Yale Classical Studies* 24(1975), pp. 71 – 94;.

Kagan, Donald. "The Decision to Attack Sicily," in *The Peace of Nicias and the Sicilian Expedition*, Ithaca: Connell University Press, 1981, pp. 159 – 191.

Kastely, James L. . "'the Clouds': Aristophanic Comedy and Democratic Education," *Rhetoric Society Quarterly* 27. 4(1997): 25 – 46.

Kennedy, George Alexander. *The Art of Persuasion in Greece: A History of Rhetoric*, Vol. 1, Princeton: Princeton University Press, 1963.

Kennedy, R. F. "Justice, Geography and Empire in Aeschylus' Eumenides," *Classical Antiquity* 25(2006): 35 – 72.

Kitto, H. D. F. *Form and Meaning in Drama: A Study of Six Greek Plays and Hamlet*, London, Methuen, 1956.

Knox, B. *The Heroic Temper: Studies in Sophoclean Tragedy*, Berkeley and Los Angles: University of Californian Press, 1964.

Knox, Bernard M. W. "The Ajax of Sophocles," *Harvard Studies in Classical Philology*, vol. 65(1961): 1 – 37.

Kochin, Shalom Michael. "Time and Judgment in Demosthenes' *De Corona*," *Philosophy and Rhetoric*, 35. 1(2002): 77 – 89.

Konstan, D. "The Stories in Herodotus' *Histories*, Book I," *Helios* 10 (1983): 1 – 22.

Kyriakou, Poulheria. *The Past in Aeschylus and Sophocles*, Walter De Gruyter GmnH & Co. KG, 2011.

Lang, Mabel, *Herodotean Narrative and Discourses*, Cambridge: Cambridge University Press, 1984.

Lawrence, S. "Ancient Ethics, the Heroic Code, and the Morality of Sophocles' Ajax," *G&R* 52(2005): 18 – 33.

Lesky, Albin *Greek Tragic Poetry*, translated by Matthew Dillon, New Haven: Yale University Press, 1983(1938).

Lloyd-Jones, Hugh. *Justice of Zeus*, Berkeley and Los Angles: University of California Press, 1971,1983.

Loraux, Nicole. *The Invention of Athens: The Funeral Oration in the Classic City*, Cambridge MA: Harvard University Press, 1986.

Luraghi, Nino ed. *The Historian's Craft in the Age of Herodotus*, Oxford: Oxford University Press, 2007.

MacDow, Douglas Maurice. *Aristophanes and Athens : An introduction to the Plays*, Oxford: Oxford University Press, 1995.

Mackie, Halary S. *Talking Trojan: Speech and Community in the Iliad*, Lanham: Rowman & Littlefield Publishers Inc. , 1996.

Macleod, C. M. "Form and Meaning in the Melian Dialogue," Historia, Bd. 23, H. 4(1974): 385 – 400.

Mader, Gottfried. "Strong Points, Weak Argument: Athenagoras on the Sicilian Expedition (*Thucydides* 6. 36 – 38)," *Hermes* 121. 4 (1993): 433 –440.

Mara, Gerald M. *Civil Conversations of Thucydides and Plato*, NY: Sunny

Press, 2008.

Marianetti, M. C. *Religion and Politics in Aristophanes' Clouds*, *Hildesheim*, Zurich and New York: Olms-Wedmann, 1992.

Marinacola, John, "Herodotus and the Poetry of the Past," in Dewald and Marincola ed. , *The Cambridge Companion to Herodotus*, Cambridge University Press, 2006.

Marincola, John. "Speeches in Classical Historiography," in John Marioncola ed. *A Blackwell Companion to Greek and Roman Historiography*, Vol. 1, Blackwell Publishing Ltd, 2007.

Markell, Patchen. "Tragic Recognition: Action and Identity in Antigone and Aristotle," *Political Theory*, 31. 1(2003): 6 - 38.

Martin, Gunther. *Divine Talk: Religious Argumentation in Demosthenes*, Oxford: Oxford University Press, 2009.

Martin, R. P. *The Language of Heroes: Speech and Performance in the Iliad*, Ithaca: Cornell University Press,1989.

Martin, Richard. *The Language of Heroes: Speech and Performance in the Iliad*, Ithaca: Cornell University Press, 1989.

Miller, J. "Warning the Demos: Political Communication with a Democratic Audience in Demosthenes," *History of Political Thought*, 23. 3(2002): 401 - 417.

Momigliano, A. "Greek Historiography," *History and Practice* 17(1978): 1 - 28.

Montiglio, Silvia. *Silence in the Land of Logos*, Princeton: Princeton University Press, 2000.

Morris, Ian, Barry B. Powell. *The Greeks: History, Culture, and Society*, 2nd ed. , Prentice Hall, 2010.

Morrison, James V. "Historical Lessons in the Melian Episode," *Transactions of the American Philological Association*, 130 (2000): 119 - 148.

Muellner, Leonard. *The Anger of Achilles: Menis in Greek Epic*, Ithaca: Cornell University Press, 1996.

Munson, Rosaria Vignolo. *Black Doves Speak: Herodotus and the Languages of Barbarians*, Center for Hellenic Studies 9, Cambridge MA: Harvard University Press, 2005.

Munson, Rosaria Vignolo. *Telling Wonders: Ethnographic and Political Discourse in the Work of Herodotus*, Ann Arbor: University of Michigan Press, 2005.

Murphy, Charles T. "Aristophanes and the Art of Rhetoric," *Harvard*

Studies in Classical Philology，49(1938)：69－113.

Nichols, Marry P. "Sicily, Alcibiades, and the Liberation of Erōs," in his *Thucydides and the Pursuit of Freedom*, Ithaca: Cornell University Press, 2015.

Nussbaum, Martha. "Aristophanes and Socrates on Learning Practical Wisdom," in Jeffrey Henderson ed. , *Aristophanes: Essays in Interpretations*, New Haven: Yale University Press, 2009.

Ober, Josiah and B. Strauss. "Drama, Rhetoric, and the Discourse of Anthenian Democracy," in Winkler and Zeitlin, eds. , *Nothing to Do with Dionysos? Anthenian Dram in Its Social Context*, Princeton: Princeton University Press, 1990.

Ober, Josiah. "Conditions for Athenian Democracy," in T. H. Rabb and E. N. Suleman, eds. *The Making and Unmaking of Democracy: Lessons from History and World Politics*, London: Routeldge, 2003.

Ober, Josiah. *Mass and Eliet in Democratic Athens: Rhetoric, ideology, and the Power of the People*, Princeton: Princeton University Press, 1989.

Ober, Josiah. *Political Dissent in Democratic Athens: Intellectual Critics of Popular Rule*, Princeton: Princeton University Press, 1998.

Orwin, Clifford. "The Just and the Advantageous in Thucydides: The Case of the Mytilenian Debate," *American Political Science Review* 78(1984): 485－494.

Orwin, Clifford. *Humanity of Thucydides*, Princeton: Princeton University Press, 1994.

Padel, R. *Whom Gods Destroyed: Elements of Greek and Tragic Madness*, Princeton: Princeton University Press, 1995

Pangle, Thomas ed. , *The Rebirth of Classical Political Rationalism*, Chicago: The University of Chicago Press, 1989.

Pelling Christopher. "Aeschylus' *Persae* and History," in Christopher Pelling, ed. *Greek Tragedy and the Historian*, Oxford: Oxford University Press, 1997.

Pelling, Christopher. "Educating Croesus: Talking and Learning in Herodotus' Lydian logos," *Classical Antiquity*, 25.1(2006): 141－177.

Pelling, Christopher. "Speech and Action: Herodotus' Debates on the Constitutions," *PCPhS* 48(2002): 123－158.

Pelling, Christopher. "Speech and Narrative in the Histories," in C. Dewald and. J. Marincola eds. , *The Cambridge Companion to Herodotus*, Cambridge: Cambridge University Press, 2006.

Pelling, Christopher. "Thucydides' Archidamus and Herodotus' Artabanus," in M. A. Flower and M. Toher, eds. , Geogica: Greek Studies in Honour of Geoge Cawkwell (BICS Suppl. , 38[1991]): 120 - 142.

Pelling, Christopher. "Tragedy, Rhetoric, and Performance Culture," in A Companion to Greek Tragedy, ed. By Justina Gregory, 2005.

Powell, Barry B. Homer, Oxford: Oxford University Press, 2004.

Price, Jonathan J. Thucydides and Internal War, Cambridge: Cambridge University Press, 2004.

Raaflaub, Kurt A. and Robert W. Wallace. "People's Power and Egalitarian Trends," in Kurt A. Raaflaub, Josiah Ober and Robert Wallace, eds. , Origins of Democracy in Ancient Greece, Berkeley and Los Angles: University of California Press, 2008.

Rengakos, Antonios and Antonis Tsakmakis eds. , Brill's Companion to Thucydides, Leiden • Boston, 2006.

Rhodes, P. J. "Thucydides on the Causes of Peloponnesian War," Hermes 115(1987): 154 - 165.

Roberts, J. T. Accountability in Athenian Government, Madison: University of Wisconsin Press, 1982.

Rocco, Christopher. Tragedy and Enlightenment: Athenian Political Thought and the Dilemmas of Modernity, Berkeley and Los Angles: University of California Press, 1997.

Rodes, J. A History of the Classical Greek World, 478 - 323, Blackwell, 2006.

Roisman, Hanna M. "Right Rhetoric in Homer," in A Company to Greek Rhetoric, ed. Ian Worthington, Blackwell Publishing Ltd, 2007.

Romilly, Jacqueline de. Thucydides and Athenian Imperialism, Translated by Phillip Thody, Oxford: Basil Blackwell, 1963.

Roy, Sydnor C. "The Constitutional Debate: Herodotus' Exploration of Good Government," Histos 6(2012): 298 - 320.

Rusten, Jeffrey. "Thucydides and Comedy," in Brill's Companion to Thucydides, eds. Antonios Rengakos, Antonis Tsakmais, Brill, 2006.

Said, Suzanne. "Aeschylean Tragedy," in A Companion to Greek Tragedy, ed. Justina Gregory, Blackwell Publishing Ltd. , 2005.

Samons II, Loren J. ed. The Cambridge Companion to the Age of Pericles, Cambridge: Cambridge University Press, 2009.

Saxonhouse, Arelene W. "Foundings vs Constitutions: Ancient Tragedy and the Origins of Political Community," in The Cambridge Companion to Ancient Creek Political Thought, ed. Stephen M. Salkever, Cambridge:

Cambridge University Press, 2009.

Saxonhouse, Arlene W. *Free Speech and Democracy in Ancient Athens*, Cambridge: Cambridge University Press, 2006.

Schiappa, Edward. *Protagoras and Logos: A Study in Greek Philosophy and Rhetoric*, Columbia, SC: University of South Carolina Press, 1991.

Schlosser, Joel Alden. "'hope, Danger's Comforter': Thucydides, Hope, Politics," *The Journal of Politics*, 75. 1(2012): 169 – 182.

Schmidt, J. -U. "Thersites und das Politische Anliegen des Iliasdichters," *R b M* 145(2002): 129 – 149.

Scholtz, Andrew. "Friends, Lovers, Flatterers: Demophilic Courtship in Aristophanes' *Knights*," *Transactions of the American Philological Association*, 134. 2(2004): 263 – 293.

Scodel, Ruth. *Listening to Homer, Tradition, Narrative, and Audience*, Ann-Aber: University of Michigan Press, 2002.

Seaford, Richard. "Social Function of Attic Tragedy," *The Classical Quarterly*, 50. 01(2000): 30 – 44.

Seaford, Richard. *Retroprocity and Ritual: Homer and Tragedy in the Developing City-State*, Oxford: Oxford University Press, 1994.

Segal, Erich. ed. , *Oxford Readings in Aristophanes*, Oxford: Oxford University press, 1996.

Seibel, A. "Widerstreit und Erganzung: Thersites under Odysseus als Rivalisierende Demagogen in *der Ilias*, (B 190 – 264)," *Hermes* 123 (1995): 385 – 397.

Shanske, Darien. *Thucydides and the Philosophical Origins of History*, Cambridge: Cambridge University Press, 2007.

Sidwell, Keith. *Aristophanes the Democrat: The Politics of Satirical Comedy during the Peloponnesian War*, Cambridge: Cambridge University Press, 2009.

Stahl, Hans-Peter. "Speeches and Events in Volume 6 and 7," in Philip A. Stadter, ed. , *The Speeches in Thucydides: A Collection of Original Studies with a Bibliography*, Chapel Hill: The University of North Carolina Press, 1973.

Stahl, Peter. "Learning through suffering? Croesus' Conversations in the History of Herodotus," in *Studies in the Greek Historians: in Memory of Adam Parry*, ed. Donald Kagan, Cambridge: Cambridge University Press, 2009.

Strauss, Leo. *Socrates and Aristophanes*, Chicago: University of Chicago Press, 1996.

Strauss, Leo. *The City and Man*, Chicago: University of Chicago Press, 1964.

Taplin, Oliver. *Greek Tragedy in Action*, Revision edition, London and New York: Routeledge, 1985.

Thompson, Norma. "Most Favored Status in Herodotus and Thucydides: Recasting the Athenian Tyrannicides through Solon and Pericles," in S. Salkever, ed. , *The Cambridge Companion to Ancient Greek Political Thought*, Cambridge: Cambridge University Press, 2009.

Todd, S. C. *The Shape of Athenian Law*, Oxford: Oxford University Press, 1993.

Tompkins, Daniel P. "Stylistic Characterization in Thucydides: Nicias and Alcibiades," *Yale Classical Studies* 22(1972): 181 - 214.

Van Wees, H. "Homeric Warfare," in I. Morris and B. Powell eds. , *A New Companion to Homer*, Leidon, Brill, 1997.

Van Wees, H. "The Homeric Way of War: *The Iliad* and the Hoplite Phalanx", *Greece and Rome*, 41(1997): 1 - 18.

Van Wees, H. *Statues Warriors: War, Violence, and Society in Homer and History*, Amsterdam, J. C. Geben, 1992.

Vernant, Jean-Pierre "Tensions and Ambiguities in Greek Tragedy," *Myth and Tragedy in Ancient Greece*, trans. Janet Lloyd. New York: Zone Books, 1988.

Vernant, Jean-Pierre. *Myth and Thought among The Greeks*, London and New York: Routledge, 1983.

Vernant, Jean-Pierre. *The Greeks*, Chicago: The Chicago University Press, 1995.

Wallace, R. W. "Private Life and Public Enemy: Freedom of Thought in Classical Athens," in A. Boegehold and A. Scafuro eds. , *Athenian Identity and Civic Ideology*, Baltimore and London: John Hopkins University Press, 1994.

West III, William C. "The Speeches in Thucydides: A Description and Listing," in *The Speeches in Thucydides*, ed. Phillip A. Stadter, Charlotte, North Carolina: The University of North Carolina Press, 1973.

Whitehorne, John. "Aristophanes' Representations of 'intellectuals'," *Hermes* 130. 1(2002): 28 - 35.

Wilson, Donna F. , *Ransom, Revenge, and Heroic Identity in the Iliad*, Cambridge: Cambridge University Press, 2002.

Wilson, John. *Athens and Corcyra: Strategy and Tactics in the Peloponnesian War*, Bristol: Bristol Classical Press, 1987.

Woodman, A. J. *Rhetoric in Classical Historiography*, Rutledge：Taylor and Francis Group, 1988.

Worman, Nancy. "Insult and Oral Excess in the Disputes Between Aeschines and Demosthenes," *American Journal of Philology*, 125. 1（Spring, 2004）：1 - 25.

Young, Iris Marion. "Difference as a Resource for Democratic Communication," in *Deliberative Democracy*, eds., James Bohman and William Rehg, Cambridge, MA：MIT Press, 1997.

Yunis, Harvey. *Taming Democracy*, Ithaca：Cornell University Press, 1996.

Zielinski, Th. *Die Gliederung der Altaltichen Komodie*, Leipzig, 1885.

Zumbrunen, John. *Aristophanes Comedy and the Challenge of Democratic Citizenship*, Rochester, NY：University of Rochester Press, 2012.

Zumbrunnen, John. "Elite Domination and the Clever Citizen：Aristophanes' Archarnians and Knights," *Political Theory* 32. 5(2004)：656 - 677.

中文及翻译著作

基托：《希腊人》，徐卫翔、黄韬译，世纪出版集团　上海人民出版社 2006 年（原书 1950）。

贡斯当《古代人的自由与现代人的自由》，阎克文，刘满贵译，上海人民出版社，2003 年。

刘小凤、陈少明编：《修昔底德的春秋笔法》，彭磊译，华夏出版社，2007 年.

欧文：《修昔底德笔下的人性》，戴智恒译，华夏出版社 2015 年，第 93 - 99 页。

施特劳斯："修昔底德：政治史学的含义"，刘小凤、陈少明编：《修昔底德的春秋笔法》，彭磊译，华夏出版社，2007 年。

施特劳斯：《苏格拉底问题与现代性》，韩磊等译，华夏出版社，2008 年。

列奥·施特劳斯："城邦与人"，载《政治哲学史》第二章，李天然等译，河北人民出版社，1993 年。

罗毕舍克(A. E. Raubitschek)："雅典人在斯巴达的演说"，载《修昔底德笔下的演说》，第 45 - 65 页。

奥里根：《雅典谐剧与逻各斯》，黄薇薇译，华夏出版社，2010 年。

福特：《演讲台上的荷马解读》，熊宸、李向利译，载《表演文化与雅典民主政制》，戈尔德希尔、奥斯本编，华夏出版社，2014 年。

赫克斯：《雅典演说术中的反修辞术的修辞术》，载戈尔德希尔、奥斯本编：《表演文化与雅典民主制》，李向利等译，华夏出版社 2014 年。

黑格尔：《美学》第三卷下，朱光潜译，商务印书馆，1981 年。

胡克(LaRue Van Hook)：《阿里斯托芬剧中的犯罪与罪犯》，黄微微译，刘小枫、陈少明编：《雅典民主的谐剧》，华夏出版社，2008 年。

黄薇薇编译：《〈阿卡奈人〉笺释》，华夏出版社，2012 年。

克里斯托弗·梅耶：《和善女神与政治的兴起》，载《古希腊政治的起源》，王师译，华东师范大学出版社，2013 年

施特劳斯，列奥：《苏格拉底与阿里斯托芬》，李小均译，华夏出版社，2011 年。

纳斯鲍姆，玛莎：《埃斯库罗斯和实践冲突》，载其著《善的脆弱性》，徐向东、陆萌译，译林出版社，2007 年.

梅耶：《古希腊政治的起源》，王师译，华东师范大学出版社，2013 年。

汉森，摩尔根·赫尔曼联：《德谟斯提尼时代的雅典民主》，何世雄、欧阳旭东译，华东师范大学出版社，2014 年。

莫里斯、鲍威尔：《希腊人：历史、文化和社会》，陈恒等译，世纪出版股份有限公司，2014 年。

尼柯尔斯：《苏格拉底与政治共同体》，王双洪译，华夏出版社，2007 年。

裘利亚西萨、马塞尔·德蒂安：《古希腊众神的生活》，郑元华译，世纪出版集团　上海人民出版社，2008 年。

阮芬：《神谕与希罗多德式叙事——以吕底亚故事为例》，《世界历史》，2013 年第 2 期。

沈默撰：《高贵的言辞——索福克勒斯埃阿斯疏证》，华东师范大学出版社，2010 年

凯利，唐纳德·R.：《多面的历史：从希罗多德到赫尔德的历史探询》，陈恒、宋立宏译，三联书店，2000 年。

希尔克：《阿里斯托芬的人物》，黄薇薇译，《雅典民主的谐剧》。

杨洋：《阿里斯托芬与雅典城邦》（复旦大学博士论文，2012 年）。

索引与译名对照

图书在版编目(CIP)数据

争吵的政治：古希腊政治辩论研究/胡传胜著. —上海：上海
三联书店,2017.9
ISBN 978 - 7 - 5426 - 5965 - 1

Ⅰ.①争⋯　Ⅱ.①胡⋯　Ⅲ.①政治思想史-研究-古希腊
Ⅳ.①D091.2

中国版本图书馆 CIP 数据核字(2017)第 174895 号

争吵的政治：古希腊政治辩论研究

著　者 / 胡传胜

责任编辑 / 姚望星
装帧设计 / 徐　徐
监　制 / 姚　军
责任校对 / 张大伟

出版发行 / 上海三联书店
　　　　　(201199)中国上海市都市路 4855 号 2 座 10 楼
邮购电话 / 021 - 22895557
印　刷 / 常熟市东张印刷有限公司

版　次 / 2017 年 9 月第 1 版
印　次 / 2017 年 9 月第 1 次印刷
开　本 / 890×1240　1/32
字　数 / 320 千字
印　张 / 9.75
书　号 / ISBN 978 - 7 - 5426 - 5965 - 1/D·363
定　价 / 48.00 元

敬启读者,如发现本书有印装质量问题,请与印刷厂联系 0512 - 52646971